Gerhard Schulz

Exotik der Gefühle
Goethe und seine Deutschen

Gerhard Schulz

Exotik der Gefühle

Goethe
und seine Deutschen

Verlag C. H. Beck München

Die Deutsche Bibliothek – CIP-Einheitsaufnahme

Schulz, Gerhard:
Exotik der Gefühle : Goethe und seine Deutschen /
Gerhard Schulz. – München : Beck, 1998
ISBN 3-406-44206-4

ISBN 3 406 44206 4

Satz: Janß, Pfungstadt
Druck und Bindung: Ebner, Ulm
Gedruckt auf säurefreiem alterungsbeständigem Papier
(hergestellt aus chlorfrei gebleichtem Zellstoff)
Printed in Germany

Inhalt

Anhang

Goethe und seine Deutschen

Über die Schwierigkeiten, ein Klassiker zu sein

I.

Angsttraum eines Deutschen: «daß er sein Abitur noch einmal machen müßte, und das Thema zum deutschen Aufsatz lautete: ‹Goethe als solcher›».[1] Kurt Tucholsky vermeldet es in der *Weltbühne* aus Anlaß des «Goethe-Jahres» 1932, gemeint als freundliche Parodie jener pädagogischen Mühen zur Feier des Klassikers der Nation, die den sich an ihm abmühenden Schülern zur staatsbürgerlichen Reife verhelfen sollten. Unter der Hand ist das natürlich auch ein wenig Spott über die exzessive, ausschweifende Verehrung des Einen, Spott über die Sucht, alles und jedes auf ihn zu beziehen, es durch ein Wort von ihm legitimieren zu lassen. «Und es wimmelt von Bezüglichkeiten: ‹Goethe und ...› so tönt es immerzu»,[2] heißt es in einem Gedicht, das Tucholsky dem gleichen Anlaß widmete. Es sind bekannte Symptome, die sich von Goethe-Jahr zu Goethe-Jahr wiederholen. Freilich betrifft der Spott die Verehrer, nicht den Verehrten und dessen tatsächliche Außerordentlichkeit. Die allerdings gerät unablässig in Gefahr, von maßlosen Aneignungsversuchen verzerrt zu werden.

Daß Goethe auf die Kultur der Deutschen in einem Maße gewirkt hat wie kein anderer deutscher Schriftsteller vor und nach ihm, steht außer Frage. Hugo von Hofmannsthals Diktum in seinem *Buch der Freunde* aus dem Jahre 1922 – «Wir haben keine neuere Literatur. Wir haben Goethe und Ansätze»[3] – war allerdings wohl eher als Provokation zeitgenössischer Schriftstellerkollegen gedacht und nicht als sachliche Feststellung eines Tatbestandes. Aber Goethes Außerordentlichkeit ist nie ein bloßes Produkt allein der Verehrung gewesen, denn an der literarischen Börse war der Kurs für Goethe nie wirklich großen Schwankungen ausgesetzt, was sich in gleichem Maße von keinem anderen deutschen Autor sagen läßt. Den Beweis liefern die großen Goethe-Editionen im Wechsel der Zeiten, die unübersehbar gewordene Zahl der Schriften über ihn oder die Theater mit immer neuen Versuchen, sei es nun mit einem nackten Clavigo, einem mehrfachen Gretchen oder einem weiblichen Mephisto. Belegen kann es auch eine den Wandel politischer Zeiten überdauernde weltweite Goethe-Gesellschaft, belegen kann es der nicht abreißende Strom der Weimar-Touristen, und belegen können es selbst die Blätter der Tagesabreißkalender mit ihren Goethe-Sprüchen oder sogar die Schriften moderner amerikanischer Naturwissenschaftler und

Philosophen, die in Goethes Werken Anregungen zu ihren Theorien über Chaos und Ordnung in Natur und Gesellschaft gefunden haben.

Üppige Bewunderung und Verehrung pflegen die Lust zur Despektierlichkeit zu provozieren: Die Deutschen und ihr Goethe – das bezeichnet also eine lange, solide, prinzipiell unangefochtene Partnerschaft, nicht ohne Krisen allerdings, nicht ohne Zank, dem dann aber die Wonnen der Versöhnung und neuerlichen Intimität zu folgen pflegen. Es ist eine Partnerschaft geworden, in der sich das Auf und Nieder deutscher Geschichte der letzten zwei Jahrhunderte spiegelt, was die Goethe-Forschung sorgfältig dokumentiert hat.[4] Eine konventionelle Ehe war es freilich nie.

Das Thema «Goethe und seine Deutschen» hingegen besitzt eine erste Schwierigkeit darin, daß es zu Goethes Lebzeiten die Deutschen lediglich als Sprachgemeinschaft gab. Allerdings hat er selbst mit allem, was er schrieb, dazu beigetragen, daß aus einer solchen Gemeinschaft das Bewußtsein von einer tiefer reichenden Zusammengehörigkeit, von einer Nation mit gemeinsamer Kultur hervorwuchs. Nur ist es nicht leicht, mit dem gegenwärtigen Münzwert der Wörter in die Vergangenheit zu gehen, um dort Verstehen einzukaufen. Das Wort «Kultur» zum Beispiel, einst Begriff für alles Geistig-Schöpferische, ist im Sprachgebrauch am Ende des 20. Jahrhunderts auf dem Wege, sich in völlige Beliebigkeit zu verflüchtigen; für Goethe und die meisten seiner Zeitgenossen schloß es Kultiviertheit, also humanes, gesittetes gesellschaftliches Verhalten ein. Im 18. Jahrhundert besaß wiederum das Wort «Nation» eine Bedeutungsbreite, die dem engeren modernen Gebrauch nicht mehr entspricht, umfaßte es doch auch ethnische und soziale Gemeinschaften. «Deutschland» schließlich war damals ein ungenauer, ja hypothetischer Begriff, denn weder das Heilige Römische Reich bis 1806 noch der Deutsche Bund seit 1815 besaßen politisch-staatliche Gemeinsamkeiten, die denen anderer, zentralistisch regierter europäischer Staaten vergleichbar gewesen wären. In den einzelnen Bestandteilen des Reiches dominierte der Dialekt. «Jede Provinz liebt ihren Dialekt: denn er ist doch eigentlich das Element, in welchem die Seele ihren Atem schöpft.» So der geborene Frankfurter Johann Wolfgang Goethe als Weimarer Bürger in seiner Autobiographie *Dichtung und Wahrheit*. Die Herrschaft der «meißnischen Mundart» – die Passage bezieht sich auf seine Leipziger Anfänge, aber an der Ilm muß ihn ebenfalls das «Meißnische» genugsam umspült und wohl gelegentlich auch irritiert haben – diese Herrschaft also erscheint ihm sogar als «pedantisches Regiment, [...] und nur durch vielfachen Widerstreit haben sich die sämtlichen Provinzen in ihre alten Rechte wieder eingesetzt».[5] Bei der Betrachtung seiner Spruchdichtung wird darauf zurückzukommen sein. Goethe, der den Deutschen ein Bewußtsein von sich selbst gab, als Advokat des Dialekts gegenüber einer Hochsprache? Tatsache ist, daß zwischen den Faktoren Sprache, Kultur, Region, Nation und Staat im Laufe des 18. Jahrhunderts im deutschen Sprachbereich ein Spannungsfeld von großer

Kraft entstand. Aus ihm wuchs Goethes Werk im ganzen Reichtum seiner Formen, Bilder und Gedanken hervor.

Von allen Künsten ist allein die Literatur auf regionale Bodenhaftung angewiesen, denn sie ist an die Sprache als Medium gebunden und durch sie an eine breiter oder enger begrenzte Sprachgemeinschaft als Lesergemeinde, auch wenn sie dann die Übersetzer außer Landes transportieren mögen. Keine noch so europäische oder kosmopolitische Gesinnung befreit den Schriftsteller von dieser Bindung, und Goethe war sich dessen sehr wohl bewußt. Nur war es eben schwierig damals, ein deutscher Dichter zu werden. «Deutschland», wie gesagt, existierte nicht als ein greifbares, in seinen Grenzen genau vorstellbares und in sich kohärentes Ganzes. «Deutschheit» hingegen, ein Begriff, der gegen Ende des 18. Jahrhunderts regelrecht in Mode kam, ließ sich, nahm man ihn ernst, eher nur *ex negativo* definieren. «Wenn irgend etwas die hohe Idee von Deutschheit rechtfertigen kann, die man hie und da findet: so ists die entschiedne Vernachlässigung und Verachtung solcher gewöhnlich guten Schriftsteller, die jede andre Nazion mit Pomp in ihren Johnson» – ein zehnbändiges Lexikon englischer Dichter von Samuel Johnson – «aufnehmen würde,» erklärte der junge Friedrich Schlegel. Und die Behauptung, die Deutschen seien, «was Höhe des Kunstsinns und des wissenschaftlichen Geistes betrifft, das erste Volk in der Welt», konterte er mit dem scharfen Satz: «Gewiss; nur giebt es sehr wenige Deutsche.»[6] Daß jedoch Goethe zu diesen wenigen gehörte, stand für ihn außer Frage.

Man muß sich deutlich machen, daß für Goethe «Deutschheit», ein Wort, das er übrigens eher ironisch gebrauchte, und Partikularität nicht wirklich im Widerspruch standen. In seinen *Regeln für Schauspieler* zum Beispiel trachtete er mit Nachdruck, Provinzialismen und Dialekt von der Bühne zu vertreiben, damit dort «nur die reine deutsche Mundart»[7] herrsche. «Mundart»: wiederum wird etwas von der anderen sprachlichen Währung einer vergangenen Zeit deutlich, denn mit einer allgemein akzeptierten, von einer Hauptstadt und einem großen Hof ausgehenden, sie stützenden Hochsprache fehlte damals auch noch der Begriff für sie. Aber die «reine deutsche Mundart» war die Sprache, die Goethe als Schriftsteller benutzte und die er kultivierte, mit der er also auf seine Deutschen zu wirken und ihnen einen Begriff von sich selbst zu geben versuchte. Denn ein Didaktiker war er durchaus, wenngleich er das Ziel der Lehre nie definiert hat. Dazu war er viel zu sehr der Dichter, dem die ganze Anschaulichkeit und Sinnlichkeit der Sprache zur Verfügung stand. Aber der Schreibende braucht für die Wirkung seiner Arbeit auch Lesende, die er sich eben doch wohl gern als möglichst großen Kreis vorstellen möchte.

In seinem politisch-staatlichen Denken war Goethe Partikularist, und viele Deutsche mit ihm. Obwohl in den Zeiten der Französischen Revolution und später mehr noch in denen der folgenden Kriege viel von Patriotismus gesprochen und geschrieben wurde, blieb im einzelnen oft undeutlich, ob damit Landes- oder Reichspatriotismus gemeint war. Im Zweifelsfall ging es eher um den ersteren. Denn vor allem fühlte man sich doch als Sachse, Bayer, Württemberger oder Preuße, so sehr dann die Kriegsrhetorik aus praktisch-militärischen Gründen die Gemeinsamkeit des Deutschseins im Kampf gegen Napoleons Armeen hervorhob – Armeen, die zu einem nicht unbeträchtlichen Teil wiederum aus «Deutschen» der Rheinbundstaaten bestand.

Im siebzehnten seiner *Venetianischen Epigramme* hat Goethe, damals seit rund anderthalb Jahrzehnten Weimarer Bürger, sich selbst einmal ganz ausdrücklich in dieses Spannungsfeld von Region, Reich und Welt hineingestellt:

Klein ist unter den Fürsten Germaniens freilich der meine,
Kurz und schmal ist sein Land, mäßig nur, was er vermag.
Aber so wende nach innen, so wende nach außen die Kräfte
Jeder: da wär's ein Fest, Deutscher mit Deutschen zu sein.[8]

Die Geste der Dankbarkeit seinem Landesherrn Carl August gegenüber ist so berechtigt wie schön. Später hat er ihn im Gespräch mit Eckermann «einen der größten Fürsten die Deutschland je besessen»[9] genannt. «Was Große selten gewähren, / Neigung, Muße, Vertraun, Felder und Garten und Haus» hat der Dankbare durch ihn erhalten:

Hat mich Europa gelobt, was hat mir Europa gegeben?
Nichts! Ich habe, wie schwer! meine Gedichte bezahlt.
Deutschland ahmte mich nach, und Frankreich mochte mich lesen.
England! Freundlich empfingst du den zerrütteten Gast.
Doch was fördert es mich, daß auch sogar der Chinese
Malet, mit ängstlicher Hand, Werthern und Lotten auf Glas?
Niemals frug ein Kaiser nach mir, es hat sich kein König
Um mich bekümmert, und Er war mir August und Mäcen.[10]

Es sind Verse, die so verständlich wie undeutlich, wenn nicht gar ungerecht sind, gerade wo sie gerecht sein wollen. Daß er, den sein *Werther*, der «zerrüttete Gast», einst in der Welt berühmt gemacht hatte, von dieser Welt nichts empfangen haben sollte, ist allein als panegyrische Floskel hinnehmbar; gerade der *Werther* widerlegt sie mit der Vorläuferschaft von Richardson und Rousseau aufs nachdrücklichste. Gewichtiger ist die Vorstellung jenes Festes der Deutschen, die dem Lob des einen Fürsten die Aufgabe für alle anderen hinzufügt, dessen Vorbild zu folgen und ihre Tätigkeit kultivierend gleichermaßen nach außen wie nach innen zu richten, also ganz offenbar das im großen zu tun, was Goethe zunächst als das Glück Weimars betrachtete.

Ja, Goethe war Partikularist, und er hatte, wie seinem Epigramm zu entnehmen ist, durchaus Anlaß dazu. Zu den «Quintessenzen» der Auswanderer in *Wilhelm Meisters Wanderjahren* gehört der Satz «Wir fürchten uns vor einer Hauptstadt».[11] Souffleur war hier trotz des Spiels mit Fiktionen in diesem verwickelten Roman zweifellos der Autor, denn auch da gibt es die Bestätigung durch den getreuen Gesprächspartner. «Wenn man aber denkt, die Einheit Deutschlands bestehe darin, daß das sehr große Reich eine einzige große Residenz habe, und daß diese große Residenz, wie zum Wohl der Entwickelung einzelner großer Talente, so auch zum Wohl der großen Masse des Volkes gereiche, so ist man im Irrthum.»[12] Eckermann hat die Bemerkung 1828 aufgezeichnet. Und unter den *Zahmen Xenien* findet sich schließlich Goethes gern und oft zitierte Behauptung «Ich bin Weltbewohner, / Bin Weimaraner»,[13] die anzudeuten scheint, daß man sich über das Deutsche, da es in einem erwünschten Zustand nicht existierte, hinwegsetzen könne. Aber sowohl Epigramm wie Xenion lassen vieles offen. Zwischen Weimar und der Welt lag dieses Deutschland der Sprache und der Kultur, nicht nur als Lesergemeinde, sondern auch als lebendige Tradition, und Goethes Verhältnis zu ihm blieb so ambivalent, wie die Aussagen, die er in der klassischen Form des Distichons darüber machte, undeutlich blieben. Es war ganz einfach schwierig, ein deutscher Klassiker zu sein.

2.

Unter den in Gemeinschaft mit Schiller verfaßten *Xenien* findet sich auch ein Epigramm, das Johann Paul Friedrich Richter, also den Romanschriftsteller Jean Paul betrifft:

> Richter in London – was wär' er geworden! Doch Richter in Hof ist
> Halb nur gebildet, ein Mann, dessen Talent euch ergötzt.[14]

Goethe war kein Bewunderer von Jean Pauls Kunst, und manche Skurrilitäten seines Stils wie seiner Persönlichkeit, vermutlich aber vor allem sein zeitweilig beträchtlicher Erfolg beim großen Lesepublikum, haben ihn gereizt, denn Größe schließt Mißgunst nicht aus. Zur Animosität hat später sicherlich auch beigetragen, daß in den zwanziger Jahren, als sich mit Ludwig Börne und Wolfgang Menzel eine Art Fronde gegen Goethe gebildet hatte, Jean Paul von dieser zur «messianisch-seraphischen Gegenfigur»[15] erhoben wurde. Dennoch hatte Goethe gerade in diesen Jahren Jean Paul, «unserm so geschätzten als fruchtbaren Schriftsteller», eine höchst entgegenkommende und verständnisvolle Würdigung zuteil werden lassen: in den *Noten und Abhandlungen zum West-östlichen Divan* stellt er unter dem Begriff der «Orientalität» eine «Vergleichung» an zwischen ihm und den «älteren und vorzüglichsten Dichtern des Orients» und beglaubigt dem Modernen «dieselbe Verfahrensart auf einer völlig verschiedenen Unterlage», nämlich auf der «einer ausgebildeten, überbildeten, verbildeten, vertrackten Welt.»[16] Daß er seine «Welt» so sah, mag das 20. Jahrhundert überraschen, erhebt es doch selbst den Anspruch auf höchste Kompliziertheit – höheres Lob als solche «Orientalität» jedenfalls war bei dem sich gerade enthusiastisch die orientalische Kultur aneignenden Goethe schwerlich denkbar. Gemeint war Jean Pauls Eigenstes: die bunte, krause, verschnörkelte, kleine Welt der Armenadvokaten, Haubenmacherinnen, Dorfschulmeister, Landschulräte, Feldprediger, der Berg-, Hof-, Legations- und Kommerzienräte und -rätinnen, der Gastwirte, Nachtwächter, Posthalter, Chausseeeinnehmer sowie des kleinen Adels in Flachsenfingen, Kuhschnappel, Pestitz oder Flätz, die seine Romane beherrschte, wie sie ihm die Liebe der Leser gewann.

Eben auf diese kleine Welt aber bezieht sich nun auch das bissige, auf den erfolgreichen Autodidakten Richter abzielende Epigramm – es rührt tatsächlich von Goethe her, nicht von Schiller, entstand allerdings zwei Jahrzehnte vor der Lobeserhebung im *Divan* und wurde dann auch erst aus dem Nachlaß veröffentlicht.[17] Die rhetorische, schon die Antwort in sich schließende Frage nach Jean Pauls möglichem Schicksal als englischer Schriftsteller meint offensichtlich zwingend, daß eben diese deutsche Kleinweltlichkeit, Schnörkelhaftigkeit, Provinzialität im Zentrum des britischen Weltreichs von «Richter» abgefallen und ihm die größere Weite und Weltübersicht eines Laurence Sterne zugewachsen wären, der ja zu den literarischen Vorbildern und Lehrmeistern Jean Pauls gehörte.

Läßt man einmal die Überlegung beiseite, ob ein solches Spiel mit dem Möglichen, das sich über alle Gegebenheiten menschlichen Daseins in Zeit und Raum frei hinwegsetzt, überhaupt statthaft oder wenigstens sinnvoll ist, so wird es schwer, der anderen, nunmehr keineswegs rhetorischen, eine Antwort implizierenden Frage zu widerstehen: «Goethe in London – was wär' *er* geworden?» Im Schlaglicht dieser Frage enthüllt sich deutlich Goethes fundamentale Bindung an seine «Deutschheit». Daß er in der deutschen Kleinstaaterei eine kulturfördernde Kraft sah, ist schon gesagt worden: kein zentral regiertes großes Land mit einem den Geschmack und die gesellschaftlichen Sitten bestimmenden Hof wie einem das politische Denken und Verhalten prägenden Parlament hätte je einem einzelnen Künstler und Intellektuellen jene Sonderstellung geboten, die Goethe in Weimar einnahm. Und wenn dieses Weimar auch durch seinen «wenig» vermögenden Fürsten von der kleinstaatlichen Welt der Jean Paulschen Romane gar nicht allzu weit entfernt war, so bestanden doch andererseits über die Grenzen hinweg Verbindungen zwischen den Adelsgeschlechtern, die den in einem Land Anerkannten auch die Tore anderswo öffneten. Nur nahm keine Verwicklung in die Eroberung der Welt, in die Gründung von Kolonialreichen, die sich dann aufbegehrend wieder unabhängig machten, deutsche Aufmerksamkeit und deutsche Interessen in Anspruch. In London hätte außerdem die lange Tradition einer seit elisabethanischen Zeiten hoch entwickelten, geschmacksbildenden bürgerlichen Theaterkultur kaum Anregungen gegeben für so gewagte und letztlich elitäre Dramatik wie die einer *Iphigenie auf Tauris*, eines *Torquato Tasso* oder *Faust*, obwohl Goethe selbst die Stücke dann auf seinem eigenen Weimarer Theater seltener aufführte als den *Wildfang* von Kotzebue oder *Die Hagestolzen* von Iffland. Aber aufs Programm setzen konnte er sie; und zu den Schlagern seines Repertoires zählten daneben immerhin die Opern Mozarts und die großen Dramen Schillers.[18] In London hingegen waren Shakespeares Zeiten vorüber, auch wenn er weiterhin auf der Bühne präsent war, und Goethes nennenswertester Londoner Zeitgenosse war damals Richard Sheridan, berühmt als scharfzüngiger Komödiendichter, aber ihm gewiß nicht ebenbürtig. Keine musikalische Kultur hätte dort seine Lyrik aufgesogen und in die Welt getragen, und keine Philosophie hätte wie diejenige Schellings in Jena der Kunst bereitwillig den Gipfel eingeräumt. Denn wenngleich sich Goethe nie als Philosoph verstanden hat – dem deutschen Idealismus und dem, was sich in ihm als modernes Bewußtsein artikulierte, war er bei aller Reserviertheit gegenüber spekulativen Auswüchsen zutiefst verpflichtet.

Das Spiel ließe sich fortsetzen mit dem Blick auf andere europäische Nationen, aber es brächte wenig anderes. Frankreich zum Beispiel war zunächst mit handgreiflicheren Problemen als denen der Förderung von Kunst beschäftigt, und die größten Tragödien ereigneten sich eher außerhalb des Theaters. Später dann wäre die Gastfreundschaft Napoleons, der Goethe ausdrücklich eingeladen hatte, nur von kurzer Dauer gewesen. Als Zentrum der Wissenschaft und als Tor zur Welt, als die Alexander von Humboldt Paris benutzte, brauchte er diese Stadt nicht. Die Realien für Farbenlehre und Morphologie standen ihm auch am Frauenplan oder in Jena zur Verfügung, und als Teil eines großen Netzes des wissenschaftlichen Weltverkehrs hat er sich nie gesehen – da schöpfte er dann doch vornehmlich aus sich selbst.

Das nun führt zu der erstaunlichen Beobachtung, daß Goethe, abgesehen von seiner großen italienischen Exkursion, nur wenig gereist ist: er war nicht in London, Paris, Kopenhagen, Amsterdam, Brüssel, Budapest, Warschau oder St. Petersburg, in Athen oder Madrid. Aber er war auch weder in Hamburg noch in Wien oder Prag. Dergleichen hatte nun zum Teil durchaus äußere Gründe. So stand jeder Reiselust zunächst die Unbequemlichkeit des Reisens entgegen: die Langsamkeit der Pferdekraft, die dadurch selbst bei kürzeren Reisen unumgänglichen Übernachtungen in mehr oder weniger gut eingerichteten und sauberen Wirtshäusern und in der aufgenötigten Gesellschaft mit anderen. In den *Wanderjahren* bezeichnet der Oheim als «die Erfindung des Jahrhunderts», daß man endlich «in Gasthäusern, an besonderen kleinen Tischchen» – also nicht zusammen mit sämtlichen anderen Gästen – «nach der Karte»,[19] also nach eigener Wahl speisen könne. Hinzu kamen schlechte Wege und die Unbilden der Natur, vor denen die Postwagen wie selbst die besten privaten Kutschen nur ungenügend schützten. Der Anfang des neuen Jahrhunderts überzog außerdem weite Teile Europas mit Krieg. Und schließlich hatte Goethe in den Jahren nach der Rückkehr aus Italien auch damit begonnen, einen Hausstand und eine Familie zu gründen. Seine «Neigung zu dem zurückgelaßnen Erotio und zu dem kleinen Geschöpf in den Windeln» – Sohn August wurde Ende 1789 geboren – hat ihm die zweite, kurze Italienreise gründlich durcheinander gebracht und seiner «Liebe für Italien [...] einen tödtlichen Stos versetzt.»[20] Schließlich wurde er ganz einfach älter und bequemer; als ihn die Brüder Schlegel, Schelling und Novalis 1799 in Jena auf einem Spaziergang trafen, war er, gerade fünfzig geworden, für sie schlichtweg «die alte göttliche Exzellenz»,[21] wie Dorothea Veit berichtet, die auch dabei war.

Aber alle diese guten Gründe helfen nicht über die Tatsache hinweg, daß Goethe lieber bei seinen Deutschen blieb, sich bei der Weltkenntnis mit einer einzigen fremden Kultur, der italienischen, begnügte und sich von da ab nur mehr auf imaginäre Reisen begab: in den Orient des *West-östlichen Divan*, in das Amerika der Pionierzeit, wohin er die Auswanderer des Bundes um Wilhelm Meister schickte, oder in jene Exotik, die entweder als Gegenstand der Wissenschaft existierte, wie Humboldt sie ihm öffnete, oder die eine Geburt dichterischer Einbildungskraft war, wie die Löwen und Tiger der *Novelle.* Auch die Reflexionen über Palmen, Papageien, Affen, Elefanten, Tiger und Mohren, die Ottilie in den *Wahlverwandtschaften* anstellt, gehören zu dieser Art von Exotik, tragen sie doch etwas von beidem in sich, vom Wissenschaftlichen wie vom Poetisch-Metaphorischen. Dergleichen bildete eine charakteristische Art deutscher Fremderfahrung, denn man besaß eben keine Kolonien, in denen man die Wirklichkeit der Exotik in Augenschein nehmen konnte und in deren Administration wie Ausbeutung samt den damit verbundenen inneren und äußeren Konflikten man hätte verwickelt werden können. Die Löwen und Tiger der Schausteller in Deutschland kamen vermutlich aus englischen oder französischen Kolonien.

Als Reisender hat sich Goethe, der stets Bewegliche, dennoch gern ausgegeben, was die Nachwelt oft allzu fraglos übernommen hat. Verständlich ist es, denn schließlich hat er die Welt mit dem wohl bekanntesten Reise-Sehnsuchtslied der deutschen Literatur beschenkt, mit Mignons kunstvoll Ferne, Schönheit und Eros ineinander verwebenden Heimwehversen über das Land, «wo die Zitronen blühn.»[22] Aber auch dieses Gedicht ist Produkt einer imaginären Reise, denn es ist vor Goethes Begegnung mit Italien entstanden. Die Realitäten, die er sich danach für seine Entdeckung des Südens aussuchte – denn er war ein sehr subjektiver und selektiver Beobachter, wie sich bei der Betrachtung der *Italienischen Reise* noch zeigen wird – reichten ihm, vom unmittelbaren Ertrag für seine literarische Arbeit abgesehen, dann für immer aus, den Kontrast zur deutsch-nördlichen Sphäre zu bilden und ihm jenes Gefühl der Freiheit zu geben, das er für sich, sein Dasein und seine Arbeit brauchte, ganz wie gewisse große Erfahrungen den Menschen auf eine Stufe heben, unter die er dann nicht mehr zurücksinken kann. Je mehr sich Goethe nach der Rückkehr aus Italien an Weimar band und die Welt dort zu sich kommen ließ – was sie denn auch tat –, in desto größere Ferne führten ihn allerdings seine imaginären Reisen. Gemeint ist damit nicht allein die Welt im kosmopolitisch Großen und ein humanitärer Auftrag für sie, sondern ebenso sehr die Annäherung an bisher gänzlich Unaussprechbares, Unartikulierbares, eine Exotik der Gefühle, die dem Prozeß kritischen Selbstverständnisses entgegenkam, der sich unter der Gewalt großer Wandlungen im europäischen Denken anbahnte, wofür der *West-östliche Divan* ein erregend schönes und tiefsinniges Beispiel geworden ist.

3.

Die äußeren Schwierigkeiten des Reisens zu Goethes Lebenszeit machen flagrant sichtbar, daß er an der Grenze zu einer neuen Epoche mit gänzlich neuen Lebensformen lebte, von denen er teilweise wußte, aber die er eben noch nicht selbst erfuhr oder erfahren konnte. Weimar erhielt 1846 einen Eisenbahnanschluß[23] – Goethe in der Eisenbahn nach Paris und Rom oder im Tropenhelm auf dem Dampfer nach Port Said in Richtung Orient ist eher als Parodie oder Karikatur vorstellbar. Dennoch stand dergleichen, denkt man in Dimensionen der Weltgeschichte, für die ein Jahrzehnt die Kürze einer Sekunde hat, als Möglichkeit unmittelbar bevor. Englische Freunde schenkten ihm 1829 immerhin ein Modell von George Stephensons erster Lokomotive «The Rocket»,[24] und nicht in London, aber in Manchester hätte er die neue Form des Reisens sogar schon ausprobieren können. Einen Monat vor seinem Tod, am 27. Februar 1832, notiert er in sein Tagebuch: «Die Eisenbahn von Liverpool nach Manchester, ein interessantes Heft, durchzugehen angefangen.»[25] Gemeint war ein französisches Buch zu diesem Gegenstand, das er ein paar Tage zuvor aus der Weimarer Bibliothek ausgeliehen hatte. Auch in anderen Bereichen wird diese Grenzsituation sichtbar: Goethe ist einer der letzten bedeutenden deutschen Schriftsteller, von dem wir keine Photographie besitzen – ihn können wir nur durch die Augen von Künstlern betrachten. Schelling, Eichendorff, Uhland, Grillparzer, die Droste hingegen sind bereits in der ungeschönten Leibhaftigkeit von Daguerreotypien anschaubar. Das mag im einzelnen unwichtig sein, im ganzen jedoch bedeutet es dennoch, daß Goethes historischer Ort am Ausgang eines Zeitalters liegt, dem etwas völlig Neues, bisher Unvorstellbares folgen sollte, etwas, das fundamental mit den Lebensformen von Jahrtausenden brach, wenngleich es theoretisch wie praktisch natürlich seit langem vorbereitet worden war. Diesem industriell-technischen Zeitalter öffnete sich Goethe zwar mit wissenschaftlicher Neugier, aber dem «Veloziferischen», wie er es gelegentlich zu nennen pflegte, dem Schnellerwerden der Lebensverhältnisse stand er reserviert gegenüber. «Reichthum und Schnelligkeit ist was die Welt bewundert und wornach jeder strebt; Eisenbahnen, Schnellposten, Dampfschiffe und alle mögliche Facilitäten der Communication sind es worauf die gebildete Welt ausgeht, sich zu überbieten, zu überbilden und dadurch in der Mittelmäßigkeit zu verharren», schrieb er 1825 an den neun Jahre jüngeren Freund Carl Friedrich Zelter und legte ihm nahe: «Laß uns so viel als möglich an der Gesinnung halten in der wir herankamen, wir werden, mit vielleicht noch wenigen, die Letzten seyn einer Epoche die sobald nicht wiederkehrt.»[26] Aber schon Dorothea Veits Bemerkung über «die alte göttliche Exzellenz» im Jahre 1799 suggerierte nicht nur das Bild eines würdigen älteren Herrn; sie macht auch deutlich, daß Goethes geistige Heimat, also die ihn formende Zeit, im 18. Jahrhundert lag. Jahrhundert-Begriffe sind zwar nur Hilfskonstruktionen, um mittels gängiger Kalendersysteme etwas Ordnung in den großen Fluß der Zeit zu bringen. Aber angesichts der tiefgreifenden, das Denken innerhalb der westlich-europäischen Kultur für alle Zukunft verändernden großen ideellen Bewegung der Aufklärung im 18. Jahrhundert und der Herausbildung einer die menschliche Lebensweise auf dem gesamten Globus fundamental umgestaltenden, von dieser Kultur bewerkstelligten technischen Revolution im 19. Jahrhundert ist es durchaus vertretbar, die beiden Jahrhunderte metonymisch gegeneinander abzusetzen, so sehr in Wirklichkeit das eine aus dem anderen hervorging.

Endzeiten ebenso wie das Altwerden pflegen tragische oder melancholische Stimmungen zu begünstigen. Das Erstaunliche, ja Bewundernswerte an Goethe ist, daß er sich davon im großen freihielt. Mit feinem Gespür für die sich wandelnde Zeit öffnete er sich von früh an gerade jenem Bereich, dem bald und für lange Zeit die Zukunft gehören sollte, den Naturwissenschaften. Seine Neugier, die kreative Unruhe als Lebensprinzip und insbesondere eben das empirische, nicht spekulative Interesse an der Natur, diesem Sklaven wie Abgott der kommenden Ära, gaben ihm die Kraft, seine Existenz am Ausgang einer Epoche künstlerisch auf eine Weise fruchtbar zu machen, die jeder Nostalgie aus dem Wege ging, auch wenn diese oder jene Briefäußerung gelegentlich etwas von dem Bedauern über das Vergehende enthielt. So erhob er sich über seine Zeit, ohne sie zu verlassen.

Goethes innere Haltung in dieser Übergangssituation von weltgeschichtlichen Ausmaßen läßt nun auch einen Zug seiner Persönlichkeit deutlicher hervortreten, der wesentlich zu seinem hohen Rang, ja seiner Einzigartigkeit beigetragen hat. So selbstverständlich es erscheinen mag, ihn als «Dichter» zu bezeichnen und seinen angemessenen Platz innerhalb deutscher Kultur in der Literaturgeschichte zu sehen, so ungenügend ist dennoch diese Klassifizierung in internationaler Perspektive. Dante, Shakespeare oder Cervantes, um nur einige Namen zu nennen, Namen, mit denen zumindest die

Deutschen ihren Goethe gern und nicht zu unrecht in eine Reihe stellen, waren in der Tat Dichter und nichts als das. Es sind Namen, die fest verbunden sind mit Gedichten, Epen, Romanen oder Dramen, mit Werken, die die Zeiten überdauert haben und in ihrem eigenen Sprachbereich wie in der Welt im großen bis auf den gegenwärtigen Tag gekannt und gelesen werden. Für Goethe aber trifft gerade dies nicht in gleichem Maße zu. Es ist bemerkenswert, daß er, seinen Weltruhm überblickend, im *Venetianischen Epigramm* zu Ehren des Weimarer Herzogs sich selbst als den Autor des *Werther* sieht, der ihm tatsächlich zuerst europäisches und später auch manches außereuropäische Ansehen als Dichter eintrug. Von seinen späteren Werken ist es dann eigentlich nur noch der *Faust* gewesen, der ihm Aufmerksamkeit und Ruhm in der Welt eingetragen hat, sowie auf den Flügeln des Gesanges eine Reihe seiner Gedichte. Nicht vergessen werden darf dabei im übrigen, daß die Musik zugleich für die internationale Popularisierung von *Werther* und *Faust* durch deren Umsetzung in Opern gesorgt hat, wenngleich natürlich die reduktiven Libretti für Gounods und Massenets Kompositionen meilenweit vom Reichtum der Originale entfernt sind, was freilich der Popularität erfahrungsgemäß eher hilft als schadet.

Die Tatsache, daß er den *Werther* und den *Faust* geschrieben hat, würde nun zwar schon ausreichen, Goethe ebenbürtig an die Seite seiner großen Kollegen in anderen Literaturen zu setzen. Aber ein großer Teil seines literarischen Werks wird dennoch, im Unterschied zu der ungebrochenen Lebendigkeit eines Shakespeareschen Dramas oder der Abenteuer des Don Quichote, weithin als Bildungserfahrung rezipiert. Zwar lassen sich der *Faust* oder die *Iphigenie* oder der *Tasso* in den rechten Händen durchaus in faszinierendes Theater umsetzen. Aber international erscheint Goethe vor allem als bedeutender Intellektueller und Künstler, der eher durch seine gesamte Persönlichkeit gewirkt hat und noch fortwirkt, als durch einzelne, immer wieder gelesene oder aufgeführte dichterische Werke. Wenn sich, wie schon erwähnt, einige moderne amerikanische Experimentalphilosophen bei der Entwicklung der sogenannten Chaos-Theorie von Goethes *Farbenlehre* angeregt gefühlt haben, wenn unter den wenigen leicht greifbaren englischen Übersetzungen seiner Werke die *Italienische Reise* an prominenter Stelle steht, wenn Eckermanns *Gespräche mit Goethe* für sich allein als selbständiges Werk gelten können, das Nietzsche sogar einmal «das beste deutsche Buch»[27] genannt hat – was nun allerdings auch etwas über Nietzsches Lust an Übertreibung und Provokation aussagt –, dann sind das nicht nur Zufallserscheinungen, sondern Zeichen für eben diese Besonderheit und Eigenart von Goethes Persönlichkeit, die sich in dem Interesse für ganz verschiedene, außerliterarische Aspekte seines Werks spiegelt, eine Eigenart, die bedingt war durch das spezifisch deutsche Spannungsfeld zwischen politischer Kleinstaaterei und intellektueller Universalität.

Denn auch von seinen Deutschen wird Goethe ja lieber zitiert als gelesen, und seine Einstellung zu ihnen wird man von dem Eindruck mangelnden Interesses für sein Werk nicht trennen können. Daß «seine Sachen [...] nicht popular» sein können, weil sie «nicht für die Masse geschrieben» seien, «sondern nur für einzelne Menschen, die etwas Ähnliches wollen und suchen, und die ähnliche Richtungen begriffen haben»,[28] hat er 1828 Eckermann gegenüber selbst bekannt, wenngleich das eine etwas vage Erklärung ist, die Enttäuschung nicht verbirgt. Gesagt wurde das allerdings erst zu jenen Zeiten, da die Kritik, ja zuweilen Feindseligkeit der Jüngeren ihm gegenüber besonders intensiv geworden war. Wohl geschah es, daß «der König von Baiern mit vier Pferden vorfuhr extra; hineintrat, und sagen mußte: ‹Ich bin der K. v. B.› dann auf und ab gehend zu Goethen sagte: ‹Haben Sie noch ein Plätzchen an Ihrer Brust zu einem Orden?›» und ihm dann das Großkreuz des Verdienstordens der Bayerischen Krone als Ehrung zum achtundsiebzigsten Geburtstag überreichte – Rahel Varnhagen, Goethes bedingungsloseste Verehrerin, hat die Episode in einem Brief berichtet.[29] Aber solche Anerkennung brachte ihn bei der Jugend nur in den Ruch des Fürstendieners, des «gereimten Knechts» im Unterschied zu Hegel, dem «ungereimten», wie das Börne einmal nannte.[30] «Nun heißt es wieder, ich sey ein Fürstendiener, ich sey ein Fürstenknecht. – Als ob damit etwas gesagt wäre!» meinte er ärgerlich Eckermann gegenüber. «Diene ich denn etwa einem Tyrannen? Einem Despoten? – Diene ich denn etwa einem solchen, der auf Kosten des Volkes nur seinen eigenen Lüsten lebt?»[31] Und wiederum läßt Goethe ein Lob seines großherzoglichen Freundes folgen. Man mag die harsche Verurteilung durch die Jüngeren aus der größeren Distanz geschichtlicher Betrachtung als eine unvermeidliche Aporie des Lebens betrachten – im Stadium des unmittelbaren Betroffenseins bleibt es unangenehm, wird als ungerecht empfunden und hat, wie auch die Vorwürfe des mangelnden Patriotismus zur Zeit der Napoleonischen Kriege, Goethes Ansichten über seine Deutschen nicht unwesentlich beeinflußt.

4.

Die Zahl von Goethes Äußerungen über «die Deutschen» als Kollektivum ist Legion. Sie finden sich allerorten, in Aphorismen, Briefen und Gesprächen, und sie bilden eines der Leitmotive seiner Spruchdichtung, worüber gesondert zu sprechen sein wird. Insgesamt ist dergleichen bei einem so langen und repräsentativen Leben wie dem seinen nicht überraschend. Jede Zeile von seiner Hand ist gesammelt worden, vieles von dem, was er mit Gewicht oder in größter Beiläufigkeit gesagt hat, wurde aufgezeichnet. Wie getreu man seinen Worten folgte, wie richtig man ihn überhaupt verstand oder aber ihn nur interpretierte, dabei die Wichtigkeit der eigenen Person einbeziehend oder gar herausstreichend, muß dahingestellt bleiben; ein Fragezeichen zumindest wird sich nicht überall tilgen lassen. Was in Briefen steht, was Aphorismen und Sprüche ausdrücken, hatte außerdem ursprünglich oft unmittelbare Bezüge, die sich nicht überall mehr herstellen lassen oder ganz und gar verlorengegangen sind. All das sind Fährnisse im Umgang mit pointierten Gedanken aus einer vergangenen Zeit, und sie warnen vor raschen Schlüssen oder allzu großen Verallgemeinerungen. Goethes verstreute Gedanken über die Deutschen sind jedenfalls nicht Steinchen eines Mosaiks, die sich zu einem geschlossenen und bedeutungsvollen Bild zusammensetzen lassen. Aber Zusammenhänge, Verbindungslinien, Trauben von Sinn gibt es sehr wohl.

Daß sich die Gedanken über Deutsches mit Goethes zunehmendem Alter häufen, bedarf der Erklärung nicht. Das Schlüsselerlebnis für den Beginn intensiverer Reflexionen zu diesem Thema aber läßt sich biographisch ziemlich genau bestimmen: es war Italien, war die Distanz zu deutsch-nördlichen Landen, die ihm das Eintauchen in die südliche Mischung von großer Tradition und lebendiger Gegenwart brachte und die seinen kritischen Sinn schärfte. Italien hatte ihm das Bild von einer grundsätzlich anderen, großzügigeren, offeneren Lebensweise und Lebenseinstellung als der in den deutschen Kleinstaaten vorgeführt. Das muß er schon bald seiner Umgebung zu verstehen gegeben haben. Aus Rom schrieb Herder Ende 1788 enttäuscht dem erst vor ein paar Monaten aus Italien Zurückgekehrten, daß «die römische Welt» seine, Herders, «Seele entsetzlich leer lasse». Und zu Goethe gewendet, fügt er hinzu: «Mit Dir wars in allem anders, weil Du ein artifex bist, und mich freuets, daß Du Deinem Beruf treu bleibst und dort Dein Werk fortsetzest.» Aber Herder erkennt auch die Konsequenz: «Ich fürchte, ich fürchte, Du taugst nicht mehr für Deutschland; ich aber bin nach Rom gereist, um ein echter Deutscher zu werden.»[32] Die Alternative, entweder Deutscher oder aber Weltbürger und Künstler zu sein, wird hier Goethe geradezu insinuiert; es wird eine Vorstellung, die er sich selbst gern, wenngleich nicht unbedingt aneignete und die dann auch in dem Bild, das sich die Welt von ihm machte, eine bedeutende Rolle gespielt hat. Sein Bild von den Deutschen jedenfalls begann Gestalt anzunehmen, aber auch das Nachdenken darüber, ob man vielleicht gegen alle Widrigkeiten der Umstände und unter den besonderen Lebensverhältnissen der Deutschen dennoch so etwas wie deren «Nationalautor» werden könne.

Am 28. Februar 1790 schreibt Goethe an Johann Friedrich Reichardt: «Die Deutschen sind im Durchschnitt rechtliche, biedere Menschen aber von Originalität, Erfindung, Charackter, Einheit, und Ausführung eines Kunstwercks haben sie nicht den mindesten Begriff. Das heißt mit einem Worte sie haben keinen Geschmack. Versteht sich auch im Durchschnitt. Den roh[e]ren Theil hat man durch Abwechslung und Übertreiben, den gebildeteren durch eine Art Honettetät zum Besten.»[33] Die Verärgerung hatte mit praktischen Dingen zu tun, mit Publikum, Theater und Buchdruck, mit eben jenem Mangel an breitem, «popularem» Widerhall seiner Werke, die seine Deutschen trotz Goethes zunehmender Würde und zunehmendem Ruhm weniger beachteten, als er es sich wünschen konnte. Der skeptisch-kritische Grundton blieb fortan im Umgang mit ihnen und nahm an Intensität zu.

Die Italienreise war zwar für Goethe nicht in erster Linie Gelegenheit zu national-anthropologischen und national-psychologischen Studien; das erweisen schon die Tagebücher und mehr noch erweist es später die aus ihnen hervorgewachsene *Italienische Reise*, die nicht zuletzt als Erinnerungswerk entstand mit der Absicht, die Konturen seines Daseins als anerkannter deutscher «Nationalautor» zu bestimmen. Und als er vierzehn Tage nach seinen kritischen Worten über die Deutschen im Brief an Reichardt zum zweitenmal nach Italien reiste, um die weimarische Herzoginmutter auf deren Rückreise von Rom zu treffen, hatte das Land, wie schon erwähnt, die große Faszination von einst verloren. Das, was sich Goethe seit seiner Rückkehr von der ersten Reise an weiteren Vergleichsmöglichkeiten für sein Urteil über die Deutschen und gewisse deutsche nationale Eigenheiten bot, war dann nicht mehr wesentlich vor Ort, also durch das «Erfahren» anderer Länder und Sitten erworben, sondern durch Intuition, Verallgemeinerungen und, was gewiß nicht zu vergessen ist, manchmal auch durch Vorurteile, die aus ganz persönlichen Verärgerungen und aus verletzter Eitelkeit erwuchsen. Kein unabhängiger Richter spricht aus diesen Urteilen, sondern ein höchst befangener, aber ein kluger, weitsichtiger, scharfer Beobachter trotzdem, was denn bis in die Gegenwart und gerade dort nicht wenigen seiner Bemerkungen immer wieder ein zustimmendes Kopfnicken einträgt. Denn er taugte sehr wohl für dieses Deutschland.

In *Wilhelm Meisters Lehrjahren* läßt Goethe Aurelie über sich selbst meditieren: «Ich muß es eben bezahlen, daß ich eine Deutsche bin: es ist der Charakter der Deutschen, daß sie über allem schwer werden, daß alles über ihnen schwer wird.»[34] Die Frage nach einem spezifischen «Nationalcharakter» der Deutschen nahm an Beliebtheit zu, je stärker die Diskrepanz zwischen politischer Realität und kulturellen Leistungen wurde. Im April 1795 hatte der Berliner Geistliche Daniel Jenisch einen polemischen Aufsatz veröffentlicht, in dem er die «entschiedenste Dürftigkeit oder vielmehr Armseligkeit der Deutschen an vortreflichen classisch-prosaischen Werken» beklagte.[35] Das rief Goethe auf den Plan, denn Anfang des Jahres war der erste Band der *Lehrjahre* erschienen, so daß er sich von der Klage Jenischs unmittelbar getroffen fühlen konnte. In einem Aufsatz über *Literarischen Sansculottismus*, über Jenischs Guillotinieren der jungen deutschen Literatur – Robespierre war gerade erst hingerichtet worden und die Enthauptungsmaschine auf der Place de la Concorde hatte eben erst ihre Tätigkeit eingestellt – protestierte er entschieden gegen eine solche Pauschalattacke und stellte die Frage: «Wann und wo entsteht ein klassischer Nationalautor?» Und er gab die Antwort darauf:

«Wenn er in der Geschichte seiner Nation große Begebenheiten und ihre Folgen in einer glücklichen und bedeutenden Einheit vorfindet; wenn er in den Gesinnungen seiner Landsleute Größe, in ihren Empfindungen Tiefe und in ihren Handlungen Stärke und Konsequenz nicht vermißt; wenn er selbst, vom Nationalgeiste durchdrungen, durch ein einwohnendes Genie sich fähig fühlt, mit dem Vergangnen wie mit dem Gegenwärtigen zu sympathisieren; wenn er seine Nation auf einem hohen Grade der Kultur findet, so daß ihm seine eigene Bildung leicht wird; wenn er viele Materialien gesammelt, vollkommene oder unvollkommene Versuche seiner Vorgänger vor sich sieht und so viel äußere und innere Umstände zusammentreffen, daß er kein schweres Lehrgeld zu zahlen braucht, daß er in den besten Jahren seines Lebens ein großes Werk zu übersehen, zu ordnen und in einem Sinne auszuführen fähig ist.»

Aber eben dies schien den Deutschen nicht gegeben. Auf ihre Art «klassisch» sind die Worte geworden, mit denen Goethe an gleicher Stelle die Lage der deutschen Sprachnation damals beschrieben hat: «Nirgends in Deutschland ist ein Mittelpunkt gesellschaftlicher Lebensbildung, wo sich Schriftsteller zusammenfänden und nach *einer* Art, in *einem* Sinne, jeder in seinem Fache sich ausbilden können.» Verständlich der Zusatz, daß es «der deutschen Nation [...] nicht zum Vorwurf gereichen» dürfe, «daß ihre geographische Lage sie eng zusammenhält, indem ihre politische sie zerstükkelt.» Aber kontrovers erscheint die Schlußfolgerung, die seiner eigenen Vorstellung von beständigem Wandel in Natur und dem Leben überhaupt zuwiderläuft und mehr noch allem modernen Kokettieren mit Revolutionärem: «Wir wollen die Umwälzungen nicht wünschen, die in Deutschland klassische Werke vorbereiten können.» Das hat ihm später dort, wo man den Fortschritt auf die Transparente schrieb, manch bitteren, aber gedankenlosen Vorwurf des Konservatismus eingetragen. Daß das hinsichtlich seiner Deutschen ein Gedanke von großer Weitsicht war, kann ihm insbesondere das 20. Jahrhundert gern bestätigen. Jenisch aber antwortete er: «Der Tag ist angebrochen, und wir werden die Läden nicht wieder zumachen.» Es waren Worte, die beträchtlichen Stolz auf Geleistetes ausdrückten, Stolz darauf, daß sich die Deutschen als Deutsche auf den Weg zu einer ganz eigenen, aber «allgemeinen Nationalkultur» begeben hatten, wie es an gleicher Stelle heißt.[36] Das Problem voller Ambivalenz und voller Widersprüche lag nur eben in der Bestimmung und dem Verständnis dieses ganz Eigenen.

Dem *Wilhelm Meister* folgte bald, als Gemeinschaftsproduktion mit Schiller, der große Gerichtstag der *Xenien*. Dort steht das «Deutscher Nationalcharakter» überschriebene, von Goethe herrührende und angesichts der gelungenen oder mißglückten, der fruchtbaren oder katastrophalen Anstrengungen der Deutschen, ein Staat zu sein, immer wieder zitierte Epigramm:

Zur Nation Euch zu bilden, ihr hoffet es, Deutsche, vergebens;
Bildet, ihr könnt es, dafür freier zu Menschen euch aus![37]

Es ist ein Gedanke, der sich vielfach in anderer Literatur der Zeit spiegelt, bei Lichtenberg zum Beispiel oder Schiller, der in seinen Fragment gebliebenen Erwägungen über «Deutsche Größe» feststellt: «Deutsches Reich und deutsche Nation sind zweierlei Dinge.» Denn «abgesondert von dem politischen hat der Deutsche sich einen eigenen Werth gegründet», eine «sittliche Größe», die «in der Kultur u[nd] im Character der Nation» wohne.[38] Und zahlreich sind dann verwandte Gedanken über solche Gegensätzlichkeiten bei den Deutschen, die man je nach Neigung und Anlaß als Stärken oder Schwächen, Vorteile oder Nachteile, Tugenden oder Untugenden, Verdienste oder Laster ansah. Hölderlin hat das «aus liebender Seele» in seinem Lobpreis *An die Deutschen* auf die knappe Formel «thatenarm und gedankenvoll»[39] gebracht – und war doch zugleich schärfster Kritiker seiner Landsleute.

Die politischen Ereignisse seit der Jahrhundertwende und das Ende des Heiligen Römischen Reiches sowie der in vielen Farben schillernde Patriotismus in der Zeit der Napoleonischen Kriege legten die Frage nach bestimmten deutschen Nationaleigenheiten sowie die Beschäftigung mit deutscher Identität nahe, und vielerorts wurden Idealbilder entworfen, von Fichte zum Beispiel oder Kleist. Es war eine Frage, die angesichts der politischen Geschichte des deutschsprachigen Raumes seitdem, insbesondere vehementer deutsch-nationalistischer Exzesse und ihrer Folgen, stets ihre – sehr verständliche – Anziehungskraft behalten hat. Aber Definitionen von sogenannten Nationaleigenschaften und Nationalcharakteren bleiben fragwürdig, wenn sie absolut gesetzt werden; ihr Wert liegt bestenfalls im Aphoristischen, im Aperçu, das heißt in der produktiven Provokation. Daß ethnische, religiöse oder nationale Gruppen in ihrer gemeinsamen Geschichte gewisse Traditionen und kollektive Verhaltensweisen herausbilden, die sie im Laufe der Zeit von anderen Gruppen unterscheiden und die sich dann zuweilen auch in ihrem kollektiven Verhalten niederschlagen, ist eine einfache Weisheit, die freilich das Bewußtsein von der Historizität des Denkens und Fühlens voraussetzt. Goethes Ableitung deutscher Eigenheiten aus der politischen Geographie Deutschlands und damit aus dessen Geschichte, vor allem in der Polemik gegen *Literarischen Sansculottismus*, ist da eine regelrechte, in diesem Sinne kaum gewürdigte Pionierleistung, denn geschichtliches Denken, das Bewußtsein von der Zeitlichkeit des Daseins war etwas ausgesprochen Neues in diesen Jahren.

Krieg und Widerstand zwischen 1806 und 1815 und die restaurative Internationalität der Heiligen Allianz danach haben dann die Akzente der Betrachtungen, Urteile und Vorurteile über die Deutschen verschoben, sowohl im allgemeinen wie bei Goethe im besonderen. Einen deutschen

Reichspatriotismus über alle Landesbürgerschaft zu setzen, war zunächst ein politisch-militärisches Gebot. Ihn gab es dann bekanntlich in vielfachen Schattierungen vom mild Religiösen bis zum wild Chauvinistischen. Dergleichen war Goethes Sache nicht. Das hat ihm damals wie späterhin den Vorwurf mangelnden Interesses für seine Deutschen eingebracht, von dem er sich auf verschiedene Weise zu reinigen versucht hat, denn er fühlte sich davon getroffen.

Öffentlich geschah das in dem etwas matten Melodrama *Des Epimenides Erwachen*, einer Rechtfertigungsallegorie im klassizistischen Gewande, die seiner Distanz zum Patriotismus der Kriegsjahre galt, zugleich aber die Zugehörigkeit zu seiner deutschen Nation legitimieren sollte, als deren erster Dichter er sich durchaus ansah. Wenngleich er nämlich für seine Zurückhaltung während des Kriegsgetümmels um Entschuldigung bat, betrachtete er sich doch als derjenige, der am Ende der streitbaren Welt die «Einigkeit» als versöhnende Göttin zuführte. Da war dann der Dichter eine Art Weltordnungshüter –

> Der Dichter sucht das Schicksal zu entbinden
> Das, wogenhaft und schrecklich ungestaltet,
> Nicht Maß, noch Ziel, noch Richte weiß zu finden –[40]

und Seher –

> Nun aber soll mein Blick entbrennen,
> In fremde Zeiten auszuschaun.[41]

Aber gleichzeitig ließ er auch den anderen ihr Teil werden:

> Doch schäm' ich mich der Ruhestunden,
> Mit euch zu leiden war Gewinn:
> Denn für den Schmerz den ihr empfunden,
> Seid ihr auch größer als ich bin.[42]

Aber eine diskrete Mahnung zum Umdenken schrieb er ihnen – den «Größeren», den Fürsten zuerst, aber dann auch dem Volk – ins Stammbuch: «Was ihr besitzt, besitzt ihr erst von heute.»[43]

Sehr viel konkreter war, was er – nun allerdings privat – im Gespräch Ende Dezember 1813, also in den Tagen, da die letzten Truppen der Grande Armée genötigt waren, deutschen Boden zu verlassen, dem jungen Jenaer Historiker Heinrich Luden mitteilte, der es dann aufgezeichnet hat. Er sei, so gab Goethe kund, den «großen Ideen Freiheit, Volk, Vaterland» stets aufgeschlossen gewesen, ja er habe oft «einen bittern Schmerz empfunden bei dem Gedanken an das deutsche Volk, das so achtbar im einzelnen und so miserabel im ganzen ist. Eine Vergleichung des deutschen Volkes mit andern Völkern erregt uns peinliche Gefühle, über welche ich auf jegliche Weise hinwegzukommen suche; und in der Wissenschaft und in der Kunst habe ich die Schwingen gefunden, durch welche man sich darüber hinwegzuheben vermag: denn Wissenschaft und Kunst gehören der Welt an und vor ihnen verschwinden die Schranken der Nationalität».

Und dann fügt er – wenn man sich auf Ludens Gedächtnis verlassen kann – wie einst schon in der Polemik gegen den *Literarischen Sansculottismus*, mit dessen Gedanken dieses Gespräch überhaupt eine gewisse Verwandtschaft aufweist, noch einen die Nachwelt stärker als seine Gegenwart provozierenden Satz hinzu: der «Trost», den sie beide – Wissenschaft und Kunst – «gewährten», sei doch nur «ein leidiger Trost und ersetzt das stolze Bewußtsein nicht, einem großen, starken, geachteten und gefürchteten Volke anzugehören.»[44] Aber wünschte Goethe die Umwälzungen, die in Deutschland solchen Trost unnötig machen könnten? Die verstörende Frage von 1795 kehrt hier in einer neuen Variation wieder, und auch diesmal wird eine einschränkende Antwort zumindest implizit bereitgestellt, indem Goethe seinen Gesprächspartner nach der Realität dieser «Volkserhebung» gegen Napoleon fragt: «Ist denn wirklich das Volk erwacht? [...] Und ist denn jede Bewegung eine Erhebung?»[45] Die Schwierigkeit, ein «klassischer Nationalautor» der Deutschen zu werden, war angesichts all dessen, was sich an Partikularinteressen, politischer Borniertheit, vehementem Nationalismus und ungezügelten Emotionen in der «Erhebung» der sogenannten Befreiungskriege breit machte, nicht leichter geworden.

5.

Das «Volk» war keineswegs erwacht, sondern begab sich, freiwillig oder unfreiwillig, eher in die stilleren Gewässer des Biedermeier. Erst etwas mehr als ein Jahrhundert später ließ dann der Ruf «Deutschland erwache» dieses Volk, durch keine Goethesche Humanität oder Skepsis gebremst, zum Schrecken der Welt werden. Denn von Skepsis war von nun an in den Gedanken Goethes über seine Landsleute viel die Rede. Aber er gehörte zu ihnen, und sie waren sein widerspenstiges oder bereitwilliges Publikum, das ihm aus Selbstbewußtsein wie persönlichem Ehrgeiz angelegen sein mußte. Goethes Reflexionen über die Deutschen kondensierten sich vorwiegend in den vielen Sprüchen der *Zahmen Xenien* und den Aphorismensammlungen der *Wanderjahre*, die allesamt, da sie «den Deutschen» gedruckt vorgelegt wurden, zugleich unmißverständlich ein Stück Nationalerziehung sein sollten. Dabei erwies sich Goethe allerdings als ein recht strenger und zunehmend ungeduldiger Lehrer.

Politisch-gesellschaftliche Pädagogik läßt sich allerdings vom Literarischen und Wissenschaftlichen, also von den Erwartungen und Enttäuschungen des Dichters und Verfassers einer kontroversen, aber von ihm heiß geliebten *Farbenlehre* nicht reinlich scheiden. Noch aus den Kriegsjahren stammt zum Beispiel die Bemerkung: «Das Publikum, besonders das deutsche, ist eine närrische Karikatur des *Demos*, es bildet sich wirklich ein, eine Art von Instanz, von Senat auszumachen und im Leben und Lesen dieses oder jenes wegvotieren zu können,was ihm nicht gefällt.»[46] Der Satz wurde bald nach dem Erscheinen der *Wahlverwandtschaften* niedergeschrieben und entsprang aus der unmittelbaren Reaktion auf die laue oder mancherorts sogar ablehnende Aufnahme des Romans, aber enthält zugleich einen Leitgedanken von Goethes nationalkritischen Äußerungen überhaupt. Allerdings hat er hier wie auch anderswo seiner Kritik ein wenig Schärfe genommen, indem er wenigstens potentiell andere Nationen als Adressaten einschloß: «*besonders* das deutsche». Ähnlich heißt es in den *Wanderjahren*: «Die Deutschen, *und sie nicht allein*, besitzen die Gabe, die Wissenschaften unzugänglich zu machen.»[47] Aus der Enttäuschung des Künstlers entspringt jedoch unter der Hand ein Kommentar über das, was ihm als eine festgefahrene Eigenschaft des deutschen «Nationalcharakters» erscheint: der Mangel an ruhiger, besonnener Urteilsfähigkeit, der eine Aggressivität des Urteilens im Gefolge hat, die allzu leicht mit der Meinungsfreiheit verwechselt wird. «Der Deutsche hat die Freiheit der Gesinnung, und daher merkt er nicht, wenn es ihm an Geschmacks- und Geistesfreiheit fehlt»,[48] heißt es in den *Wanderjahren*. Oder: «Die Deutschen der neueren Zeit haben nichts anders für Denk- und Preßfreiheit gehalten, als daß sie sich einander öffentlich mißachten dürfen.»[49] Aus dem gleichen Boden wächst auch die Beobachtung: «Gerechtigkeit: Eigenschaft und Phantom der Deutschen.»[50] Oder der Gedanke, den Goethe zugleich in einem Reimspruch ausdrückte: «Zu berichtigen verstehen die Deutschen, nicht nachzuhelfen.»[51]

All dies geht nun offensichtlich auf ein Mißverhältnis zwischen Denken und gesellschaftlicher Praxis zugunsten der Theorie zurück; Hölderlins Wort von der Tatenarmut und dem Gedankenreichtum der Deutschen bildet, wie gesagt, die knappste Formel für diesen Tatbestand. «Könnte man nur den Deutschen, nach dem Vorbilde der Engländer, weniger Philosophie und mehr Thatkraft, weniger Theorie und mehr Praxis beibringen, so würde uns schon ein gutes Stück Erlösung zu Theil werden, ohne daß wir auf das Erscheinen der persönlichen Hoheit eines zweiten Christus zu warten brauchen»,[52] zeichnet Eckermann 1828 auf. Die Quelle für den Vergleich wurde Goethe frei Haus geliefert, denn in den zwanziger Jahren besuchten eine ganze Reihe junger Engländer sein Weimar. Sie fühlten sich zu Goethes Erstaunen «in dieser deutschen Fremde keineswegs fremd und verlegen», insbesondere nicht bei seiner Schwiegertochter Ottilie. Das «Auftreten» dieser jungen Leute «und ihr Benehmen in der Gesellschaft», fand er, sei «so voller Zuversicht und so bequem, als wären sie überall die Herren und als gehöre die Welt überall ihnen».[53] Dagegen schnitten junge deutsche Gelehrte schlecht ab: «Kurzsichtig, blaß, mit eingefallner Brust, jung ohne Jugend, das ist das Bild der Meisten, wie sie sich mir darstellen. Und wie ich mit ihnen mich in ein Gespräch einlasse, habe ich sogleich zu bemerken, daß ihnen dasjenige woran unsereiner Freude hat, nichtig und trivial erscheint, daß sie ganz in der Idee stecken und nur die höchsten Probleme der Speculation sie zu interessiren geeignet sind. – Von gesunden Sinnen und Freude am Sinnlichen ist bei ihnen keine Spur, alles Jugendgefühl und alle Jugendlust ist bei ihnen ausgetrieben und zwar unwiederbringlich; denn wenn einer in seinem zwanzigsten Jahr nicht jung ist, wie soll er es in seinem vierzigsten seyn.» «Goethe seufzte und schwieg», wie Eckermann hinzusetzt.[54]

Anderes fügt sich in dieses größere Gesamtbild, so die Antwort auf die Frage nach der «Idee», die dem *Tasso* zugrundeliege. «*Idee*? – daß ich nicht wüßte!» Das sei eine zutiefst deutsche Frage. «Die Deutschen», bekommt Eckermann zu hören, seien «wunderliche Leute! – Sie machen sich durch ihre tiefen Gedanken und Ideen, die sie überall suchen und überall hineinlegen, das Leben schwerer als billig»[55] – mit anderen Worten: eine Nation, fähig «über Strohhalmen»[56] zu stolpern. Oder an anderer Stelle:

> «Denn wir führen doch im Grunde alle ein isolirtes armseliges Leben! Aus dem eigentlichen Volke kommt uns sehr wenig Cultur entgegen, und unsere sämmtlichen Talente und guten Köpfe sind über ganz Deutschland ausgesäet. Da sitzt einer in Wien, ein anderer in Berlin, ein anderer in Königsberg, ein anderer in Bonn oder Düsseldorf, alle durch funfzig bis hundert Meilen von einander getrennt, so daß persönlicher Austausch von Gedanken zu den Seltenheiten gehört. – Was dieß aber wäre empfinde ich wenn Männer wie Alexander von Humboldt hier durchkommen und mich in dem was ich suche und mir zu wissen nöthig in einem einzigen Tage weiter bringen als ich sonst auf meinem einsamen Wege in Jahren nicht erreicht hätte.»[57]

Gewiß – der deutsche Partikularismus, der zumindest in den kleineren Staaten jedem Bürger die von Gott eingesetzte Obrigkeit täglich und leibhaftig vor Augen führte, ihm aber zugleich jede Selbständigkeit und Verantwortung in der Verwaltung des Alltags abnahm, war in der Tat ein wesentlicher Faktor bei der Entstehung von Ansichten, Einstellungen und Verhaltensweisen, die sich im deutschen Sprachbereich stärker herausbildeten als dort, wo der Herrscher groß, aber fern residierte und die Eigenverantwortlichkeit der Bürger in der Wirtschaft oder wohl gar in einem Parlament auch größeres Selbstbewußtsein eingab. «Richter in London – was wär' er geworden!» Nur war Goethe eben selbst ein entschiedener Befürworter dieses Partikularismus:

> «Wodurch ist Deutschland groß, als durch eine bewundernswürdige Volks-Cultur, die alle Theile des Reichs gleichmäßig durchdrungen hat. Sind es aber nicht die einzelnen Fürstensitze von denen sie ausgeht und welche ihre Träger und Pfleger sind? – Gesetzt, wir hätten in Deutschland

seit Jahrhunderten nur die beiden Residenzstädte Wien und Berlin, oder gar nur eine, da möchte ich doch sehen, wie es um die deutsche Cultur stände? ja auch um einen überall verbreiteten Wohlstand, der mit der Cultur Hand in Hand geht!»[58]

Goethe in London – was wär' er geworden? Es ist ein Widerspruch, der sich nicht auflösen läßt und der zu einer Erblast deutscher Geschichte geworden ist.

Bei Goethes Bemerkungen zu derartigen «Nationaleigenschaften» ist allerdings eben nicht zu vergessen, daß sie ihren Ursprung in zumeist ganz konkreten Reaktionen auf gewisse Personen und Ereignisse haben und nicht von vornherein auf jenen verallgemeinernden Sinn angelegt waren, der ihnen dann als Zitat zuteil wurde. Daß es im Bereiche der deutschsprachigen Kultur tatsächlich eine größere Neigung zur Abstraktion und zu theoretischen Erörterungen gibt, läßt sich aus vielen, bis in die Gegenwart reichenden Beobachtungen bestätigen, obwohl inzwischen in manchen Wissenschaftszweigen auch andere Nationen beträchtliche Anstrengungen zum Versenken in theoretische Spiele gemacht haben. Immerhin jedoch war der Ausgang des 18. und der Beginn des 19. Jahrhunderts, also der allmähliche Übergang in eine bürgerliche Gesellschaft bei Fortbestehen feudaler Regentschaften in den einzelnen deutschen Staaten, eine prägende Zeit für die Herausbildung mancher kollektiver Verhaltensweisen auf dem Gebiet des Heiligen Römischen Reiches Deutscher Nation. Goethe ging zwar die Lust an Spekulation und Theoriebildung ab, dazu war er sogar dort, wo er über die Natur theoretisierte, zu sehr Empiriker. Aber er war letzten Endes selbst ein Deutscher, und damit teilte er manche Unsicherheiten und Irrtümer mit seinen Landsleuten. Zwar meinte er angesichts des «geistvollen und verständigen» Freiherrn Grimm von Grimmenhof, der lange Zeit in Paris gelebt hatte, daß nichts seltener sei, «als einen hervorragenden Deutschen in seinem Lande zu sehen; alle gehen fort, um sich im Auslande auszuzeichnen, die Mittelmäßigen bleiben bei uns zurück, vom Schuster bis zum Philosoph»,[59] aber für sich selbst hat er diesen Weg, wie zu sehen war, nicht einmal versuchsweise erwogen. Bestätigt durch die internationale Verehrung, die ihm mehr und mehr zuteil wurde, setzte er sich als Kritiker seiner Landsleute exterritorial. Der mehrfach erwähnte und von ihm selbst besonders im Zusammenhang mit dem *West-östlichen Divan* ausgesprochene Wunsch, sich als Reisender betrachtet zu sehen, wenn nicht gar als Flüchtender und Emigrant, gehörte dazu und erwies sich, den biographischen Tatsachen entgegen, bei dem Bild, das sich die Nachwelt von ihm machte, durchaus als wirksam. An dem Entstehen eines «Goethe-Bildes» hat er so dezent modellierend mitgewirkt.

6.

«Warum willst du dich von uns allen
Und unsrer Meinung entfernen?»
Ich schreibe nicht euch zu gefallen,
Ihr sollt was lernen.[60]

Dies und die folgenden Verse stehen am Anfang der *Zahmen Xenien*, an einem Ort also, wo man ihnen gewiß programmatischen Sinn zuweisen darf. Zu allem Lehren gehört die optimistische Überzeugung von der Belehrbarkeit der Schüler. Aber Lehren schließt in Tadel und Kritik auch das Unbequeme ein:

«Ist denn das klug und wohlgetan?
Was wollst du Freund und Feinde kränken!»
Erwachsne gehn mich nichts mehr an,
Ich muß nun an die Enkel denken.
Und sollst auch du und du und du
Nicht gleich mit mir zerfallen;
Was ich dem Enkel zu Liebe tu'
Tu' ich euch allen.

So hat ohne Zweifel Goethe im Alter sein Verhältnis zu den Deutschen gesehen: ein strenger Lehrer, bereit, immer wieder Unbequemes zu sagen mit dem Risiko, ungeliebt zu sein, aber verantwortlich nicht nur der Gegenwart, sondern der Zukunft, wofür ihm denn Dank gebühren sollte. Das ist nun zwar keine besonders originelle Rolle, und zu bieten hatte er weit mehr als nur seine Weisheit. Als diese Sprüche zuerst 1820 in *Kunst und Alterthum* erschienen, hatte er gerade den *West-östlichen Divan* der lesenden Welt übergeben; die Marienbader *Elegie* und überhaupt seine wundervoll reiche Alterslyrik war noch ungeschrieben und der *Faust* noch nicht vollendet. Die Rolle des Lehrers, Mahners, kritischen Beobachters war nur eine von mehreren. Aber sie war bestimmend für sein Selbstverständnis als deutscher Schriftsteller, dem es letztlich darum ging, seine Nation wirkungsvoll und konstruktiv in den Kreis der anderen zu integrieren: «Der Deutsche läuft keine größere Gefahr, als sich mit und an seinen Nachbarn zu steigern. Es ist vielleicht keine Nation geeigneter, sich aus sich selbst zu entwickeln; deswegen es ihr zum größten Vorteil gereichte, daß die Außenwelt von ihr so spät Notiz nahm.»[61] Aber Notiz zu nehmen begann sie nun immerhin, und das nicht zuletzt durch sein Wirken und Schreiben. Nur macht Goethes Satz mit dem Stolz über kulturell Geleistetes auch sein Unbehagen an der Zwitterhaftigkeit deutscher Verhältnisse zwischen Kleinstaatlichkeit und Reichsstaatlichkeit deutlich, das schon in den neunziger Jahren aus seinem Aufsatz über *Literarischen Sansculottismus* sprach.

Goethes mangelnder oder vorhandener Patriotismus ist immer wieder Gegenstand von Debatten geworden, in Thomas Manns *Lotte in Weimar* ebenso wie unmittelbar während der Kriegszeit, gegen Ende des bewegten Jahres 1813. In jenen Tagen stellt einmal Karl Varnhagen von Ense darüber Erwägungen an, die an Rahel gerichtet sind, in deren Ohren Kritisches über Goethe keinen guten Klang gehabt hätte. Goethe, so heißt es in Varnhagens Brief, habe «wahrlich diesen Krieg mit bereitet, wie keiner, ohne ihn und den tiefdringenden Einfluß seines Geistes und Regens wäre ein großer Theil unserer Jugend nicht *so* für die Waffen entflammt, stünde unser Sinn und Willen nicht so erhöht für Besseres, aber er, die Wurzel, verläugnet doch auch nicht billig das ihm freilich ungleichartige Erzeugniß seiner grünen Blätter, und daß er mit unserer Geschichte zu hadern scheint, muß in der That jeden von uns betrüben.»[62] Daß das «Hadern» ebenfalls zur Entwicklung des Sinnes und Willens für Besseres gehörte, entging Varnhagen hier. Aber seine Bemerkung ist aufschlußreich über ihren unmittelbaren Bezug hinaus, denn was hier von Goethes Wirkung im Hinblick auf die Napoleonischen Kriege gesagt wird, gilt zugleich für ihn in einem sehr viel größeren Maßstab.

Mit Goethe hebe «die neue deutsche Poesie» an, hat Ludwig Tieck einmal festgestellt. Aber es sei «nicht das Talent und die Vollendung» allein, die ihn charakterisierten, sondern «die deutsche Gesinnung, die Verklärung des Volks und Vaterlandes, das durch ihn gleichsam im Bewußtsein erst entstand und entdeckt wurde.»[63] Es ist eine angemessene, treffende Feststellung unter der Voraussetzung, daß man sie nicht nur im Sinne politisch-gesellschaftlicher Realitäten versteht. Die deutsche Literatur war im Laufe des 18. Jahrhunderts vielstimmig und klangreich geworden; Lessing, Wieland, Schiller, Hölderlin, Jean Paul, Kleist – das waren nicht nur «Goethe und Ansätze», wie Hofmannsthal meinte. Aber dennoch hat Goethe in einem Umfang und einer Intensität wie kein anderer deutscher Autor seinen Deutschen zu einem Bewußtsein über sich selbst verholfen. Es ist die Rede nicht mehr vom Lehren, sondern von dem, was Literatur als Kunst im besten Fall zu tun in der Lage ist, von der Artikulation bisher ungekannter Gedanken und Empfindungen.

Worin die Besonderheit des Phänomens Goethe besteht, wird sich, wie alle Beschreibung des Außerordentlichen, stets der Definition entziehen. In diesem einen, so überaus gelungenen Leben haben Anlagen, also Begabung und Talent, mit Intuition, Egozentrik und Glück zusammengewirkt, sich also Gegebenes und Gewähltes untrennbar vermischt. Aber es war ein Phänomen, das nur möglich war in einer kurzen Zeitspanne, da sich auf dem Boden eines aufgeklärten Weltverständnisses die Erde als rundes Ganzes bereits sachlich richtig überblicken ließ, die immensen Mittel zu ihrer Erfahrung und Inbesitznahme, die dann die Technik bereitstellte, jedoch erst im Entstehen begriffen waren. Daß die Deutschen nicht unmittelbar an dieser Inbesitznahme beteiligt waren – auch das hat zu der Besonderheit des Phänomens Goethe beigetragen; die Zentren, von denen aus sich die Eroberung vollzog, hat er, wie zu sehen war, durchaus vermieden.

Goethes Weltruhm begann nicht zu unrecht mit dem *Werther* – das hat er später also ganz richtig gesehen. Denn was darin zum erstenmal auf deutsch ausgesprochen und mithin bewußt gemacht wurde, war ein bisher in dieser Sprache nicht gekannter Reichtum an Gefühlen und an deren Verwurzelung in den großen Tatsachen von Natur, Gesellschaft, Geschichte sowie dem unbekannten Territorium vor und nach aller einzelnen Existenz, das sich die Religionen zu erschließen versuchen. Was aber sagbar gemacht worden ist, gehört einer ganzen Sprachgemeinschaft an, nicht nur die Worte, sondern auch das, was sie aussprechen. Erst in diesem Sinne und auf solche Weise ist Goethe wirklich ein deutscher «Nationalautor» geworden.

Die dankbare Nation hat ihn dafür zum Musterbild, zur reinsten Ausprägung eines «Klassikers», ihres «Klassikers» gemacht, nicht weil jene Übereinstimmung zwischen Künstler und Publikum existierte, die für ihn das Ideal dieses Begriffes darstellte, sondern weil sie glaubte, seiner gerade in dieser Rolle zu bedürfen. Für die Welt hingegen wurde er zum Inbegriff eines «Romantikers», weil sie in seinem Werk den bedeutendsten deutschen Beitrag zu jener großen Entdeckung der Gefühle und Öffentlichmachung bürgerlicher Intimität sah, die im Laufe des 18. Jahrhunderts ganz Europa bewegte.

An Goethes Rat, mit dem Begriff des Klassischen höchst vorsichtig umzugehen – «Wer mit den Worten, deren er sich im Sprechen oder Schreiben bedient, bestimmte Begriffe zu verbinden für eine unerläßliche Pflicht hält, wird die Ausdrücke: *klassischer Autor*, *klassisches Werk* höchst selten gebrauchen»[64] – haben sich die Deutschen nicht gehalten. Der Wunsch, ihm über alle Schwierigkeiten hinweg die Krone des «klassischen Nationalautors» aufzusetzen, hat die Stürme der Zeit überstanden, unter denen zum Beispiel die «Nationalen Forschungs- und Gedenkstätten der klassischen deutschen Literatur in Weimar» zur «Stiftung Weimarer Klassik» mutierten. Aber Goethe hat sich zu Recht gegen alles Statueske gewehrt. Einem freundlichen Kritiker der *Wanderjahre* hat er einmal mit den Worten gedankt, es müsse ihn «tiefführend ergreifen [...], das Problem meines Lebens, an dem ich selbst wohl noch irre werden könnte, vor der Nation so klar und rein aufgelöst zu sehen, wobei ich mich denn auch über manches Zweifelhafte belehrt, über manches Beunruhigende beschwichtigt fühle.»[65] Eine kreative, aller Klassizität abholde Unruhe ist seinem ganzen Werk geblieben. Es kann geschehen, daß eine bedeutende Aufführung der *Iphigenie auf Tauris* den Zuschauer die Welt des späten 20. Jahrhunderts außerhalb des Theaters auf zwei Stunden vergessen läßt, so daß ihm nichts, aber auch gar nichts mehr wichtig erscheint, als die spannende Frage danach, wie diese drei Menschen auf der Bühne miteinander zurecht kommen werden.[66] Dann aber beim Heraustreten in diese andere, wirkliche Welt wird dennoch kein Bruch erfahren, weil die Empfindungsweise dieser Menschen die unsere geworden ist. «Die Geheimnisse der Lebenspfade darf und kann man nicht offenbaren; es gibt Steine des Anstoßes, über die ein jeder Wanderer stolpern muß. Der Poet aber deutet auf die Stelle hin.»[67]

Wann und wo entsteht ein klassischer Nationalautor?

Zur *Italienischen Reise*

I.

«Goethe gehört für den, dessen Grundansicht immer historisch ist, neben seinen Werken so ganz zur Geschichte, daß alles, was seine Geschichte erhellt, [...] im allerhöchsten Grade interessant ist.»[1] Der Satz steht als eine Art versöhnlicher Abschluß am Ende eines Briefes, den der Historiker Barthold Georg Niebuhr am 16. Februar 1817 aus Rom an Friedrich Karl von Savigny schreibt. Dieser Brief ist die Summe von Niebuhrs tiefer Enttäuschung nach der Lektüre des ersten Bandes von Goethes *Italienischer Reise*, der unter dem Titel *Aus meinem Leben. Zweyter Abtheilung Erster Theil* im Oktober 1816 erschienen war. Niebuhrs «politisch-historischer Sinn» – er war Verfasser einer *Römischen Geschichte* – wehrt sich von Grund auf gegen Goethes Betrachtungsweise, die für ihn darin besteht, daß «man so eine ganze Nation und ein ganzes Land bloß als eine Ergötzung für sich betrachtet, in der ganzen Welt und Natur nichts siehet, als was zu einer unendlichen Dekoration des erbärmlichen Lebens gehört, alles geistig und menschlich Große, alles, was zum Herzen spricht, wenn es da ist, vornehm beschaut, wenn es vom Entgegengesetzten verdrängt und überwältigt worden, sich an der komischen Seite des letzten ergötzt.»[2] Nur eben durch die Historisierung des Autors rettet der Historiker Niebuhr schließlich das Werk vor der gänzlichen Vernichtung im eigenen Urteil.

Die Probleme, die dieses Urteil aufwirft, sind vielfältig. Niebuhr, 1776 geboren, richtet hier über eine Weltbetrachtung, die er im Grunde für ahistorisch hält. Vom «Rom des fünften Jahrhunderts» oder vom «Deutschland Luthers und Dürers» habe Goethe wohl etwas verstanden, aber «welcher Dämon verführte ihn, auch dem achtzehnten Jahrhunderts gerecht sein zu mögen?»[3] Niebuhr ist offenbar geneigt, die Macht der Geschichte über Wunsch und Interesse des einzelnen zu stellen. Ob er sein Urteil angesichts der gesamten *Italienischen Reise*, also des zweiten Teils vom Oktober 1817 und der Gesamtveröffentlichung mit dem dritten Teil von 1829 aufrechterhalten hätte, muß offen bleiben, ist aber hier auch nicht von Belang. Wichtiger ist, daß Niebuhrs letzter historistischer Gnadenerweis für die *Italienische Reise* dann bereits ein Hauptmotiv der weiteren Rezeptionsgeschichte dieses Werkes anschlägt. Denn das Interesse für die *Italienische Reise* war in erster Linie vom Interesse an Goethe motiviert und ist es in gewissem

Umfang geblieben. Generationen von Lesern haben Goethe auf seiner Reise nach Italien begleitet und haben auf diese Weise ihre eigene Italiensehnsucht oder auch Italienkenntnis sublimiert. Ob sie damit allerdings wirklich nur um Goethes willen gelesen haben oder aber zu Lesern eines literarischen Kunstwerkes wurden, das sich von seinem Autor selbständig gemacht hat, ist eine für die Wirkung des Werkes wie für ästhetisches und historisches Urteilen überhaupt entscheidende Frage, die noch zu betrachten sein wird.

2.

Am Anfang aller Beschäftigung mit Goethes *Italienischer Reise* ist es nötig, sich der philologischen Tatsachen zu erinnern. Was Goethe zwischen 1816 und 1829 als Teil seiner Autobiographie veröffentlichte und was seit 1829 als seine *Italienische Reise* vorliegt, gibt sich als eine Art Tagebuch mit verschiedenen, gegen Ende hin zunehmenden Einlagen essayistischer oder summierend berichtender Art. Seit Erich Schmidts Ausgabe der *Tagebücher und Briefe Goethes aus Italien an Frau von Stein und Herder* im Jahre 1886 ist aber zugleich bekannt, daß diese *Italienische Reise* keineswegs mit den tatsächlichen Tagebuchaufzeichnungen und Briefen Goethes aus der Zeit seiner Italienreise in den Jahren 1786 bis 1788 identisch ist. Schmidt konstatiert «grausame Spuren» der Bearbeitung insbesondere bei den Briefen: «Mit einer Objectivirung des Vergangenen, die beim ersten Anblick etwas Erschreckendes hat und ohne welche doch ein Leben und Wirken wie das Goethesche undurchführbar wäre, hat er diese Blätter, zum größten Theil Botschaften der Liebe, als Rohmaterial für ein zu schreibendes Buch behandelt, sie auseinandergerissen und manchmal in Streifen zerschnitten, über die Zeile mit Stift oder Feder Änderungen eingetragen, fast alle Seiten diagonal durchstrichen und, mit diesem Zeichen der Erledigung oder Ausscheidung nicht zufrieden, sehr oft Zeile für Zeile ausgemerzt.»[4] Man spürt den herben Tadel des gewissenhaften Philologen: selbst Goethe hätte sich eigentlich nicht erlauben dürfen, so mit Goethe-Manuskripten umzugehen.

Schmidt gibt im einzelnen Beispiele dafür, wie Goethe mit dem Rohmaterial seiner italienischen Tagebücher und Briefe verfahren ist, was er ausgelassen, umgestellt oder hinzuerfunden hat. Die Dokumente für die Abfassung des dritten Teils hingegen hat Goethe überhaupt vernichtet, so daß Vergleiche nicht mehr möglich sind. Einzelstudien in der Nachfolge Schmidts, wie die von Melitta Gerhard aus dem Jahre 1930, haben gezeigt, daß sich die Änderungen keineswegs nur auf die Beseitigung persönlicher Details beschränken; kaum ein Abschnitt der Briefe an den Weimarer Freundeskreis sei «so beibehalten wie er in den Vorlagen gestanden hat. Eine ganz neue Anordnung ist fast durchweg eingetreten».[5] Goethes *Italienische Reise* ist offenbar ein durch künstlerische Komposition hervorgebrachtes literarisches Werk, das die Form des Reisetagebuchs als Fiktion benutzt. Das dokumentarische Material, das Goethe dafür verwendete, bezieht sich allerdings auf eine tatsächliche Reise, die jedoch rund drei Jahrzehnte vor der Arbeit an diesem Werk stattfand. Der Autor der Tagebücher und Briefe aus Italien ist ein Mittdreißiger, derjenige der *Italienischen Reise* ist Mitte sechzig, als er die Redaktionsarbeit beginnt, und knapp achtzig, als er sie abschließt. Mit anderen Worten: der Reisende oder «Held» der *Italienischen Reise* ist nicht mit dem tatsächlichen Italienreisenden Johann Wolfgang Goethe aus den Jahren 1786 bis 1788 gleichzusetzen, er ist vielmehr eine vom Autor geschaffene fiktive Gestalt, in der dieser sich selbst historisiert. Alle weiteren Beobachtungen zur *Italienischen Reise* müssen auf dieser Voraussetzung fußen.

Man ist inzwischen gewohnt, die Grenzen des Literaturbegriffes großzügig zu erweitern und außer den kanonischen Gattungen des Epischen, Lyrischen und Dramatischen auch andere sogenannte «Textsorten» der Literatur zuzuzählen, darunter Brief und Tagebuch. Ein Werk wie die *Italienische Reise* bestätigt das Recht dazu und zeigt, daß es bereits in einem so komplexen Umgang mit biographischem Material angelegt ist, wie ihn Goethe hier vollzieht.

In den ersten beiden Teilen der *Italienischen Reise*, also bis zur Schilderung der Rückkehr von Sizilien und Neapel nach Rom, sind Tagebuch und Brief zumeist ununterscheidbar gemischt, was natürlich auch damit zusammenhängt, daß das originale Reisetagebuch als Quelle der *Italienischen Reise* selbst eine Art großen Briefes in Fortsetzungen an Frau von Stein darstellte. Wenn der redigierende Autor dreißig Jahre später Persönlichstes tilgte, so bedarf dies keiner besonderen Erklärung. Aber Goethe war mit künstlerischem Bewußtsein am Werk, und deshalb verschleiert diese Redaktionsarbeit auch nicht so sehr Vergangenes an und für sich, sie hebt es vielmehr in die Sphäre eines in sich selbständigen Kunstwerks. Daß aus dem Du der Anrede ein Ihr wird, daß die Weimarer Adressaten nicht mehr identifiziert werden, ja daß damit Weimar als Bezugspunkt des Reisenden überhaupt zurücktritt und einem allgemeineren Kontrast von Deutschland und europäischem Norden dem Süden gegenüber Platz macht – all dies erweitert den Empfängerkreis dieser scheinbar so ganz persönlichen Dokumente zum Leserkreis eines Buches. Der Erfolg hat dieser Entscheidung des Autors der *Italienischen Reise* recht gegeben; er war im übrigen der Autor des *Werther* und des *Tasso*, eines Briefromans und eines Künstlerdramas, und die *Italienische Reise* enthält von beidem. Aber auch der Autor des *Wilhelm Meister* verrät sich in ihr, denn in der Nähe zur Arbeit an den beiden Fassungen der *Wanderjahre* ist der dritte Teil des Reisebuchs, der *Zweite Römische Aufenthalt,* entstanden.

Dort in den *Wanderjahren* finden sich innerhalb einer umrißhaft angedeuteten Rahmenerzählung über die Reisen des Helden bunt gemischt die verschiedensten Formen literarischen Ausdrucks: Novellen, Märchen, Briefe, Tagebücher, Berichte, Dialoge und Aphorismen. Der dritte Teil der *Italienischen Reise* jedoch enthält gleichfalls Novellistisches, wie die Geschichte von der schönen Mailänderin, enthält, von Goethe selbst so bezeichnet, «Korrespondenz», «Berichte» und dazu eine Reihe von essayistischen Einlagen, etwa über päpstliche Teppiche oder über Philipp Neri, den «humoristischen Heiligen». Einiges ist sogar von fremder Hand, von Karl Philipp Moritz und Wilhelm Tischbein, und das *Römische Karneval*, von Goethe zuerst 1789 veröffentlicht, stellt den Text zu einem kleinen Kunstbuch dar, das Karneval und Leben, Spiel und Wirklichkeit auf eine höchst poetische Weise miteinander verbindet und zueinander in Beziehung setzt. So ist hier also nur noch daran zu erinnern, daß *Wilhelm Meisters Wanderjahre* den Versuch Goethes darstellen, unter den besonderen Bedingungen seiner Zeit und seines Landes im Kunstwerk, in der Form des Romans, eine Art universeller Ordnung herzustellen und zu bewahren, ohne der sich verändernden Wirklichkeit gegenüber unwahr zu werden. Ähnlich und mit anderen künstlerischen Mitteln hat Goethe das gleiche auch im *Faust* unternommen. *Faust* ebenso wie *Wilhelm Meister* sind im wörtlichsten Sinne Lebenswerke Goethes, Werke, die früh konzipiert wurden und ihn dann sein Leben lang begleitet haben, bis er sie im Alter – für sich selbst als Kompromisse mit einer nur in der Vorstellung möglichen Vollendung – zum Abschluß gebracht hat. Es scheint angezeigt, auch die *Italienische Reise* als ein solches «Lebenswerk» zu betrachten und zu den genannten in Beziehung zu setzen.

In einer Betrachtung über Goethes Technik oder «Kunst» des Reisens am Beispiel der Reise nach Italien in den Jahren 1786 bis 1788[6] wird die sehr zustimmenswerte Überlegung angestellt, daß zu jeder Reise Abfahrt und Rückkehr, also der Bezug auf den geographischen und natürlich auch sozialen Ausgangspunkt des Reisenden gehöre. Die *Italienische Reise* schließt nun allerdings mit dem Abschied von Rom und nicht mit der Rückkehr nach Weimar, weshalb denn in dieser Betrachtung Goethes Werk konsequent ein «Torso» genannt wird und der Autor Tadel hinnehmen muß dafür, daß er «wider den Geist seiner ursprünglichen Reisekonzeption und ohne Rücksicht auf sein tatsächliches Verhalten»[7] verfahren sei. Für die Dokumentation von Goethes «Reisekunst» werden deshalb ausschließlich die ursprünglichen Briefe und Tagebücher benutzt – hätte der Verfasser der Betrachtung für seine Belege zum Vergleich die *Italienische Reise* herangezogen, was er fahrlässigerweise nicht tut, so hätte er gesehen, daß die meisten Stellen, aus denen diese Belege stammen, von Goethe für die Druckfassung gestrichen wurden. Damit aber hätte sich auch das «Geheimnis» entschlüsselt, warum die *Italienische Reise* angeblich ein «Torso» geblieben sei. Reisekünstler in irgendeinem Sinne wollte der Autor der *Italienischen Reise* nicht sein; das geschickte Arrangement des Äußeren gehörte für ihn einer Vergangenheit an, die für das frühe 19. Jahrhundert keinen Sinn mehr hatte, ebenso wie das Weimar, in das Goethe 1788 zurückgekehrt war, sich nicht mehr mit dem in eins setzen ließ, das ihn nach den Napoleonischen Kriegen umgab, als er sein Reisebuch teils komponierte, teils schrieb. Wohl aber wußte er zu dieser späteren Zeit, daß er Rom nicht mehr wiedersehen würde, und so war der Abschied von dieser Stadt das eigentlich Bleibende, Dauernde, der «Schlußstein», von Goethe in mehreren Ansätzen sorgfältig bedacht und geformt.

So paradox es klingen mag, aber erst durch die mit hineingezeichnete Rückkehr nach Weimar wäre die *Italienische Reise* zum Torso geworden, zu einem Fragment aus dem Leben eines wie auch immer bedeutenden und interessanten Menschen. So wie sie uns jedoch vorliegt, schließt sie als Kunstwerk von eigenem Rang, ermöglicht sie doch den Lesern jeder Epoche und Zeit, sich als Empfänger dieser Mitteilungen zu betrachten und sie auf ihr eigenes «Weimar», wo immer es liegen mag, zu beziehen. Die Erwartungen des «politisch-historischen Sinnes», wie es Niebuhr nannte, werden hingegen immer wieder enttäuscht werden.

3.

Niebuhr und seine deutschen Freunde in Rom hatten kopfschüttelnd Goethes Bewunderung des Andrea Palladio und seiner Bauten in Vicenza registriert, Bauten, unter denen sie selbst nichts fanden, «was wir rein und wahrhaft schön nennen möchten».[8] Aber was hatte Goethe an Palladio gepriesen? «Er ist ein recht innerlich und von innen heraus großer Mensch gewesen. Die höchste Schwierigkeit, mit der dieser Mann wie alle neuern Architekten zu kämpfen hatte, ist die schickliche Anwendung der Säulenordnungen in der bürgerlichen Baukunst; denn Säulen und Mauern zu verbinden, bleibt doch immer ein Widerspruch. Aber wie er das untereinander gearbeitet hat, wie er durch die Gegenwart seiner Werke imponiert und vergessen macht, daß er nur überredet!»[9]

»Vergessen macht daß es Ungeheuer sind», hatte es in der Tagebuch-Fassung von 1786 geheißen und daran anschließend: «Es ist würcklich etwas göttliches in seinen Anlagen, völlig die Force des großen Dichters der aus Wahrheit und Lüge ein drittes bildet das uns bezaubert.»[10] Oder genauer: «dessen erborgtes Dasein uns bezaubert»,[11] wie es endgültig in der *Italienischen Reise* heißt. «Erborgtes Dasein» ist die Formel des Altgewordenen, der sein Leben überblickt und es nun als ein Stück Kunst präsentiert, Wortkunst, gefeilt nicht nur, sondern auch geschliffen – klares, durchsichtig gewordenes, exemplarisches Leben, um das es allein in der Kunst gehen kann, «zugleich völlig wahrhaft und ein anmuthiges Mährchen»,[12] wie Goethe die *Italienische Reise* genannt hat.

Die Begeisterung für Palladio, das wird hinreichend deutlich, hat mit kunstkritischem Urteil wenig zu tun. Sie ist auch keine Annihilation einstiger Begeisterung für deutsche Baukunst, wie Niebuhr und Freunde vermuteten. Aber bürgerliche Baukunst und klassische Form, Mauern und Säulen, Prosa des Lebens und Sprache der Dichtung: das waren die Gegensätze und Probleme, die der Verfasser einer *Iphigenie* in Prosa mit nach Italien brachte und die dem Autor des *Wilhelm Meister* wie des *Faust* weiterhin blieben. Nicht um Äußerlichkeiten ging es dabei, wie die Betonung des «recht innerlichen» Palladio deutlich genug erweist, sondern um Essentielles, um deutsche Schriftstellerexistenz überhaupt. Waren *Götz* und *Werther*, jedes Werk auf seine Art, bürgerliche Baukunst gewesen, so waren damit im Grunde auch deren Wege und Möglichkeiten erschöpft, wollte man nicht nur eine Tragödie nach der anderen geben, sich ins Endlose wiederholen in Variationen zu einem einzigen Thema. Goethes Selbsteinsetzung als deutscher Schriftsteller über der provinziellen Enge seines Landes ereignete sich in der Tat durch seine Begegnung mit Italien, wie alle Begegnung mit Fremdem Katalysator sein kann für tiefgreifenden Wandel. Aber sie ereignete sich nicht dort allein, sondern sie ist als Prozeß zu verstehen, der dort lediglich begann und von dem das Reisetagebuch eine Stufe darstellt ebenso wie die spätere Reflexion auf solche Erfahrung in der *Italienischen Reise*, weshalb denn auch die so gern verwendete Redensart von Goethes «Flucht» nach Italien im Grunde auf Durchschnittspsychologie zuschneidet, was in Wirklichkeit ein sehr viel positiverer, reicherer und komplexerer Vorgang war. In diesem Prozeß weichen zuerst die «Ungeheuer» des Palladio – der Reisende Goethe war nicht so unkritisch, wie Niebuhr meinte – und in diesem Prozeß qualifiziert sich auch, was das «erborgte Dasein» des Kunstwerks zur Anschauung bringt.

«Dasein» ist überhaupt eines der Lieblingswörter Goethes in diesem Buche, das so viel mit der Anerkennung eines Künstlers, mit dem Sinn seiner Tätigkeit und also eben seines Daseins zu tun hat. Man verdiene wenig Dank von den Menschen, heißt es im Reisetagebuch mit Bezug auf Palladio, «wenn man ihr innres Bedürfniß erheben, ihnen von sich selbst eine grose Idee geben, ihnen das herrliche eines grosen wahren Daseyns fühlen machen will».[13] Die *Italienische Reise* präzisiert und dämpft zugleich: der Dank fehle, wenn man den Menschen «eine große Idee von ihnen selbst geben, ihnen das Herrliche eines wahren, edlen Daseins zum Gefühl bringen will».[14] Und dann noch einmal das Reisetagebuch: «Aber wenn man die Vögel belügt, ihnen Mährgen erzählt, ihnen vom Tag zum andren forthilft pp dann ist man ihr Mann und drum sind so viele Kirchen zu Stande gekommen, weil von daher für das Bedürfniß der Sterblichen am besten gesorgt wird.»[15] Deshalb also war der Reisende rasch am Regensburger Dom vorübergezogen zu Niebuhrs Tadel.

Aber auch das war nur eine Stufe gewesen. Statt der Kirchen ist es dann für den Autor der *Italienischen Reise* nurmehr der generelle, weiterblickende Satz: «und darum gefällt sich die neuere Zeit in so viel Abgeschmacktem».[16] Wie es aber Goethe schließlich gelang, seinen Deutschen ein wahres, edles Dasein zum Gefühl zu bringen und dennoch ihren Dank zu gewinnen, das mag als Errungenschaft oder Glück bezeichnet werden; mit der Weiterarbeit an der *Italienischen Reise* hat es jedenfalls eine Menge zu tun.

Gleich zu Anfang der Reise notiert sich Goethe bedeutende Sätze, die einen tiefen Blick in das geben, was ihn überhaupt in seinem Denken bewegte. «Zu meiner Welterschaffung», heißt es da, «habe ich manches erobert, doch nichts ganz Neues und Unerwartetes. Auch habe ich viel geträumt von dem Modell, wovon ich so lange rede, woran ich so gern anschaulich machen möchte, was in meinem Innern herumzieht, und was ich nicht jedem in der Natur vor Augen stellen kann.»[17] Das hat Goethe am 8. September auf dem Brenner aufgezeichnet – im Tagebuch spricht er von «Weltschöpfung», und statt des Verweises auf das Innere ist die Rede von dem «was immer mit mir herumreist»,[18] aber der Gedanke ist der gleiche. Was gemeint ist, läßt sich nicht zuletzt aus einem Werk wie der *Italienischen Reise* erschließen.

Goethes Bemerkung mag ihre konkreten Bezüge auf jenen «Roman über das Weltall» haben, den er damals erwog und in dem er seine Auffassung von der Natur in großer Form niederlegen wollte.[19] Aber mit diesen Worten setzt er zugleich seine Vorstellung von künstlerischer Arbeit als einen Schöpfungsakt in ein Verwandtschaftsverhältnis zu ihr. Natur und Unnatur hingegen werden ein Gegensatzpaar, auf das man immer wieder in der *Italienischen Reise* stößt, sei es bei der Betrachtung von Palladios Bauten oder im Negativen beim Besuch der Villa Palagonia. So bahnte er sich auch den Weg zur Erschaffung einer «Urpflanze», diesem seltsamen Gebilde, das Wissenschaft und Kunst als Eltern hatte. Heine charakterisierte die Essenz dieses Verhältnisses feinfühlig in seinen eigenen italienischen Reisebildern: In Goethes *Italienischer Reise* schaue man «überall thatsächliche Auffassung und die Ruhe der Natur. Goethe hält ihr den Spiegel vor, oder, besser gesagt, er ist selbst der Spiegel der Natur. Die Natur wollte wissen, wie sie aussieht, und sie erschuf Goethe.»[20] Das Verhältnis zwischen Ordnung und Chaos, Schöpfung und Zerstörung wurde ein Lebensthema Goethes, das sich bis in seine letzten Gedanken über das Ringen des Doktors Faust mit dem Abgesandten der ewigen Nacht erstreckt.

Unmittelbarer Anlaß zu der Bemerkung ist in Innsbruck die Begegnung mit dem Sohn eines Gastwirts, in dem Goethe eine Gestalt aus seinen *Mitschuldigen* wiederzuerkennen glaubt. Kurz vorher, am Walchensee, waren ihm, der einen Roman über *Wilhelm Meisters theatralische Sendung* begonnen hatte, ein Harfner und seine Tochter für eine Weile Reisebegleiter gewesen: «So begegnen mir nach und nach meine Menschen.»[21] Der hier reist, ist also immer der Schriftsteller Goethe, der sich als Künstler, als eine Art «Weltschöpfer» sieht, als Schöpfer eines «Modells», das nur langsam, in Stufen und Teilen, am Leben von Gestalten sichtbar zu machen ist, und auch die Biographie des eigenen Lebens ist Teil davon.

Goethe reist incognito durch Italien, was er auch den Lesern seines Reisebuches bei passender Gelegenheit des öfteren mitteilt. Er reist als der bereits bekannte und über sein Land hinaus angesehene Verfasser insbesondere des *Werther* und kostet es entsprechend aus, wenn das Incognito da und dort einmal gelüftet oder den Erwartungen zum Trotz gewahrt wird. Während der Reise entstehen *Iphigenie* und *Egmont* in ihrer endgültigen Form, und Pläne zu neuen Werken werden entworfen. Überall in der *Italienischen Reise* ist also diese Präsenz des deutschen Schriftstellers Goethe zu spüren, überall geht es letztlich um dieses Lebensmodell, das in seinem Inneren «herumzieht», geht es um das exemplarische Leben eines deutschen Künstlers. «Wann und wo entsteht ein klassischer Nationalautor?» hatte Goethe 1795 in seinem Aufsatz *Literarischer Sansculottismus* gefragt und als Antwort auf die «großen Begebenheiten» in der Geschichte einer Nation verwiesen, mit denen sich deren Gegenwart «in einer glücklichen und bedeutenden Einheit vorfindet.»[22]

Es dürfte kaum ein Zweifel daran herrschen, daß Goethe hier das Wunschbild eines Autors gezeichnet hat, dem er selbst so nahe als möglich zu kommen trachtete. Es ist aber ebenso offensichtlich, daß die deutschen Verhältnisse, obwohl sie ihm in mehr als gewöhnlichem Maße entgegenkamen und er sie zu nutzen wußte, Goethe nicht den Boden für jene Vollendung boten, wie er sie hier beschreibt. Daß Italien für ihn ein Land glücklicherer Verhältnisse zwischen Vergangenheit und Gegenwart, zwischen Enge und Weite darstellte, spricht überall aus der *Italienischen Reise* und nicht etwa nur aus der Bemerkung, daß man hier «in der Welt zu Hause und nicht wie geborgt oder im Exil»[23] sei oder daß die venezianischen Gondolieri den Tasso und Ariost «auf ihre eignen Melodien singen».[24] Dennoch: der deutsche Schriftsteller, an die deutsche Sprache gebunden, gehörte in das Land, aus dem er kam und das gerade ihm in der Art, wie es war, Möglichkeiten bot, nach denen er sich in Italien vergebens hätte umsehen müssen. Italien gab seinem Lebensmodell eine größere, weitere Dimension, aber nur durch Weimar fand Goethe seinen Zugang zur Welt. Das hat er auch gewußt und dankbar anerkannt in mehrfachem Lob Weimars und seines Fürsten. Die Begegnung mit Italien aber, auch die kritische auf der zweiten, sehr viel kürzeren Italienreise 1790, die ihn nicht mehr mit Neuem überwältigte, leitete jenen Erkenntnisprozeß ein, in dem Goethe sich als «Nationalautor» auf deutsche Weise annahm. Dafür insbesondere legt die *Italienische Reise* Zeugnis ab. Sie ist in der Tat ein durch und durch subjektives Dokument und der Autor ihr immer präsenter Held.

Aber dieser Held ist damit auch, wie schon zu sehen war, in der repräsentativen Sphäre eines aus der Autobiographie entsprungenen Kunstwerks zur fiktiven Gestalt geworden, modelliert von dem alten Dichter, der sein

Leben als einen Wachstumsprozeß sah, der gewissen Gesetzen folgt, die ihm aber wie Naturgesetze teilweise selbst geheim blieben. Ihm erscheint nun sein Werk tatsächlich als ein Stück Weltschöpfung, dessen letztliche Unvollkommenheit in der Endlichkeit und Begrenztheit menschlichen Daseins insgesamt bedingt ist. Daraus erklärt sich übrigens auch manches von der wachsenden Offenheit der späten Werke, wie etwa der *Wanderjahre*, und daraus auch die Vielfalt der Darstellungsformen in der *Italienischen Reise* als einem Alterswerk.

4.

Wohl jeder Seefahrer erträumt sich seine Insel der Seligen. Georg Forster fand sein Otaheiti und Odysseus, der listenreiche, gleich mehrere solcher Eilande, die mit schönen Verführerinnen bestückt waren. Des Odysseus erinnerte sich denn auch Goethe, als er im März 1787 von Neapel nach Sizilien übersetzte und in Palermo sich sogleich eine Ausgabe der *Odyssee* besorgte. Pläne zu einer Tragödie der Nausikaa verfolgten ihn nun durch die sizilianischen Orangenhaine; ob eine sizilianische Inseltochter den deutschen Odysseus erwartet hat, bleibt verschwiegen, denn so persönlich auch die *Italienische Reise* sein mag, so fern ist ihr doch die sexuelle Neugier, die etwa Brydones Italienbuch durchzieht, und was bei Goethe an Erotischem mitgeteilt wird, tut sich in großer Verhaltenheit kund wie die Geschichte von der schönen Mailänderin.

«Italien ohne Sizilien macht gar kein Bild in der Seele: hier ist erst der Schlüssel zu allem»,[25] heißt es unter dem 13. April in einer Eintragung aus Palermo, und Goethe bestätigt: «Zwischen Weimar und Palermo hab' ich manche Veränderung gehabt.»[26] Aber das Bild einer wirklichen Insel der Seligen entsteht kaum vor den Augen der Leser. Auf der Rückreise nach Neapel will es dem seekranken neuen Odysseus sogar scheinen, daß man eigentlich nichts gesehen habe, «als durchaus eitle Bemühungen des Menschengeschlechts, sich gegen die Gewaltsamkeit der Natur, gegen die hämische Tücke der Zeit und gegen den Groll ihrer eigenen feindseligen Spaltungen zu erhalten»,[27] womit denn im weiten Bereich von Natur, Geschichte und menschlichem Handeln nicht mehr viel Nennenswertes übrigbleibt. Als Goethe später davon hörte, daß der junge Felix Mendelssohn auf seiner Italienreise Sizilien ausgelassen habe, tadelte er das aus reichlich negativer Perspektive, weil dadurch womöglich «eine Sehnsucht ohne Noth» entstanden sei, und er fährt – in einem Brief an Zelter vom 28. Juni 1831 – fort: «Es muß in meinen letzten sicilianischen oder darauf folgenden neapolitanischen Briefen eine Spur sich finden, welchen unangenehmen Eindruck mir diese vergötterte Insel zurückgelassen hat.»[28]

Sizilianische Ärgernisse sind in der *Italienischen Reise* genügend zu finden, sei es nun der Schmutz in den Straßen von Palermo, sei es der groteske Palast des Prinzen von Palagonien, sei es der unter einem Vorwand erschlichene Besuch bei Mutter und Schwester Cagliostros oder sei es schließlich die tyrannische Aufmerksamkeit des Gouverneurs von Messina, dem man am Ende nur allzu gern entflieht. Von der Begeisterung, nun endlich den Griechen nahegekommen zu sein, wie sie aus Johann Gottfried Seumes Reisebuch spricht, ist gleichfalls nicht die Rede, obwohl antike Spuren aufmerksam verfolgt werden. Wesentliche Zeugnisse der christlichen Baukunst jedoch hat Goethe übersehen oder wenigstens in seinen Aufzeichnungen keines Wortes gewürdigt, wofür er denn auch immer wieder einmal Tadel einstecken muß.[29] Was aber hat nun Goethe tatsächlich beobachtet? Gibt es für den, der nach großen Gesetzen und Zusammenhängen, nach Weltschöpfung strebt, irgendwelche Gesetze für diese eigenen Beobachtungen?

Goethes Bericht über Sizilien, so wie er in der *Italienischen Reise* dargestellt ist – das originale Material dafür hat er vernichtet – mag geradezu als Paradigma für seine Wirklichkeitsbeobachtung in Italien überhaupt dienen. Fast wahllos scheint, was der Aufzeichnung gewürdigt wird, denn Goethe hat in der Bearbeitung seines Reisebuchs durchaus den Charakter des Zufälligen bewahrt, den jedes Tagebuch als Sammelgefäß unvermeidlich besitzen muß. Geologisches, Mineralogisches, Meteorologisches, Botanisches finden Eingang in diese Blätter. Goethes naturwissenschaftliche Interessen auf allen diesen Gebieten sind also hier wie in eine Nußschale zusammengedrängt. Im botanischen Garten von Palermo, diesem «wunderbarsten Ort von der Welt»,[30] findet er sogar seine «Urpflanze»:[31] «ein Weltgarten hatte sich aufgetan.»[32] An der mediterranen Pflanzenwelt bildet sich allmählich der Reiz des Exotischen heraus, der ihn dann immer wieder anrühren und anregen wird. Was Goethe sieht, ist überall Rohstoff zu dem «Modell» in seinem Inneren. Gesammelt aber wird solcher Rohstoff zunächst in willkürlicher Auswahl, ohne in jedem Fall nach späterem Nutzen und Wert zu fragen. Die Neugier nach dem fruchtbaren Inneren Siziliens zum Beispiel führt zu einer beschwerlichen und langweiligen Reise durch öde Täler und bringt wenig Ertrag für weitere Erkenntnis.

Kunst wird betrachtet, aber ohne Schwärmerei, die gelegentliche Erinnerung an alte Geschichte sogar ärgerlich als das «fatale Hervorrufen solcher abgeschiedenen Gespenster»[33] zurückgewiesen. Was den Reisenden jedoch immer wieder am tiefsten fasziniert, sind einzelne Menschen in ihren Eigenheiten, sind Sonderbarkeiten und Schicksale von Menschen nicht als Teile sozialer Gruppen oder als Repräsentanten von Institutionen, wie sie etwa Seume sieht. Wiederum ist das Modell im Inneren das letzte, wenn auch keineswegs immer bewußte Auswahlprinzip. Und fasziniert schließlich ist der Reisende von Stimmungen, von einer Atmosphäre, die ihm neu und groß ist, weil sie weit über das in Deutschland Erfahrbare hinausgeht. Vom ersten Abend in Palermo heißt es: «Die Beleuchtung war sonderbar, Ruhe und Anmut groß.»[34] Und am darauffolgenden «schönsten Nachmittage» wird notiert «die Reinheit der Konture, die Weichheit des Ganzen, das Auseinanderweichen der Töne, die Harmonie von Himmel, Meer und Erde. Wer es gesehen hat, der hat es auf sein ganzes Leben. Nun versteh' ich erst die Claude Lorrains und habe Hoffnung, auch dereinst in Norden aus meiner Seele Schattenbilder dieser glücklichen Wohnung hervorzubringen».[35] Gemeint mit der Wohnung ist die «Königin der Inseln», ist eben dieses Sizilien, und der Besucher ein Künstler auf der Suche nach sich selbst, nach seiner Identität als klassischer Autor seiner Nation. Ein Kunstreisender, ein Klassik-Enthusiast ist er nicht, wie der Verweis auf Lorrain zeigt.

Man wird Goethes Abweisung der Geschichte auf seiner Italienreise in einem größeren, nun allerdings historischen Zusammenhang betrachten müssen, wenn man sie nicht schlechterdings als egoistische Anverwandlung alles Realen an die tatsächlichen oder geglaubten Bedürfnisse einer Persönlichkeitsbildung und der Konstitution eines Lebens- und Weltmodells sehen will, wie das Kritiker wie Niebuhr taten und wie es in der kritischen Betrachtung Goethes immer wieder geschieht. Nur indem sich Goethe zunächst einmal außerhalb geschichtlicher Zusammenhänge stellte, indem er nach großen Zusammenhängen in der Natur Ausschau hielt, in die er sein Leben als Mikrokosmos in einen Makrokosmos eingeordnet empfand, konnte er sich auf den Weg zu jener Weltbürgerlichkeit begeben, die ihn wiederum erst zu einem deutschen «Nationalautor» werden ließ, einem Autor, der weder deutscher Provinzialität erlag noch der historisch bedingten Gefahr seiner Nation – der Überschätzung ihrer Bedeutung als ganzes – Vorschub leistete. Wenn er große Zusammenhänge wahrnahm und als Lebensmodell zu entwickeln versuchte, so war das aber zugleich auch schon die Beschwörung einer Ganzheit gegen die Spezialisierungen im technisch-industriellen Zeitalter, und es war Widerstand gegen jeden Determinismus in der Geschichte, auch gegen den, durch den sich der Mensch so gern als Herr der Geschichte einsetzen möchte, denn auch dieser wurde bald zum Symptom einer sich als Herr über die Natur fühlenden Menschheit.

5.

«Die ersten Blicke unserer Jugend nach etwas entferntem Bedeutenden waren doch auf Rom gerichtet und ein Aufenthalt daselbst ist das Complement des Daseyns eines gebildeten Menschen»,[36] schreibt Goethe am 22. August 1806 an Wilhelm von Humboldt, der ihm sein großes Gedicht über Rom geschickt hatte. Als Humboldt 1830 in einem umfangreichen Essay Goethes eben erschienenen *Zweiten Römischen Aufenthalt*, also den dritten Teil der *Italienischen Reise*, bespricht, erscheint ihm allerdings Goethes Begegnung mit der Stadt nicht lediglich als «Complement» seines Daseins, sondern als ein Vorgang innerer Klärung, ohne den sein ganzes weiteres Leben nicht denkbar gewesen wäre. In dieser Bahn sind dann die meisten Kommentatoren der *Italienischen Reise* mit gutem Recht gefolgt, wenngleich sie nicht immer so sorgfältig und weitsichtig den Gewinn abwogen, wie Humboldt es tut. «Die Schilderung der großen Gegenwart ist eigentlich das Thema des Buchs»,[37] schreibt Humboldt von der *Italienischen Reise*; das Studium der Spuren des Altertums, der neueren christlichen Kunst, der Bauwerke, Teppiche und Gemälde, der umgebenden Natur – dieses Studium sei für Goethe nicht eine Tätigkeit an und für sich gewesen, sondern stets auf seine eigene Gegenwart, auf sein Dasein als gebildeter Mensch gerichtet gewesen, sei Ausdruck seines Triebs, «nicht zu ruhen, bis ihm nichts mehr Wort, Name, Ueberlieferung, [sondern] Alles lebendiger Begriff, anschauende Kenntniß ist.» Das aber bedeutet: «Es werden die Gesetze ganzer Reihen von Gestalten aufgesucht, ihre Entfaltung nicht bloß im Raum, sondern auch in der Zeit, was dem Innern des Menschen näher tritt, die mannigfaltigste Anwendung auf den Gedanken und die Empfindung verstattet.»[38] Was Humboldt also als erster scharfsinnig erkannte, ist die große, ja fundamentale Bedeutung von Goethes italienischem Aufenthalt für sein weiteres literarisches Werk und die Dominanz dieses Gedankens im Reisebuch selbst. Das Interesse für die Kunst in ihren vielfältigen Erscheinungsformen, das Studium der Natur in einer Vielzahl von Phänomenen sind nicht um ihrer selbst willen da, sondern letztlich immer als Vorbereitung und Grundlegung der Existenz des sich zum deutschen Nationalautor herausbildenden Weimarer Bürgers zu verstehen, auch wenn ein solcher Zweck dem Reisenden selbst noch keineswegs deutlich war. Erst der Autor der *Italienischen Reise* ist sich dessen wirklich bewußt geworden. Um die Erkenntnis von gewissen Gesetzmäßigkeiten jedenfalls geht es Goethe nach Humboldts sicherem Blick, und das naturwissenschaftliche Studium ist dafür ebenso unentbehrlich wie dasjenige der Kunst über einen langen Zeitraum hinweg. Humboldt sieht aber auch, daß selbst dies wieder nur Mittel zu einem größeren Zweck ist, den er mit Begriffen wie «Klarheit», «Ruhe», «Gleichgewicht», «Anmut» und «Tiefe» umschreibt.[39]

Rom war seit dem Ausgang des 18. Jahrhunderts ein Kultort für schwärmerische Kunstverehrung geworden. Humboldts genanntes Gedicht über Rom, August Wilhelm Schlegels von Weltuntergangsstimmung getragene Elegie *Rom* (1805) und die *Corinne* der Madame de Staël (1807) trugen auf literarischer Seite zu solcher Verklärung bei und überdies natürlich die Tatsache, daß bereits seit Winckelmanns Zeiten wirklich bedeutende deutsche Maler und Bildhauer in Italien und eben speziell in Rom ansässig geworden waren. Davon legt schon Goethes eigener Bericht über seinen Aufenthalt dort aufschlußreich Zeugnis ab. Von jeder Schwärmerei freilich hält sich Goethe frei und tut das insbesondere bei der Darstellung des zweiten römischen Aufenthalts durch ausdrückliche Versuche zur Objektivierung der

Berichterstattung. Diese wird nach den Orten des Aufenthalts geordnet und dem auf originalen Dokumenten aus der Zeit der Reise beruhenden Abschnitt «Korrespondenz» jeweils ein Abschnitt «Bericht» beigegeben, der wesentlich aus der Erinnerung des fast Achtzigjährigen stammt. Die verschiedenen schon erwähnten Einlagen essayistischer und novellistischer Natur, teils von Goethes Hand, teils von der seiner Freunde, dienen gleichfalls solcher Tendenz zur Objektivierung in dem späten Bericht. Als Goethe ihn niederschrieb, dominierte unter den deutschen Künstlern in Rom das Nazarenertum, das für ihn zu jener «neu-deutsch religios-patriotischen Kunst» gehörte, über die sein Weimarer Kunstfreund Johann Heinrich Meyer 1817 für *Kunst und Alterthum* einen skeptisch-kritischen Aufsatz geschrieben hatte.

Der zweite Aufenthalt in Rom hatte für Goethe die endgültige Erkenntnis gebracht, nicht zum bildenden Künstler geboren zu sein. Es ist in diesem Zusammenhang in der kritischen Literatur über die *Italienische Reise* von «Entsagung» gesprochen worden.[40] Aber man entwertet wohl diesen für tiefe menschliche Erfahrungen bestimmten Begriff einigermaßen, wenn man annimmt, daß der von der lesenden Welt weit über deutsche Grenzen hinaus anerkannte Dichter und Schriftsteller Johann Wolfgang von Goethe in der Überschau seines Lebens – im Laufe dessen er tatsächlich zu dem sichtbarsten Repräsentanten der Kultur seiner Nation in dieser Zeit geworden war – es nun elegisch beklagte, nicht Maler oder Bildhauer geworden zu sein. Man verstünde die *Italienische Reise* als fiktionales Kunstwerk nicht, wenn man diese Ansicht dominieren ließe. Allerdings hat der Kanzler von Müller als einer der engsten Vertrauten Goethes einmal berichtet: «Von Rom her, aus der Mitte reichsten und großartigsten Lebens, datiert sich die ernste Maxime der Entsagung, die er sein ganzes späteres Leben hindurch geübt hat, und in der er die einzige sichere Bürgschaft innern Friedens und Gleichgewichts fand.»[41] Aber abgesehen davon, daß unsicher bleibt, ob Müller hier nur eine eigene Ansicht ausdrückt oder eine von Goethe autorisierte, muß bedacht werden, daß der Akzent der Feststellung doch wohl auf den Begriffen des Gleichgewichts und des Friedens liegt. Auch Humboldt hatte von Ruhe und Gleichgewicht als von Lebenszielen Goethes gesprochen. «Ich bin ein Kind des Friedens», heißt es in einem im *Zweiten Römischen Aufenthalt* zitierten Brief vom 12. Oktober 1787 Goethes an Herder, «und will Friede halten für und für, mit der ganzen Welt, da ich ihn einmal mit mir selbst geschlossen habe.»[42] Blickt man von einer solchen Feststellung aus auf die gesamte *Italienische Reise*, so sieht man, daß sich Goethe überhaupt gern in einer solchen Rolle darstellt, am deutlichsten wohl in jener eindrucksvollen, faszinierend erzählten Szene vor Capri, da er kräftig predigend eine Panik auf dem Schiffe verhindert, das bei Meeresstille in den Sog von gefährlichen Strömungen um die Insel geraten war. Denn ihm war «von Jugend auf Anarchie verdrießlicher gewesen als der Tod selbst».[43] Daß der Satz nicht von dem Reisenden des Jahres 1787 stammt, sondern von einem Autor, der die Erfahrungen der Französischen Revolution und der nachfolgenden langen Kriege hinter sich hatte, darf als wahrscheinlich gelten.

Eng verwandt mit solchem Denken ist *Das Römische Karneval*, jenes Kabinettstück schildernder Prosa, das 1789 zuerst erschien und dem das gefährliche, wenn auch gelegentlich fruchtbare Widerspiel von Ordnung und Freiheit zugrunde liegt, wie es sich im Gegensatz zwischen Gleichheit der Masken und tatsächlichen sozialen Unterschieden ihrer Träger ergibt. Goethes Summe lautet: «Dürfen wir fortfahren, ernsthafter zu sprechen, als es der Gegenstand zu erlauben scheint, so bemerken wir, daß die lebhaftesten und höchsten Vergnügen, wie die vorbeifliegenden Pferde, nur einen Augenblick uns erscheinen, uns rühren und kaum eine Spur in der Seele zurücklassen, daß Freiheit und Gleichheit nur in dem Taumel des Wahnsinns genossen werden können, und daß die größte Lust nur dann am höchsten reizt, wenn sie sich ganz nahe an die Gefahr drängt und lüstern ängstlichsüße Empfindungen in ihrer Nähe genießet.»[44]

Goethe hatte allen Grund, in den zwanziger Jahren des 19. Jahrhunderts eine solche Beobachtung aus den Anfängen der Französischen Revolution wieder drucken zu lassen und sie auch wohl als eine Lebensweisheit zu betrachten, die nicht nur das politische, sondern allgemeiner zugleich das gesellschaftliche Leben ebenso wie jedes individuelle Leben betraf. Der Zustand des Gleichgewichts und des Friedens – das ist wohl eine der bedeutendsten Mitteilungen der *Italienischen Reise* – war als etwas Errungenes und immer wieder durch Anstrengung zu Erringendes anzusehen. Unordnung als Prinzip war Goethe zuwider. Daher die genaue Trennung zwischen Wirklichkeit und Schein im römischen Karneval, eine Trennung, die etwa in E. T. A. Hoffmanns *Prinzessin Brambilla* bei gleichem Anlaß aufgehoben ist und Goethes Zurückhaltung diesem Autor gegenüber begreiflicher macht. Und daher eben auch die Ablehnung der palagonischen Grotesken als Absurditäten. «Das Absurde vergöttern zu müssen» sei «der allertraurigste Fall, in welchen der seiner Vernunft sich bewußte Mensch geraten kann»,[45] heißt es in Goethes Betrachtungen zu Calderons *Tochter der Luft*. Goethe hat diesen Gedanken wohl nirgends so drastisch und deutlich illustriert als bei der Beschreibung seines Besuchs in der Villa Palagonia, zutiefst getroffen von der Entstellung natürlicher Formen und Gestalten in den – bis heute erhaltenen – Skulpturen auf der Gartenmauer um das inzwischen heruntergekommene Haus. Denn der besondere Irrwitz dieser Mischfiguren aus Mensch und Tier besteht darin, daß jedes einzelne Teil durchaus der Natur nachgebildet ist, aber in der Zusammenstellung ihr total zuwiderläuft. Komplementär dazu enthielt das Interieur damals außerdem Stühle mit ungleich abgesägten «Stuhlfüßen», Tassen mit angekitteten Untertassen und Sitze mit Stacheln unter den Polstern. Wie durch die «Spitzruten des Wahnsinns durchgejagt»[46] empfand sich der Besucher Goethe, und auch das Wort «Tollhaus» fehlt nicht in der Beschreibung dieser «Unschöpfung».[47] Es sind übrigens die gleichen Begriffe, die als Charakteristik des Absurden gegen Newton gebraucht werden,[48] nur noch deutlicher hier auf das Urteil einer ästhetischen Vernunft hinweisend, die ihr Maß aus einer selbstgesetzten und nur bildlich definierten Harmonie nimmt: dem «Gefühl der Wasserwaage und des Perpendikels, das uns eigentlich zu Menschen macht», wie es im Zusammenhang mit der Beschreibung der Villa Palagonia in der *Italienischen Reise* heißt.[49]

Aus all dem wird deutlich, wie vielfältig die Bezüge dessen sind, was in der *Italienischen Reise* dargestellt wird. Es geht um künstlerisches Dasein eines einzelnen deutschen Schriftstellers, es geht um sein Verhältnis zu Natur und Gesellschaft, von denen die Kunst ihre Gesetze und ihre Bestimmung ableitet, und es geht schließlich um den Wunsch jeder kreativen Persönlichkeit, möglichst viel und Bedeutendes, Sinnvolles zu bewirken. Im Falle Goethes bedeutete das, dem Bilde und der Rolle eines «Nationalautors» so nahe zu kommen, wie es die Beschränkung auf die Lebensbedingungen seines Landes erlaubten, nachdem man auch von außen auf sie geblickt hatte. In diesem Sinne konnte der römische Aufenthalt auch nur wiederum ein Augenblick im Leben sein, und der elegische Abschied von Rom in einer Mondnacht drückt das ebenso aus wie die Elegie der unerfüllten Liebe zur schönen Mailänderin.[50]

Der Augenblick und die Geschichte treten einander gegenüber in Goethes *Italienischer Reise*. «Wenn man so eine Existenz ansieht, die zweitausend Jahre und darüber alt ist, durch den Wechsel der Zeiten so mannigfaltig und vom Grund aus verändert und doch noch derselbe Boden, derselbe Berg, ja oft dieselbe Säule und Mauer, und im Volke noch die Spuren des alten Charakters, so wird man ein Mitgenosse der großen Ratschlüsse des Schicksals»,[51] heißt es in einer Eintragung aus Rom vom 7. November 1786. In Volkmanns italienischem Reiseführer, den er benutzte, hat Goethe eine kleine Rechnung über das Alter Venedigs notiert. «Um das Jahr 421 wurde die Insel von Padua aus bevölkert», steht dort, worauf Goethe am Rande die Jahreszahl seiner Gegenwart – 1786– niederschrieb, 421 darunter setzte, subtrahierte und nun auf die Differenz von 1365 Jahren kam, die das Alter der Stadt bezeichnen, die ihn umgab.[52] Sein *Faust* spiele «volle 3000 Jahre [...], von Trojas Untergang bis zur Einnahme von Missolunghi»,[53] schreibt er am 22. Oktober 1826 an Wilhelm von Humboldt, und im *Divan* stehen die Verse:

> Wer nicht von dreitausend Jahren
> Sich weiß Rechenschaft zu geben,
> Bleib im Dunkeln unerfahren,
> Mag von Tag zu Tage leben.[54]

Gedanken dieser Art sind der eigentliche Ertrag der Begegnung Goethes mit Italien; sie haben ihm, wie diese Verweise auf andere Werke zeigen, erst jenen

Rang unter den deutschen Autoren seiner Zeit gegeben, der ihn zu einer so singulären Erscheinung gemacht hat. Sie bilden schließlich jenes Lebensmodell, von dem er schon zu Anfang seiner Reise träumte. Das *Divan*-Gedicht als Ganzes («Und wer franzet oder britet, / Italienert oder teutschet») zeigt deutlich die universelle Anwendbarkeit der Erkenntnisse dieser 1816 zuerst gedruckten Verse auf die geschichtliche Erfahrung der zehn oder fünfzehn Jahre zuvor, in denen sich alle vier nationalen Moden im Wechsel ereigneten.

Niebuhr mochte wohl mit seiner Kritik an Goethes ungeschichtlicher Betrachtung Italiens recht haben, wenn er Geschichte als politische, als Gesellschafts- und Nationalgeschichte verstand und sie Gesetzen unterworfen sah, die auf den Wunsch und Willen des einzelnen nicht Rücksicht nahmen. Aber Goethes Standpunkt wird mit solcher Kritik nicht aufgehoben, genauso wenig wie sich die Kontroverse zwischen Goethe und Newton über die Farben kategorisch entscheiden läßt. Um auf Niebuhrs Kritik zurückzukommen: Goethes künstlerische Subjektivität erlaubt sich in der *Italienischen Reise* sehr wohl, dieses Italien für das Ich des Künstlers dasein zu lassen, worin man, wenn man will, jene Egozentrik wirksam sehen mag, die allem Schöpfertum eignet. Aber dieses Ich entwickelt sich produktiv in der Begegnung mit anderen, sieht den Menschen und das, was er tut und schafft, in seiner Vergänglichkeit, sieht aber auch den Widerstand gegen die Vergänglichkeit im Kunstwerk, das die Geschichte transzendiert. Jede Wirklichkeit stellt Gleichgewicht, Ruhe und Frieden, wie sie jeweils errungen werden, immer wieder in Frage, genau wie das Italien der Gegenwart sich von dem Italien jeder Erinnerung unterscheidet. Aber die im Kunstwerk festgehaltene Erinnerung vermag dann wieder als eine produktive Kraft zu wirken in dem Aufzeigen dessen, was möglich ist.

«Es wandelt niemand ungestraft unter Palmen»

Über Goethe, Alexander von Humboldt und einen Satz aus den *Wahlverwandtschaften*

I.

An einem Winterabend zu Anfang des vorigen Jahrhunderts kommt einem deutschen Fräulein aus verarmtem Adel ein Band mit Affenbildern in die Hand. «Wie man es nur über das Herz bringen kann, die garstigen Affen so sorgfältig abzubilden», fragt sich die wenig Gereiste irritiert und stimmt der Ansicht eines jungen Mannes bei, der, Hauslehrer und «Gehülfe» von Beruf, jede Naturkenntnis auf das einschränken möchte, «was uns unmittelbar lebendig umgibt», alles Exotische hingegen als das Fremde ausschließt. Nur die Pflanzen und Tiere unserer Umgebung seien «unsre echten Kompatrioten», meint er und fügt hinzu: «Man frage sich, ob nicht ein jedes fremde, aus seiner Umgebung gerissene Geschöpf einen gewissen ängstlichen Eindruck auf uns macht, der nur durch Gewohnheit abgestumpft wird.» Für das Exotische zieht er daraus den Schluß: «Es gehört schon ein buntes, geräuschvolles Leben dazu, um Affen, Papageien und Mohren um sich zu ertragen.» Das notiert das Fräulein in ihr Tagebuch und läßt dann die Sätze folgen: «Manchmal, wenn mich ein neugieriges Verlangen nach solchen abenteuerlichen Dingen anwandelte, habe ich den Reisenden beneidet, der solche Wunder mit andern Wundern in lebendiger, alltäglicher Verbindung sieht. Aber auch er wird ein anderer Mensch. Es wandelt niemand ungestraft unter Palmen, und die Gesinnungen ändern sich gewiß in einem Lande, wo Elefanten und Tiger zu Hause sind.»[1] Der letzte Satz oder zumindest dessen erster Teil hat es zur Würde eines viel gebrauchten und in den einschlägigen Lexika verzeichneten Zitats gebracht, damit aber auch zu einem Nachleben unter den verschiedensten Umständen, denn eben die Transplantation in andere Zusammenhänge bildet den Reiz des Zitierens. Überliefert sind die Worte in einem ebenso bedeutenden wie berühmten Werk der Literatur, in Goethes Roman *Die Wahlverwandtschaften*, der im September 1809 erschien. Dort stehen sie im Tagebuch jener Ottilie, die, selbst aus ihrer Umgebung gerissen und zuweilen gleichfalls einen ängstlichen Eindruck machend, durch ihr bloßes Dasein die anderen Gestalten des Buches in tiefe Verwirrung und Verirrung stürzt, in die sie auch selbst mit hineingezogen wird.

Ottilies resignativ getönter Bemerkung über die Sträflichkeit des Wandelns unter Palmen wurde das gleiche Schicksal zuteil, von dem ihre Betrachtungen sprechen: sie wurden aus ihrer literarischen Umgebung gerissen und als beliebtes Zitat in beliebige andere Zusammenhänge verpflanzt. Aus der Zeit um 1863 stammt Adolph Menzels ins Groteske übergehende Gemälde *Die Zulus*: Farbige tanzen wild vor einem bemalten Vorhang mit Palme, Affen, Papageien, Schlange und einem Tiger, dem die Worte «Niemand wandelt ungestraft unter Palmen» auf das Fell geschrieben sind.[2] In einer Karikatur aus dem Jahre 1869 steht Bismarck unter der mit Bajonetten umzäunten Palme des Norddeutschen Bundes, umgeben von Goethes Worten ebenso wie von den feindseligen Löwen und Hyänen anderer europäischer Nationen.[3] Wahrscheinlich hatte da schon der Gedanke an deutschen Kolonialbesitz hineingespielt, wie er zunächst von Handelshäusern geäußert worden war und dann nach der Reichsgründung erklärtes Ziel Bismarckscher Politik wurde. In der Reklame bemächtigte sich «Liebigs Fleisch-Extract» des Satzes.[4] Julius Stettenheim, beliebter Satiriker der Zeit, ließ seinen Kriegskorrespondenten Wippchen den französisch-tunesischen Krieg 1878 im heimatlichen Bernau tapfer miterleben und seinen Heldenmut wie seine Opferbereitschaft in einer logischen Volte verklären: «Die Palmen rauschen eben nicht ungestraft über den Häuptern einsamer Reiter.»[5] Ernsthafteren Gebrauch machte David Friedrich Strauß von dem Satz, wenn er in seinem die weltanschauliche Diskussion im neuen Reich stark beeinflussenden «Bekenntniß» *Der alte und der neue Glaube* (1872) die Überzeugungskraft der Gestalt Jesu als Gottessohn mit den Worten anficht: «Wandelt man nicht ungestraft unter Palmen, so noch weniger unter Göttern. Wer einmal vergöttert worden ist, der hat seine Menschheit unwiederbringlich eingebüßt.»[6] Daß Strauß in der gleichen Schrift die *Wahlverwandtschaften* eine «herrliche Schöpfung»[7] nennt und das Unverständnis des Publikums diesem Roman gegenüber beklagt, mag zugleich darauf hindeuten, daß für ihn Zitat und Kontext nicht ganz voneinander getrennt existierten.

Das neue Reich nach 1871 brachte eine Blütezeit der Goethe-Verehrung und Goethe-Philologie mit sich; 1885 wurde die Goethe-Gesellschaft gegründet, und 1887 begann die Weimarer Ausgabe zu erscheinen. In diesen Jahren bediente sich Theodor Fontane ebenfalls des Satzes, wobei er zugleich dem Thema des Goetheschen Buches, der Kollision zwischen Leidenschaften und der Institution Ehe, am nächsten kam. Einem ganzen Kapitel seines Ehebruch-Romans *L'Adultera* (1880) gibt er die Überschrift «Unter Palmen»: Heldin und Geliebter offenbaren einander in einem Treibhaus. Der von diesem Geschehnis noch Benommenen erklärt eine Freundin bei der Rückkehr aus dem «Gewirr von Palmen»: «Und du wunderst dich über Kopfweh! Man wandelt nicht ungestraft unter Palmen». Auch in *Unwiederbringlich* (1891), gleichfalls einem Eheroman, hat Fontane den Satz dann noch einmal zitiert.[8] Gottfried Benn schließlich begab sich mit Hilfe der Anschaulichkeit des Satzes auf seine Art in den Konfliktbereich des Eros, als er 1932 der Preußischen Akademie der Künste seine Idee von der zunehmenden «Verhirnung» der Menschheit darstellte, die ihre sexuellen Folgen habe: «Die physiologische Insolvenz des Mannes ist klinische Diskussion von Wladiwostok bis Frisko, dafür schwellen seit einigen Jahrhunderten die Schädel an, das Gehirnvolumen wächst: die progressive Zerebralisation und ihre Folgen, niemand wandelt ungestraft unter Begriffen.»[9]

Was macht einen Satz oder eine bestimmte Formulierung zum Zitat? Theorie und Linguistik des Zitierens sind noch kaum untersucht, soweit es sich nicht um den innerliterarischen Gebrauch des Zitats als Stilmittel, als Anspielung und Reflexion auf Traditionen oder um die Berufung auf Autoritäten handelt. Traditionen und die Autorität Goethes werden jedoch in den hier vorgestellten Fällen nicht beschworen – nur in den beiden Karikaturen wird Goethes Name überhaupt genannt –, und Goethe-Verehrer hätten sogar Grund, sich über ironische oder gar spöttische Beiklänge in allen diesen Zitaten zu beklagen, im Gegensatz zum ethisch bewegten Ernst des Fräuleins. Verschiedentlich scheint im vielfachen Gebrauch des Zitats Goethe als Urheber sogar völlig vergessen worden zu sein, denn ein Zitaten-Lexikon vermerkt ausdrücklich: «Merkwürdigerweise ist allerorten die irrtümliche Ansicht verbreitet, daß dieses Citat aus Lessings *Nathan* stammt.»[10] Tatsächlich erklärt der Tempelherr gegenüber Daja, der Christin im Dienste des Juden Nathan, in seiner barschen Art: «Weib, macht mir die Palmen nicht / Verhaßt, worunter ich so gern sonst wandle.»[11] Trotz zweifelloser Berühmtheit von Lessings Drama aber hat der Satz im Unterschied zur Tagebuchnotiz der Ottilie keineswegs ähnliche Beachtung gefunden.

Drei sprachliche Bestandteile bestimmen offenbar die Attraktivität von Goethes Satz. Da ist zunächst das «Wandeln», dessen «poetischer», also nicht alltagssprachlicher Klang auf reichem biblischen Gebrauch beruht. «Wandelt im Geist, so werdet ihr die Lüste des Fleisches nicht vollbringen», rät der Apostel Paulus den Galatern (Gal. 5,16). Luther hatte «wandeln» vor «wandern» bevorzugt und Klopstock das Wort dann in die gehobene Sprache eingeführt,[12] wo es seitdem geblieben ist. An zweiter Stelle stehen die Palmen, auch sie mit biblischen Assoziationen verknüpft, worüber noch zu sprechen sein wird. Ihre Verwandlung zur Metapher, wie sie sich im Goetheschen Roman ereignet, ermöglichte erst die vielseitige Verwendbarkeit des Satzes als Zitat. Die «metaphora», die Übertragung auf beliebig andere Bereiche und sogar die Variation, der Austausch der «Palmen» durch das Wort «Begriffe», wie bei Benn, ist jedoch zugleich – und darin besteht überhaupt der Reiz des Zitierens – ein stillschweigender Appell an die Bildung der jeweiligen Adressaten: die Kenntnis des Originals wird vorausgesetzt, selbst wenn dabei dann, wie zu sehen war, manche Verwechslung eingetreten ist. Aber erst die überraschende Verbindung einer exotischen Umgebung sowie einer letztlich alltäglichen, wenngleich durch ein nicht mehr der Alltagssprache angehöriges Wort bezeichneten Tätigkeit mit einem moralischen Urteil scheint den Satz wirklich anziehend gemacht zu haben. Nun entbehrt zwar auch das «ungestraft» nicht einer gewissen Floskelhaftigkeit,[13] aber eine moralisch urteilende Instanz bleibt dennoch stets im Wort einbezogen, wie unbestimmt sie auch sein mag. Oder macht vielleicht gerade die Unbestimmtheit der Instanz, der Ottilie das Strafen anheimstellt, den Reiz des Satzes aus und sorgt für dessen vielfache Verwendbarkeit?

Da fragt sich nun, ob bei der großen Verschiedenheit im Gebrauch des Zitats überhaupt mehr als die Dokumentation seiner Anwendung erreicht werden kann. Denn immerhin ist es kein Satz, der in die Tiefen des Weltsinns führt, so daß sich Generation um Generation an ihm zu messen versuchen wollte und damit etwas von sich selbst verriete. Der Hinweis auf den mannigfaltigen Gebrauch könnte deshalb Perspektiven schaffen für seine Bedeutung im originalen Kontext des Werkes. Zur Neuinterpretation eines viel interpretierten Buches kann er dennoch kaum führen, denn wie hoch man die Funktion von Ottilies Tagebuch für den Roman auch einschätzen mag – es wird sich nicht behaupten lassen, daß der Roman ohne diese Gedanken über Affen, Mohren und das Wandeln unter Palmen unverständlich bliebe oder auch nur bedeutend ärmer wäre.

2.

Eine literaturkritische Binsenweisheit ist festzuhalten: Fräulein Ottilie, die besagte Worte in ihr Tagebuch schreibt, ist ein Geschöpf Goethes, so daß das Zitat natürlich zugleich als ein Gedanke seines wirklichen Verfassers gelten könnte, in dessen Namen es ja denn auch zumeist zitiert wird. Nur lassen sich, wie bekannt, die Ansichten von Figuren in Werken künstlerischer Fiktion nicht unbedingt mit den Meinungen ihrer Schöpfer gleichsetzen. Dementsprechend hat die Frage, wem diese Tagebuchnotizen zuzuschreiben seien – Goethe, Ottilie oder einem fiktiven Erzähler der *Wahlverwandtschaften,* falls es ihn überhaupt gibt – die Forschung vielfach beschäftigt, wobei einerseits der engste Bezug zur Schreiberin oder wenigstens strukturell zum Roman als ganzem, andererseits die Unabhängigkeit der meisten Sätze davon behauptet worden ist, teils mit so radikalen Feststellungen wie dieser: «Das Tagebuch ist eben ein Fremdkörper im Roman, allerdings eine Perle.»[14] Aber auch radikale Ansichten dieser Art machen eine Ausnahme gerade für jene Gruppe von Tagebuch-Gedanken, in der die hier betrachteten Worte stehen. Daß Ottilie in ihrem beschränkten Lebenskreis Menschen mit der benannten Erfahrung wirklich kennengelernt hat, ist zwar dem Buch nirgends zu entnehmen, aber eine unmittelbare Verbindung zum Leben dieser jungen Frau liegt dennoch offen zu Tage.

Im Roman nämlich taucht als eine Art meteorische oder eher irrlichternde Erscheinung Luciane auf, die Tochter aus der ersten Ehe jener Charlotte, mit deren zweitem Ehemann Eduard die junge Ottilie in eine tödliche Liebesverstrickung gerät. Luciane aber hat ein Faible für Affen, besitzt sogar einen Lieblingsaffen, den sie nur beim Besuch im Hause der Mutter leider nicht mitgebracht hat, so daß sie ihre Affen-Liebe nun mit einem Buch voller Affenbilder aus der Hausbibliothek – wo dergleichen immerhin vorhanden ist – zu erfüllen versucht, mit eben jenem Buch, das Ottilie dann das Stichwort zu ihrer eigenen Tagebuch-Betrachtung gibt. Der Sinn des Ganzen innerhalb des Romans ist offensichtlich bis zur Aufdringlichkeit. Luciane hat selbst etwas «Äffisches» an sich, wenn man dergleichen als das Nach-Äffen menschlichen Verhaltens ohne wirklich humane Substanz ansieht, als das Oberflächliche, Leichtsinnige, Gedanken- und Rücksichtslose, als sinnleeres Spiel im «geselligen Strudel».[15] Diese Affen sind es, die den exotischen Kontext provozieren.

Nun kommt ein solcher Bezug zu dieser Tierart in Goethes Werk nicht von ungefähr. Die Frage nach Unterschied oder Ähnlichkeit zwischen Mensch und Tier ist zwar uralt, aber Goethes Zeit und ihn selbst hat sie erneut gründlich beschäftigt, wobei tatsächlich Affen als die menschenähnlichsten Tiere und «Mohren» als die im Vergleich zur europäischen Zivilisation einer animalischen Existenz am nächsten stehenden Menschen eine besondere Rolle spielten. Solches Interesse ist zunächst auf die im 17. und 18. Jahrhundert rasch zunehmende Weltkenntnis zurückzuführen. Auf Tatsachen gestützte Reiseberichte entfernten sich mehr und mehr von der Romanhaftigkeit früherer Reiseliteratur und wurden als eigene Gattung populär. Mit der Erschließung, Kartographierung und Kolonialisierung des pazifischen Raums, insbesondere durch die Fahrten des Kapitäns James Cook, war die Erde außerdem wirklich rund geworden, und auch im Denken wurde damit die Beherrschung des Erdballs durch den Menschen vollzogen.[16]

Grundvorstellungen der Aufklärung standen mit dieser neuen Situation in Verbindung. Der Gedanke historischen Wandels trat den letztlich ahistorischen Vorstellungen der biblischen Schöpfungsgeschichte entgegen, und neben das Konzept einer Menschheitsgeschichte stellte sich das größere von einer Geschichte der Natur, als deren Teil der Mensch betrachtet werden mußte, aber über die er zugleich als einziges Naturwesen reflektieren konnte. Je mehr also der Mensch zum Mittelpunkt eines säkularen Weltbildes wurde – daß «das eigentliche Studium der Menschheit» der Mensch sei, notiert sich Ottilie in ihr Tagebuch im Zusammenhang mit diesen Betrachtungen zur Natur als Lesefrucht aus Alexander Pope[17] – desto mehr mußte man sich auch mit seiner Sonderstellung in der Natur auseinandersetzen. Die Suche nach der Bestimmung eines Weges, der von der Entstehung des Erdkörpers über Stein, Pflanze, Tier zum Menschen und über des letzteren Geist ins Universum hinausführte, war eine der größten intellektuellen Faszinationen seit der Mitte des 18. Jahrhunderts. So sicher man sich war, daß der Mensch die Krone der Schöpfung darstellte, nicht wie Pflanze und Tier «ein jegliches nach seiner Art» (Gen. 1,21) geschaffen, sondern im Bilde Gottes, so unsicher blieb, was ihn trotzdem mit der Natur verband. Herder zum Beispiel hat diese Frage in den *Ideen zur Philosophie der Geschichte der Menschheit* mehrfach beschäftigt. «Unförmlichkeiten unsres Geschlechts genetisch vom Affen herzuleiten», erscheint ihm jedoch «ebenso unwahrscheinlich als entehrend», und er kommt zu dem Resultat: «Wahrlich Affe und Mensch sind nie Ein' und dieselbe Gattung gewesen und ich wünschte jeden kleinen Rest der Sage berichtigt, daß sie irgendwo auf der Erde in gewöhnlicher fruchtbarer Gemeinschaft leben. Jedem Geschlecht hat die Natur gnug getan und sein eignes Erbe gegeben. Den Affen hat sie in soviel Gattungen und Spielarten verteilt und diese so weit verbreitet, als sie sie verbreiten konnte; Du aber Mensch, ehre dich selbst. Weder der Pongo, noch der Longimanus ist dein Bruder; aber wohl der Amerikaner, der Neger.»[18] Wo Herder in den *Ideen* als philosophierender Kulturhistoriker große Linien sah und aus der Lehre vom Menschen als der «imago dei» aufgeklärt-humanistische Konsequenzen zog, suchte Goethe gleichzeitig in anatomischen Studien empirisch nach Beziehungen; seine Entdeckung eines menschlichen «os intermaxillare», dieses «famosen Knochen[s], dessen Mangel dem Menschen einen Vorzug vor dem Affen geben»[19] sollte, stellte gerade ein bisher fehlendes Glied zur Tierwelt her. Aber nicht um das Verwischen der Unterschiede ging es Goethe, sondern um das Verständnis der Vielfalt der Natur als Schattierungen «einer grosen Harmonie, die man auch im ganzen und grosen studiren muß sonst ist iedes Einzelne ein todter Buchstabe.»[20]

Wenn nun der Begriff einer Harmonie im großen auf seine Vorstellungen vom Urtypus und einem Entwicklungsgesetz in der Natur verwies – »Wir können den Menschen nicht als das Urbild der Tiere, die Tiere nicht als das Urbild des Menschen ansehen, die Wissenschaft ist weit genug vorwärts geruckt, daß wir gegenwärtig die Gestalt finden können, auf welche sich die übrigen Gestalten beziehen», schreibt Goethe in seinem *Versuch über die Gestalt der Tiere*[21] –, so diente der gleiche Begriff in spezifischer Bedeutung zugleich zur Bezeichnung bleibender Unterschiede zwischen Mensch und Tier. In Paralipomena von Goethes morphologischen Studien finden sich Sätze wie: «Der Affe ist ein *unentschieden* nach den *Extremitäten* zu ausgebildeter oder vielmehr ausgedehnter Mensch. Man kann nicht (oder kaum) sagen daß wir durch die Mohren mit den Affen gränzen.» Und als Randbemerkung dazu: «Mohren sind entschiedne Menschen.»[22] An anderer Stelle wird dem Affen – im Unterschied zum Menschen – ein «regulirendes und constituirendes Princip» abgesprochen, weshalb denn bei ihm auch «jeder Theil sich ungestraft erweitern, verengern, verlängern oder verkürzen mag und das Ganze darum, es mag sich geberden wie es will, immer absurd bleibt.»[23] «Ungestraft»?

Wenn Goethe den Körperteilen der Affen erlaubt, sich «ungestraft» nach jeder Richtung zu «erweitern, verengern, verlängern oder verkürzen», so ist der Preis dafür die «Absurdität», die Disharmonie ihrer Gestalt; der Gerichtshof für das Urteil ist mithin derjenige der Ästhetik. Denn die Vielgestaltigkeit der Affen, von denen es solche mit und ohne Schwanz gibt und solche, die entweder ganz mit Fell bekleidet sind oder bei denen «gewisse nackte Teile bunt, mit Elementarfarben, erscheinen», wie es in der *Farbenlehre* heißt,[24] bedeutet für Goethe zugleich, daß ihnen ein «constituirende[s] Princip» fehlt. Die Sonderstellung des Menschen manifestiert sich also für ihn im Maß, in der Balance und Harmonie der Teile, die in seinen Vorstellungen das Wesen der Kunst ausmachen. Deshalb auch sind ihm auf der Italienreise die «entstellten Affen» wie überhaupt die «fratzenhaft» Tierisches und Menschliches vermischenden Figuren auf der Mauer um die Villa Palagonia bei Palermo zuwider.[25] Das Absurde aber ist dasjenige, was einer ästhetischen Vernunft entbehrt, womit gemeint ist, daß Vernunft ihre endgültige Bestätigung erst in der schönen, harmonischen Realität der Kunst erhält. Absurd ist Goethe deshalb vor allem Newtons Farbentheorie, der in seinen Augen eine solche ästhetische Qualität abgeht. Im Zusammenhang mit Betrachtungen zu Shakespeare, dem das Menschliche «vollkommen vertraut» sei, so daß er mit allem Unvernünftigen nur spielen könne, heißt es entsprechend: «Das Absurde vergöttern zu müssen» sei «der allertraurigste Fall, in welchen der seiner Vernunft sich bewußte Mensch geraten kann.»[26]

Nun sind auch in Ottilies Tagebuch-Notiz empirische Beobachtungen mit Reflexionen verbunden, jedoch nicht mit ästhetischen Urteilen, sondern mit moralischen, also auf das gesellschaftliche Verhalten bezogenen, wie es ihrer Persönlichkeit gemäß erscheint und wie es sich in die Handlung dieses Romans fügt, in dem sie als Figur existiert. Dessen Titel *Die Wahlverwandtschaften* entstammt bekanntlich der zeitgenössischen Chemie, und von dieser wird an entscheidenden Stellen des Buches gesprochen. Aber – und das führt in das Zentrum von Goethes Buch – was in der Naturwissenschaft möglich ist, verwirrt in der Sphäre des Moralischen. Ein Experiment dort – und eben das nehmen sich die handelnden Figuren vor: «Nimm Ottilien, laß mir den Hauptmann, und in Gottes Namen sei der Versuch gemacht», sagt Eduard zu Charlotte[27] – verwickelt sie in den Bereich der Ethik, der keiner empirischen Wissenschaft mehr zuzuordnen ist, und führt in gefährliche, ja tödliche Komplikationen. Unter anderer Perspektive kristallisiert sich auf diese Weise die Vorstellung von der Besonderheit des Menschen heraus, die ihn vom Rest der Natur trennt.

Gerade in ihrer ethischen Konsequenz, in der nahezu paradoxen Behauptung von der Sträflichkeit eines im Grunde normalen, durchaus nicht im Widerspruch zu Sittengesetzen stehenden, wenngleich exotischen Daseins dürfte, wie schon angedeutet, die besondere Attraktivität von Ottilies Betrachtung liegen. Der Gerichtshof hier ist unverkennbar derjenige der «Gesinnungen», also auf die moralische Existenz des Menschen bezogen: die Nähe zu solchen «Wundern» wie Palmen, Mohren, Affen, Papageien, Elefanten und Tigern soll der Mensch ihrer Ansicht nach nicht «ungestraft» erleben dürfen. Was jedoch an dieser Nähe zu den verschiedenen Bewohnern und Requisiten der Tropen eigentlich sträflich sein soll, bleibt ganz und gar ungesagt, ja legt den Schluß nahe, daß hier womöglich ein Stück indirekter Charakterisierung einer Romangestalt durch den Autor vorliegt, indem er eine deutsche Provinzbürgerin in ihrer ganzen Beschränktheit und Weltscheu sprechen läßt.

Dieser Eindruck wird noch durch die folgenden Tagebuchnotizen verstärkt. «Ein Naturalienkabinett», so heißt es da, könne «uns vorkommen wie eine ägyptische Grabstätte, wo die verschiedenen Tier- und Pflanzengötzen balsamiert umherstehen», verwaltet von «einer Priesterkaste», die «in geheimnisvollem Halbdunkel» waltet. In den «allgemeinen Unterricht» solle «dergleichen nicht einfließen». Für diesen hat Ottilie, Ästhetik und Ethik aufeinander beziehend, anderes im Sinne: «Ein Lehrer, der das Gefühl an einer einzigen guten Tat, an einem einzigen guten Gedicht erwecken kann, leistet mehr als einer, der uns ganze Reihen untergeordneter Naturbildungen der Gestalt und dem Namen nach überliefert; denn das ganze Resultat davon ist, was wir ohnedies wissen können, daß das Menschengebild am vorzüglichsten und einzigsten das Gleichnis der Gottheit an sich trägt.» Und mit dem bereits zitierten Wort Alexander Popes, daß «das eigentliche Studium der Menschheit» der Mensch sei, krönt sie ihren Gedankengang, dessen Verschmelzung von aufklärerischer Anthropozentrik mit der Lehre von der Gottesebenbildlichkeit des Menschen etwas von ihrer Anfälligkeit für die neuen Gedanken des Jahrhunderts verrät. Nur: gemeint ist damit das 18. als das Jahrhundert der Aufklärung, wenngleich in deren später Phase.

3.

Mit manchen ihrer Gedanken und insbesondere mit ihrer Reserviertheit gegenüber geschwänzten oder ungeschwänzten Primaten ohne «constituirendes Princip» mochte Ottilie ihrem Autor aus dem Herzen sprechen, aber andererseits waren Naturalienkabinette Goethe keineswegs fremd. Nur ging es ihm ganz sicherlich nie darum, lediglich Gestalten und Namen zu «überliefern», und der Übergang von Naturwissenschaft ins «gute Gedicht» war ihm nicht nur denkbar, er hat ihn auch mehrfach selbst und mit bedeutendem Erfolg vollzogen. Das eigentliche Ideal eines Naturforschers, dem er sich verwandt fühlte, bezeichnet dementsprechend Ottilie selbst in ihrem Tagebuch, gleich nachdem sie über die Verbindung zwischen Palmen und Gesinnungen spekuliert hat. Nur derjenige sei «verehrungswert, der uns das Fremdeste, Seltsamste mit seiner Lokalität, mit aller Nachbarschaft jedesmal in dem eigensten Elemente zu schildern und darzustellen weiß.» Und um keinen Zweifel darüber zu lassen, daß dieses Ideal in der Wirklichkeit bereits existiert, schließt sie: «Wie gern möchte ich nur einmal Humboldten erzählen hören.» Es war ein Vergnügen, das sich auch ihr Autor wünschte. «Sollten Sie wieder einmal zu uns kommen, so finden sie die Geister und Gemüter schon vorbereitet, dasjenige aus der Quelle selbst aufzunehmen, was ihnen bisher durch die zweite Hand überliefert worden», schreibt Goethe am 3. April 1807 aus Weimar an Alexander von Humboldt.[28] Und bei der Übersendung der *Wahlverwandtschaften*, des «kleinen Romans», an Humboldt unmittelbar nach dem Erscheinen des Buches: «Sie werden gewiß freundlich aufnehmen, daß darin Ihr Name von schönen Lippen ausgesprochen wird. Das was Sie uns geleistet haben, geht soweit über die Prosa hinaus, daß die Poesie sich wohl anmaßen darf, Sie bei Leibesleben unter ihre Heroen aufzunehmen.»[29] Humboldt ist der einzige Zeitgenosse Goethes, dem in diesem Roman eine solche Ehrung zuteil wird.

Bei ihren Aufenthalten in Jena zwischen 1795 und 1798 hatte Goethe die Brüder Humboldt oft getroffen, in ihnen Bewunderer seiner Arbeiten gefunden, aber zugleich auch wesentliche Anregungen von ihnen empfangen, von Alexander insbesondere natürlich in dem Bereich der Naturwissenschaften, die ihn mehr und mehr beschäftigten, wozu Humboldt Material und Ideen aus gleichem Geiste beisteuerte. Am 3. August 1804 waren Alexander von Humboldt und Aimé Bonpland von ihrer Amerikareise nach Europa zurückgekehrt und hatten mit der Ausarbeitung ihrer Forschungsergebnisse begonnen, dem «Reisewerk». Ende 1805 kam Humboldt zum erstenmal wieder nach Berlin, wo ihn die Preußische Akademie der Wissenschaften zum Mitglied gewählt hatte. Vor dieser Akademie nun hielt er am 30. Januar 1806 einen Vortrag über *Ideen zu einer Physiognomik der Gewächse*, dessen Text er an Goethe mit einer Widmung sandte und den er dann später in die *Ansichten der Natur* aufgenommen hat. Für die *Jenaische Allgemeine Literatur-Zeitung* schrieb Goethe sogleich eine «Anzeige» des Vortrags, denn Humboldt schien ihm als unanfechtbar empirischer Wissenschaftler doch zugleich das getan zu haben, was seinem eigenen Ideal von der Natur entsprach. Humboldt, dem die «über die Erde verteilten Pflanzengestalten in lebendigen Gruppen und Massen gegenwärtig» seien, deute darüber hinaus an, «wie das einzeln Erkannte, Eingesehene, Angeschaute, in völliger Pracht und Fülle dem Gefühl zugeeignet, und wie der so lange geschichtete und rauchende Holzstoß, durch einen ästhetischen Hauch, zur lichten Flamme belebt werden könne»[30] – Wissenschaft und ästhetische Vernunft sah er bei ihm also miteinander verbunden. Zustimmung, ja Begeisterung waren im übrigen wechselseitig. Auf seine Reise zurückblickend, schrieb Humboldt am 14. Mai 1806 an Caroline von Wolzogen: «Überall ward ich von dem Gefühle durchdrungen, wie mächtig jene Jenaer Verhältnisse auf mich gewirkt, wie ich, durch Goethes Naturansichten gehoben, gleichsam mit neuen Organen ausgerüstet worden war.»[31] Bald darauf empfahl Humboldt Goethe für die Berliner Akademie. Anfang 1807 erschienen dann auf deutsch als Teil des «Reisewerks» die *Ideen zu einer Geographie der Pflanzen nebst einem Naturgemälde der Tropenländer*; eine französische Ausgabe war schon 1805 herausgekommen. Die deutsche Ausgabe aber war nun ausdrücklich Goethe gewidmet mit einem auf ihn bezogenen Titelbild, das Apoll und die Diana von Ephesus darstellt. «Mein Freund Thorwaldsen in Rom», so schrieb Humboldt an ihn bereits bei der Übersendung der Rede, «hat mir eine Vignette entworfen, welche auf die wundersame Eigentümlichkeit Ihres Geistes, auf die in Ihnen vollbrachte Vereinigung von Dichtkunst, Philosophie und Naturkunde anspielt.» (6. 2. 1806)[32] Goethe fühlte sich davon «hochgeehrt», wie er in den *Annalen* von 1807[33] vermerkt, und beschäftigte sich dann im Frühjahr 1807 fast täglich mit Humboldts Studien, «Belehrung» und «Ehre»[34] empfangend. Er entwirft sogar nach Humboldts Anregungen – «halb im Scherz, halb im Ernst» – eine Skizze mit Strichmännchen, die einander von den «Höhen der europäischen und amerikanischen Berge»[35] zuwinken, und läßt den französischen Physiker und Luftfahrtpionier Louis Joseph Gay-Lussac, von dessen Forschungen in den *Ideen* die Rede ist, im Ballon darüber hinwegfliegen. Das Ganze sandte er dann Humboldt mit der Bitte um Korrekturen.[36]

Goethe war allerdings nicht nur von rein theoretischem Interesse geleitet. Vielmehr bereitete er sich auf Vorlesungen «zur Naturgeschichte» für die Damen der Weimarer Hofgesellschaft vor und nahm damit die «durch den Krieg unterbrochenen Unterhaltungen am Mittwoch», die «Mittwochsgesellschaft», wieder auf. Im selben Brief berichtet er Humboldt von dieser Absicht, bittet um «eine kleine Skizze Ihres Lebens, Ihrer Bildung, Ihrer Schriften, Ihrer Tätigkeit und Ihrer Reisen»,[37] damit er ihn angemessen einführen könne, und läßt dann jene Einladung folgen, die nichts anderes ist als der Wunsch, ihn «erzählen» zu hören. Hier, in dieser Gesellschaft, wird man sich Ottilie vergegenwärtigen müssen, nicht Humboldt, wohl aber «Goethen» unter anderem von «Humboldten» erzählen hörend. Ziemlich genau ein Jahr nach der Wiederaufnahme dieser Vorlesungen, am 11. April 1808, findet sich in Goethes Tagebuch die erste Erwähnung der *Wahlverwandtschaften.*[38] Die Ambivalenz im Verhältnis zwischen Autor und Gestalt, Schöpfer und Geschöpf wird aus solchen Zusammenhängen freilich nicht aufgehoben. Seine Akademierede hatte Humboldt übrigens an Goethe mit dem Satz gesandt: «Sie kostet Ihnen ja nicht 1/2 Stunde und am rauhen Winterabend wandelt man ja wohl gerne einmal in einem schön belaubten Tropenwald umher.»[39] Humboldt als Ottilies Souffleur?

4.

Der vergrößernde Blick auf Biographisches macht nun vorerst lediglich die Komplexität des ästhetischen Gewebes eines Romans sichtbar. Denn unübersehbar ist, daß nicht nur das Wort «ungestraft», wie floskelhaft auch immer es sein mag, sondern der gesamte Kontext von Ottilies Tagebuchnotiz eine Distanz zu dem «Reisenden» ausdrückt, der «solche Wunder» tatsächlich miterlebt. «Aber auch er wird ein anderer Mensch», heißt es, und das ist ganz deutlich nicht als Ausdruck der Bewunderung gemeint, sondern als Einschränkung, wenn nicht gar als Tadel. Der unter Affen, Elefanten und Tigern Wandelnde erscheint letzthin als eine Art Außenseiter in jener Gesellschaft, der sich Ottilie zugehörig fühlt und deren Werte sie aufrechtzuerhalten versucht. Selbst wenn man, wie gesagt, dergleichen Meinung als Charakterisierung einer Gestalt durch den Autor ansehen will, und zwar mit der Absicht, deren Grenzen, ja Beschränktheit aufzuzeigen, so bleibt dennoch ein gewisser Widerspruch. Denn niemand anderes als Humboldt war ja das beste Beispiel für einen solchen «Reisenden». Ist jedoch auch für ihn, den sich Ottilie als Zeuge und Erzähler herbeiwünscht, ein solcher Gesinnungswandel anzunehmen?

Daß Goethe in diesen Jahren Humboldt mit vorbehaltloser Bewunderung und Hochachtung betrachtet hat, steht außer Zweifel. Da wiederum Ottilies Ansicht nicht Teil des eigentlichen Romangeschehens ist, sondern eben eines eingeschobenen Tagebuchs, dessen Eintragungen in den meisten Fällen anderen «Maximen und Reflexionen» Goethes täuschend ähnlich sehen, hat stets die Versuchung bestanden, die hier betrachteten Sätze unmittelbar als Meinung Goethes anzusehen, ja womöglich gar nach einer biographischen Motivation für sie zu suchen. Das ist insbesondere mit dem auf den ersten Blick bestechenden Verweis auf Georg Forster geschehen. Forster und sein Vater Johann Reinhold Forster hatten von 1772 bis 1775 den Kapitän James Cook auf dessen zweiter Reise in die Südsee begleitet zum idyllischen «O-Taheiti», von «unzählbaren Palmen beschattet, deren königliche Wipfel weit [...] emporragten».[40] Forster hat die Insel anschaulich als ein wahres Paradies zu schildern verstanden, und die Vermutung liegt nahe – auch wenn auf diese Weise Kausalitäten fragwürdig und simplifizierend verkürzt werden – daß ihm danach die Enge deutscher Verhältnisse nicht mehr behagte und er so zum tätigen Bewunderer der großen Revolution in Frankreich wurde; in Paris fand er einen frühen, wenngleich nicht gewaltsamen Tod. In einer ausführlichen Arbeit über *Goethe und Forster* hat Detlef Rasmussen[41] in Georg und Therese Forsters schütterer Ehe und dem Verhältnis der letzteren zu ihrem späteren Ehemann Ludwig Ferdinand Huber den «Keim» zu den *Wahlverwandtschaften* gesehen. Goethe hatte Ende 1806 tatsächlich Therese Hubers Biographie ihres zweiten Ehemannes erhalten, die angeblich den «letzten Anstoß zur Arbeit an den *Wahlverwandtschaften*» gegeben habe. Ergänzt, aber auch kompliziert wird dies durch die Behauptung, daß der – sympathische – Hauptmann im Roman «viel von Humboldt» habe, so daß «Alexander von Humboldt in den *Wahlverwandtschaften* die Position des» – in Wirklichkeit – «unsympathischen Huber» einnehme. Ottilies Gedanke von der Sträflichkeit tropischen Wandelns beziehe sich also auf Forster, dem

Goethe nie «seine politischen Gesinnungen und besonders sein revolutionäres Handeln verziehen» habe, und die «Palmen» seien die «Chiffre, die Signatur des Weltreisenden Forster». All solcher Biographismus beschränkt jedoch eher das Verständnis eines Kunstwerks, als daß er ihm zuarbeitete. Es ist gewiß nicht von der Hand zu weisen, daß Forster deutschen Lesern und auch Goethe selbst als Beispiel für das äußerlich und innerlich risikoreiche Dasein eines «Reisenden» in ferne, exotische Weltteile gelten konnte, dessen politische Gesinnungen möglicherweise nicht unbeeinflußt waren von dem Blick, den er auf die weite Welt getan hatte, ganz abgesehen von den Schäden für seine Gesundheit. In der Folgezeit bildeten letztere für die kolonisierenden Europäer tatsächlich die schwerste «Strafe» für das Wandeln unter Palmen. Aber nicht nur wäre dem dann Humboldt entgegenzuhalten, der solchen Risiken offensichtlich trotzte, sondern eben auch die Tatsache, daß der Satz aus dem Mund einer Romanperson stammt und diese charakterisiert. Und außerdem konnte Goethe Anschauung für gefährdete oder gebrochene Ehen auch aus anderen Quellen und in engstem Weimarer Kreis erhalten – Caroline Schlegel zum Beispiel hat er 1802 selbst ihr Scheidungsgesuch redigiert. Vor allen Dingen aber sind *Die Wahlverwandtschaften* kein Schlüsselroman, und für sein Verständnis helfen deshalb biographische Identifikationen letztlich nicht weiter.

Daß Ottilies Bemerkungen in einem Eheroman stehen, in einem Werk also, das die Kollision zwischen einer in Regeln eingebundenen gesellschaftlichen Institution und dem freien Spiel der Gefühle und Neigungen zum Thema hat, auch wenn es sich darin nicht schon erschöpft, sondern auf Ursituationen der Geschlechterbeziehungen zwischen Geist und Natur zurückführt – das alles ist nicht zufällig, und Fontanes literarisches Feingefühl leitete ihn durchaus richtig, wenn er das nicht ungestrafte Wandeln unter Palmen gerade in zwei eigenen Eheromanen zitierte. Denn um «Sündenfälle» in einer fast paradiesisch sicher scheinenden kleinen Welt handelte es sich bei Goethe. Leidenschaften brechen hervor wie Raubkatzen, und es bedarf bitterer, gar tödlicher Anstrengungen, um gewisse, für alles menschliche Zusammenleben notwendige Ordnungen und Gesetze in freiem Entschluß zu bestätigen. So wird die Exotik von Ottilies Tagebuch durchsichtig und metaphorisch. In der *Novelle* von 1828 hat Goethe unter anderen Bedingungen und Umständen, aber wiederum mit dem Bezug auf Eheverhältnisse, die Raubkatzenmetaphorik dann noch einmal aufgegriffen.

Mit dem Hinweis auf Paradies und Sündenfall also ist der eigentliche, tiefere Reiz von Ottilies Tagebuchnotiz bezeichnet, und größere Bezüge werden sichtbar. So simpel es klingen mag – aber zu den grundlegenden populären Vorstellungen vom Paradies zählt, daß es dort warm ist und der Blüten- und Früchtesegen nicht von kälteren Jahreszeiten unterbrochen wird. Neben Zypressen und Zedern gehören die Palmen zu dem von der Phantasie bevorzugten Baumbestand dieses Terrains, ganz gleich, ob man sich nun den Baum der Erkenntnis ebenfalls als Palme vorstellen will oder eine Entscheidung lieber der individuellen Einbildungskraft überlassen möchte. Jedenfalls ist die Palme Zeichen für schöne Natur wie für gute christliche Gesinnung, denn «der Gerechte wird grünen wie ein Palmbaum» (Psalm 92,13), und die selige Schar der Erlösten wird, «angetan mit weißen Kleidern und Palmen in ihren Händen», vor dem Stuhl Gottes stehen (Offb. 7,9). Die Darstellung exotischer Landschaft in Kunst und Literatur ebenso wie später, im 19. Jahrhundert, dann die Suche nach künstlichen Paradiesen ist ohne einen solchen Bezug auf die biblische Paradiesmythe und ihre Korollarien nicht denkbar.

5.

«Ich hoffe Humboldts Tropenländer vorstellen zu können», schreibt Goethe Ende März 1807 an Charlotte von Stein,[42] die er unter seinen Hörern erwartet. Man wird die Faszination von Humboldts «Gemälde» der Natur im tropischen Klima für die Weimarer Gesellschaft am Ausgang des Winters nur noch schwer nachempfinden können, es sei denn daß man genügend Vorstellungskraft besitzt, die Beschränkung von Reisemöglichkeiten und das Alltagsleben im vortechnischen Zeitalter nachzuvollziehen. Außerdem war Humboldt tatsächlich ein faszinierender Erzähler, der mit seiner Begeisterung für das Neue, das sich ihm aufgetan hatte, nicht zurückhielt und ihr vor allen Dingen Sprache zu geben wußte. Er brachte auf seine Reise eine Artikulationsfähigkeit mit, die mit der zunehmenden Spezialisierung der Interessen bei großen Forschungsreisen immer seltener wurde – man denke nur an die sprachliche Dürftigkeit der Berichte von Weltraumfahrten. Humboldts Sprachkraft hatte eine ihrer Ursachen darin, daß Literatur für ihn stets ein selbstverständliches Ausdrucksmedium war, und Jacques Henri Bernardin de Saint-Pierres Roman *Paul und Virginie*, diese tragische Liebesgeschichte in der tropischen Üppigkeit der Isle de France, dem heutigen Mauritius, hat ihn auf seiner Amerikareise als ein Lieblingsbuch begleitet. Er berichtet davon noch im *Kosmos*: «Viele Jahre lang ist es von mir und meinem teuren Begleiter und Freund Bonpland gelesen worden; dort nun [...] im stillen Glanz des südlichen Himmels, oder wenn in der Regenzeit am Ufer des Orinoco der Blitz krachend den Wald erleuchtete, wurden wir beide von der bewundernswürdigen Wahrheit durchdrungen, mit der in jener kleinen Schrift die mächtige Tropennatur in ihrer ganzen Eigentümlichkeit dargestellt ist.»[43] Auf diese erstaunlich tiefe literarische Liebe Humboldts wird später noch zurückzukommen sein. Nach seiner Rückkehr deprimierten ihn jedenfalls die «Oberflächlichkeit», «Pflanzenöde» und der «blecherne graue Himmel» Berlins, wie er an Goethe schreibt, und er fügt hinzu: «Meine Gesundheit leidet ohnedies von dem Europäischen Klima und es ist mir fürchterlich eng und tot.»[44] Daß man das tropische Südamerika als riesiges Land der Palmen, Orchideen und prächtigen Schmetterlinge, aber auch der gewaltigen Berge, der Urwälder und unermeßlichen Ströme, der Affen, Krokodile, Riesenschlangen, Moskitos und Termiten, deren Tükken und Gefährlichkeit Humboldt nicht verschweigt, enthusiastisch eine «so wundervoll schöne, allbelebte Natur»[45] nennen konnte, als hätte die Sprache von Goethes Jugendlyrik dafür Pate gestanden, muß auf seine ersten Leser und auf die Weimarer Zuhörer Goethes geradezu berauschend gewirkt haben, besonders da sie dies weder mit eigenen Erfahrungen vergleichen konnten noch für sie irgendeine Aussicht bestand, je selbst diese Erfahrungen machen zu können.

Ottilies Kommentar über die seelischen oder charakterlichen Gefahren der Begegnung mit fernen Paradiesen könnte also nicht zuletzt von der Enttäuschung über die Unerreichbarkeit des fernen Schönen oder schönen Fernen motiviert sein, was das Bild von einer gewissen deutschen Beschränktheit ihrer Statur durchaus ergänzte. Bemerkenswerterweise hat Humboldt diese Reaktion bei seinen deutschen Lesern antizipiert und sie ins Positive zu kehren versucht. Zwar gäben die «krankenden Gewächse, welche Luxus oder Wißbegierde in unsere Treibhäuser einzwängt», nur ein «verzerrtes, unvollkommenes Bild von der Pracht der Tropenvegetation», «aber in dem Reichthume und der Kultur der Sprache, in der regen Phantasie der Dichter und Maler, finden die Europäer einen befriedigenden Ersatz. Der Zauber nachahmender Künste versetzt sie in die fernsten Theile der Erde», und Kultur wirke auf solche Weise auf das «individuelle Glück» ein.[46] So sehr Humboldt mit Worten dieser Art seinen in ihre kleinen Städte gebannten deutschen Lesern entgegenkam, so wenig ist an seinem aufrichtigen Glauben zu zweifeln, dergleichen auch tatsächlich bewirken zu können. Im *Kosmos* hat er dann später dem Gehülfen und Ottilie regelrecht, wenn auch kaum mit Absicht geantwortet und widersprochen. In der fremdartigen Welt des «Tropenlandes» offenbare sich, so heißt es in den «Einleitenden Betrachtungen», «den Bewohnern der nordischen Zone [...] die wunderbar aneignende Kraft des menschlichen Gemütes. Wir fühlen uns so mit allem Organischen verwandt, daß, wenn es anfangs auch scheint, als müsse die heimische Landschaft wie ein heimischer Volksdialekt uns zutraulicher und durch den Reiz einer eigentümlichen Natürlichkeit uns inniger anregen als jene fremde üppige Pflanzenfülle, wir uns doch bald im Palmenklima der heißen Zone eingebürgert glauben.» Dem folgt der Gedanke von einer Art biogenetischer Verwandtschaft zwischen tropischer Welt und Kindheit; deren «dunkle Gefühle» und dann die «Verkettung sinnlicher Anschauungen» leiten am Ende zur «Tätigkeit der kombinierenden Vernunft» und mit ihr zur Erkenntnis, «daß ein gemeinsames, gesetzliches und darum ewiges Band die ganze lebendige Natur umschlinge».[47] Humboldts Vorstellungen von der Einheit des «Kosmos» sind bekannt, ebenso wie deren Affinität zu Goethes Ganzheitsdenken. Die Behauptung einer Verwandtschaft alles Tropischen mit der «Kindheit» mag, historisch gesehen, auf die üppige, fruchtbare tropische Natur als Bild des Paradiesischen hindeuten; im Hinblick auf das Eigentümliche und Außerordentliche von Humboldts Persönlichkeit harrt sie noch der Analyse. Ottilie jedenfalls würde wohl durchaus der Verknüpfung von «dunklen Gefühlen» und tropischer Natur zugestimmt haben, nur daß sie damit zugleich ihre Zurückhaltung ihnen gegenüber gerechtfertigt sehen würde.

Humboldt war in die neue Welt nicht nur als sprachmächtiger Reisender gekommen, sondern zugleich ausgerüstet mit Fachwissen auf der Höhe der Zeit und mit einer am deutschen Idealismus geschulten Denkfähigkeit, die ihren Blick auf weite Zusammenhänge in Zeit und Raum richtete, mithin also auch die Zukunft in ihr Denken einbezog. «Ja, die Kenntniß von dem innern, geheimen Spiele der Naturkräfte, läßt uns bey vielen selbst Schlüsse für die Zukunft wagen»,[48] heißt es am Ende der Abhandlung über die *Ideen zu einer Geographie der Pflanzen.* Nicht umsonst ist sie Goethe gewidmet. Der Einfluß von Goethes morphologischem Ganzheitsdenken auf Humboldt ist, wie allein schon diese Widmung zeigt, von ihm stets anerkannt, ja gern betont worden. Die Forschung hat sich das angeeignet und inzwischen geradezu zur Doktrin erhoben, damit aber auch indirekt zu Überprüfung und größerer Differenzierung herausgefordert.

Es ist hinlänglich bekannt, daß die Bindung an gewisse vorgegebene Denkmuster und Theorien die empirische Forschung mehr behindern als fördern kann. Tatsächlich hat die aus dem deutschen Idealismus hervorgegangene Naturphilosophie nicht selten Verwirrung gestiftet mit einer «Chemie, in der man sich die Hände nicht naß machte.» Das schreibt Humboldt am 28. April 1841 an Karl Varnhagen von Ense,[49] auf diese Weise andeutend, wie und in welchem Lager er sich selbst sah. Andererseits hat er nach eigenem Bekenntnis gerade aus Schellings Gedanken über die Natur, die einstmals beträchtlich zu einer solchen «Chemie» beitrugen, bedeutende Anregungen empfangen.

Auch Goethe war kein Anhänger einer spekulativen Naturphilosophie, der gegenüber er sich stets als Empiriker empfunden hat. Aber man darf bei dieser Abneigung nicht vergessen, daß ihm dabei eher manche windigen Hypothesen und Analogien von Görres vorschwebten als etwa Schellings *System des transzendentalen Idealismus*, das seinen Höhepunkt in einer Apotheose der Kunst erreichte und nicht zuletzt deshalb seinen Autor zum gerngesehenen Gast am Weimarer Frauenplan machte. Denn wie sehr sich Goethe auch in der Rolle des Naturwissenschaftlers sah und wieviel Zeit er ihr in zunehmendem Maße widmete, so blieb er doch alles in allem Künstler. Nur bezeichnet es seinen hohen, die meisten seiner Zeitgenossen weit überragenden Rang in der europäischen Kulturgeschichte, daß er, der Laie im Sinne des 19. Jahrhunderts, dennoch in der Lage war, an naturwissenschaftlichen Entwicklungen teilzunehmen, ja sie sogar zu fördern, und zwar zu einem Zeitpunkt rascher, intensiver Spezialisierung, da die Fundamente moderner Physik, Chemie und Geographie gelegt wurden, auf denen dann die Maschinentechnik der industriellen Revolution bauen konnte. Davon zeugt gerade ein Roman wie *Die Wahlverwandtschaften*, hinter dessen Konflikten die Frage nach dem Verhältnis zwischen Ethos und Wissenschaft aufscheint, davon zeugt in weitesten Dimensionen der *Faust*, ebenso aber zeugen davon auf subtile Weise auch Gedichte des *West-östlichen Divan.* Die *Farbenlehre* andererseits entfaltet ihre ganze Faszination erst, wenn sie als Werk eines Erzählers gelesen wird, der die Natur aus einer ästhetischen Perspektive betrachtet, damit aber zugleich das eigentlich Menschliche in die Wissenschaft zurückzuführen oder in ihr zu bewahren sucht.

Humboldt bleibt, wie gesagt, im Grunde seines Wesens ganz und gar der empirische Naturwissenschaftler, auch wenn seine Intentionen ihn ins Universelle trugen. Mochte ihn das Goethesche Ganzheitsdenken zur Herstellung von Zusammenhängen zwischen einer Fülle von Einzelbeobachtungen anleiten und ihn zum Entwurf eines «Kosmos» als sinnvoll durchwaltetem Weltganzen führen, so war es doch erst eine Vielzahl von systematisch erarbeiteten, gesicherten Fakten, aus denen er weiterführende Schlüsse zog. Denn vor allem wollte er die Fachwissenschaften bereichern und fördern, indem er ihnen unschätzbares Material zur Verfügung stellte und Wege wies, dieses Material zu benutzen und zu interpretieren. Als einer der ersten Wissenschaftler überhaupt bediente er sich deshalb in großem Umfang der Statistik. Die Welt, über die er schrieb, war stets eine meßbare Welt, und er verwendete bei seinen Angaben neben den konventionellen Maßen bereits das metrische Maßsystem, das damals revolutionierend wirkte und hinsichtlich seiner Einführung in Frankreich nach 1789 in gewissem Sinn auch revolutionär neu war. In all dem stand er da Newton näher als Goethe, und es verwundert nicht, daß er bereit war, später Goethes Mißbilligung in Kauf zu nehmen, als es um eine Entscheidung zwischen der nicht mehr haltbaren, aber von Goethe ihres evolutionären Charakters wegen geliebten Theorie des Neptunismus und der Akzeptierung des vulkanischen Ursprungs vieler Gebirge ging. Es war eine vehemente, wenngleich nicht dauerhafte Mißbilligung; Humboldt, so erklärte Goethe 1823 dem Kanzler von Müller, «habe eigentlich nie ‹höhere Methode› gehabt, bloß viel gesunden Verstand, viel Eifer und Beharrlichkeit.»[50]

Empirische Forschung ist letztlich stets auf die praktische Nutzbarmachung der Ergebnisse gerichtet, auch wo sie als Entwicklung neuer Theorien nicht unmittelbar darauf zielen mag. In den «Einleitenden Betrachtungen» zum *Kosmos* gibt es für Humboldts Vorstellungen von Sinn und Tendenz seiner Arbeit eine aufschlußreiche Passage. «Gleichmäßige Würdigung aller Teile des Naturstudiums» sei «vorzüglich ein Bedürfnis der gegenwärtigen Zeit, wo der materielle Reichtum und der wachsende Wohlstand der Nationen in einer sorgfältigeren Benutzung von Naturprodukten und Naturkräften gegründet sind. Der oberflächliche Blick auf den Zustand des heutigen Europa lehrt, daß bei ungleichem Wettkampf oder dauernder Zögerung notwendig partielle Verminderung und endlich Vernichtung des Nationalreichtums eintreten müsse; denn im Lebensgeschick der Staaten ist es wie in der Natur, für die, nach dem sinnvollen Ausspruche Goethes, ‹es im Bewegen und Werden kein Bleiben gibt und die ihren Fluch gehängt hat an das Stillestehen.› Nur ernste Belebung chemischer, mathematischer und naturhistorischer Studien wird einem von dieser Seite einbrechenden Übel entgegentreten. Der Mensch kann auf die Natur nicht einwirken, sich keine ihrer Kräfte aneignen, wenn er nicht die Naturgesetze nach Maß- und Zahlenverhältnissen kennt.»[51]

Hier spricht also ganz unmißverständlich der Wissenschaftler des 19. Jahrhunderts in einem Zeitalter des beginnenden Wettbewerbs im Zeichen der industriellen Revolution.

Humboldts prinzipieller Empirik stehen Beschreibungskunst und Anschaulichkeit seiner Sprache in den «Reisewerken» nicht entgegen. Zwei frühe Briefstellen sind dabei aufschlußreich. «Gott! Welche Pflanzenwelt, Vögel von wunderschönem Gefieder, Wälder von Mahogany, Eben- und Brasilienholz, Cedrella, Palmen! welche Wohlgerüche! Affen, Schmetterlinge wie unsere Sperlinge groß, Spinnen, die Colibris fressen ...» schreibt Humboldt am 20. November 1799 aus Cumanà an Reinhard und Christian von Heften. Und in einem Brief vom 21. Februar 1801 aus Havanna an Karl Ludwig Wildenow heißt es: «Welch ein Schatz von Pflanzen in dem wunderbaren, von so vielen neuen Affen und undurchdringlichen Wäldern erfülltem Lande zwischen dem Orinoco und Amazon.»[52] Das ist enthusiastische Prosa, und als solche mag sie Anspruch darauf haben, innerhalb eines erweiterten Literaturbegriffes eben auch ihren Platz in der Ästhetik zu finden. Aber Humboldts «viele neue Affen» sind lebendige Wesen, die der Einordnung in wissenschaftliche Systeme harren. Goethes literarische Affen in den *Wahlverwandtschaften* oder dem *Faust* hingegen sind metaphorische, metonymische oder allegorische Gestalten. Für Humboldts Wälder oder Goethes Palmen der Ottilie gilt Entsprechendes. Beide Autoren gingen allerdings aufeinander zu, indem der eine sich dem Metier des Künstlers näherte, wenn er sich in der Kunst des anschaulich-bunten «Naturgemäldes» übte, während der andere der Wissenschaft Tribut zollte, indem er Affenskelette und Affenhintern studierte. Nur folgerte Goethe dann aus letzteren sogleich, daß die bunten «nackten Teile» die «weite Entfernung solcher Geschöpfe von der Vollkommenheit» anzeigten, «denn man kann sagen, je edler ein Geschöpf ist, je mehr ist alles Stoffartige in ihm verarbeitet.»[53] Von einem derartigen Ideal der Vollkommenheit aber kann bei Humboldt nicht die Rede sein: Affen und Schmetterlinge, Spinnen und Colibris sind vor seinen Augen nicht durch Vollkommenheiten oder Unvollkommenheiten unterschieden, und das Maß der Dinge ist nicht bedingungslos der Mensch, ein Maß, das hingegen der Kunst als Schöpfung des Menschen durchaus ansteht.

In den *Ideen zu einer Geographie der Pflanzen* und darin dem *Naturgemälde der Tropenländer* geht Humboldt vielfach auf das Verhältnis zwischen Mentalität und Natur ein. Die tropische Natur habe den Menschen zu dem Übergang von der Jagd zum Ackerbau gezwungen, denn der «üppige Pflanzenwuchs» habe die Jagd behindert wie die «Tiefe und Schnelligkeit der Ströme, Überschwemmungen, Blutgier der Krokodile und Tiegerschlangen»[54] den Fischfang. Aber dabei habe der Mensch wiederum Einfluß auf die Natur genommen, indem er «nach Willkühr die ursprüngliche Vertheilung der Gewächse» verändert und «um sich die Erzeugnisse der entlegensten Klimate»[55] versammelt habe. Was Humboldts Reisewerk nun gegen die Reiseberichte früherer Zeiten einschließlich dem seines Mentors und Freundes Forster absetzt, ist seine Erfassung des untersuchten Bereiches in den Koordinaten des Raumes und der Zeit, als sozialer Geschichte der Menschen wie als Naturgeschichte im großen. Damit ist nicht nur die Statistik der Messungen und Beobachtungen gemeint, sondern seine Betrachtungsweise insgesamt, die ihm auch der Gegenstand, das Gebirgsland der Anden Südamerikas, nahelegte. Humboldt hat in großem Detail die Veränderung von Pflanzen- und Tierwelt in den jeweiligen Höhen untersucht und beschrieben, in diesem Zusammenhang aber auch Leistungen und Verhaltensweisen der Menschen. Als Grundsatz erkennt er: «Der ackerbauende Fleiß der Völker, ja fast alle primitive Civilisation des Menschengeschlechts, steht in umgekehrtem Verhältnisse mit der Fruchtbarkeit des Bodens und mit der Wohlthätigkeit der ihn umgebenden Natur. Je karger diese ist, je unüberwindlicher die Hindernisse sind, welche sie entgegen stellt; desto stärker werden menschliche Kräfte aufgeregt, desto früher werden sie durch den Gebrauch entwickelt.»[56] Das habe dazu geführt, daß «Gebirgsvölker» in den Anden schon «große, wohl organisirte politische Gesellschaften» und «eine intellectuelle Kultur» entwickelt hätten im Gegensatz zu denen in den tiefer liegenden üppigeren Regionen. So habe «die moralische Kultur des Menschengeschlechts sich früher in der gemäßigten, dem Pole nähern Zone, als in der reichen Tropen-Natur» entwickelt. Das leitet nun Humboldt zu einer weiteren Frage, die ebenso schwer abweisbar wie beantwortbar ist: Warum zieht der so entwickelte Mensch nicht zurück aus der kälteren Zone in «jene glücklichen Klimate», wo «der Boden ungepflegt darbietet was in der kältern ärmern Zone ihm nur durch mühevolle Arbeit abgewonnen werden kann. Was bestimmt den Indianer in einer Höhe von drey tausend drey hundert dreyzehn Meter [...] unter einem eisigen unfreundlichen Himmel ein steiniges Erdreich zu beackern, während daß, kaum eine Tagereise von seiner Hütte entfernt, ganze fruchtbare Ebenen am Fuße des Gebirges unbewohnt liegen? Welchen Reitz hat ein Land, wo zu allen Jahreszeiten Schnee fällt, wo alle Nächte das Wasser gefriert, und wo der Felsboden nur mit wenigen krüppligen Sträuchen bedeckt ist?» Humboldts Versuch einer Antwort darauf ist der Satz: «Dieser Reitz ist der des Vaterlandes; jener Bestimmungsgrund liegt in der Macht der Gewohnheit.»[57]

6.

Humboldts Antwort aus dem Grenzbereich von Geographie, Soziologie, Ökonomie und Psychologie verrät eine gewisse Verlegenheit, wie sie für das frühe 19. Jahrhundert, die Epoche sich formierender «Vaterländer» als moderner Industrienationen, zu einem Zeitpunkt fundamentaler Veränderungen in der menschlichen Lebensweise durch die Maschinentechnik allerdings verständlich ist. Eine andere Antwort könnte ganz gewiß Ottilies Betrachtung über das wesensverändernde Wandeln in den Tropen sein, ein Satz also, der sich speziell auf das Gebiet der «moralischen Kultur» begibt: der Mensch wird in seinem Empfinden, Denken, Verhalten, seinen «Gesinnungen» und damit auch seinem Wertbewußtsein von der ihn umgebenden Natur geprägt. Auf Humboldts Frage würde dann hier die Antwort lauten, daß durch den Wechsel der Umgebung der Mensch eben «ein anderer» werde, der sich dementsprechend auch gar nicht mehr auf jene Sphäre beziehen könne, aus der er einst hervorgegangen war, was Ottilies Zurückhaltung nun doch nicht ganz so provinziell erscheinen ließe, wie es zunächst den Anschein hatte. Hätte sie Natur durch Gesellschaft ersetzt, wäre sie sogar bereits auf dem Weg zu Karl Marx gewesen. Aber das hieße den kritisch-resignativen Ton ihrer Bemerkung übersehen.

Der Reiz der Tropen auf einen deutschen Leserkreis um 1800 mag, wie angedeutet, schwer nachzuvollziehen sein für ein späteres Zeitalter, in dem sie als erreichbare Reiseziele für jedermann feilgeboten werden. Die Bedrohung der natürlichen Umwelt des tropischen Regenwalds durch den Menschen mittels seiner technischen Errungenschaften, die drohende Ausrottung von «Elefanten und Tigern» und die politischen Konflikte sowie sozialen Probleme tropischer Gebiete sind am Ausgang des 20. Jahrhunderts Gegenstand weltweiter Aufmerksamkeit geworden. Daß Humboldt mit seinem Versuch, Detailstudium und Gesamtschau zu verbinden, erste Ansätze für das Verständnis solcher Probleme schuf, läßt sich erkennen. Wie sehr im übrigen ein warmes Klima und die davon geförderte größere Öffentlichkeit gesellschaftlichen Lebens einen Gegensatz bildeten zu den deutschen Kleinstaaten und Kleinstädten im nördlichen Klima, hatte Goethe bereits bei seiner Begegnung mit Italien erfahren. Man darf diese auf die alltägliche Wirklichkeit bezogene Seite des Interesses an der Exotik nicht gering schätzen. Genährt hatte sie die Literatur seit Beginn des 18. Jahrhunderts, zu einem Zeitpunkt also, da, wie schon erwähnt, durch zunehmende Weltkenntnis die Reiseberichte aus dem Stadium der Fiktion oder Halbfiktion heraustraten, das Phantastische hinter sich ließen und sich zu sachlichen, wenngleich nicht unemotionellen Beschreibungen des im vollen Sinne des Wortes Er-fahrenen wandelten. Defoes *Robinson Crusoe*, Bernardin de Saint-Pierres *Paul und Virginie* und die Romane *Atala* und *René*[58] von Chateaubriand, den Humboldt seinen «vieljährigen Freund»[59] nannte, sind charakteristische Zeugnisse dafür. Nur waren es allesamt nicht Werke deutscher Literatur, denn die Deutschen besaßen eben kein Kolonialreich, aus dem sie Anschauung und Motivationen hätten schöpfen können, weshalb ihre Einstellung zur tropischen Exotik auch von vornherein anders getönt war als in Ländern, wo der Bezug zu Europa immer gewahrt blieb, weil das Exotische als eigener Besitz galt und unter gewissen Bedingungen erreichbar war – teils als Wunschziel, teils aber auch als Ort der Pflicht oder gar der Strafe, wofür als literarisches Beispiel an die *Manon Lescaut* des Abbé Prévost zu erinnern ist. Eine deutsche Robinsonade wie Johann Gottfried Schnabels *Insel Felsenburg*, deren Insel-Inneres erst durch den Abbruch aller Beziehungen seiner Immigranten zu Europa zum Paradies wird, macht diesen Unterschied deutlich.

Humboldts geradezu exzessive Begeisterung für Bernardin de Saint-Pierres Roman wird in diesem Zusammenhang verständlicher. Es ist ein Buch, in dem die Schilderung der Natur noch stark den symbolisch-topischen «Naturgemälden» des 18. Jahrhunderts entspricht,[60] so daß die Frage nach dem Verhältnis zwischen Humboldts ästhetischem Geschmack und seinen empirischen Forschungen entsteht. Von den *Ideen zu einer Geographie der Pflanzen* bis hin zum *Kosmos* benutzt Humboldt vielfach und gern das Wort «Naturgemälde»: unter diesem Begriff tritt er als Erzähler vor seine Leser. Aber «Naturgemälde» ist ein Wort des 18. Jahrhunderts, das insbesondere bei Herder zu Hause war.[61] Für 1807 hingegen mutet etwa die Überschrift «Naturgemälde der Tropenländer» für eine Arbeit über die «Beobachtungen und Messungen, welche zwischen dem zehnten Grade nördlicher und dem zehnten Grade südlicher Breite, in den Jahren 1799 bis 1803 angestellt worden sind»,[62] bereits einigermaßen anachronistisch an, weil sich damit weder Humboldts Verständnis von der Dynamik der Natur noch seine tatsächliche Verfahrensweise assoziieren läßt, in der er lebendige Schilderung mit der Darlegung empirischer Forschungsergebnisse und wissenschaftlichen Folgerungen verband.

In den «Einleitenden Betrachtungen» zum *Kosmos* nun spricht Humboldt – *Paul und Virginie* zitierend – von eigenen «Erinnerungen großer Naturszenen», in den Cordilleren zum Beispiel oder auf Teneriffa, und versucht zugleich, deren Besonderheit theoretisch zu fassen. Was diese Szenen anziehend machte, «ist der individuelle Charakter der Landschaft, ein Zusammenfließen der Umrisse der Wolken, Meer und Küsten im Morgenduft der Inseln; es ist die Schönheit der Pflanzenformen und ihrer Gruppierung. Denn das Ungemessene, ja selbst das Schreckliche in der Natur, alles was unsere Fassungskraft übersteigt, wird in einer romantischen Gegend zur Quelle des Genusses. Die Phantasie übt dann das freie Spiel ihrer Schöpfungen an dem, was von den Sinnen nicht vollständig erreicht werden kann; ihr Wirken nimmt eine andere Richtung bei jedem Wechsel in der Gemütsstimmung des Beobachters. Getäuscht, glauben wir von der Außenwelt zu empfangen, was wir selbst in diese gelegt haben.»[63]

Teilweise stimmt das fast wörtlich mit Humboldts Betrachtungen zu Bernardin de Saint-Pierres Roman im zweiten Band des *Kosmos* überein.[64] Auf diese Weise aber wird erkennbar, daß Humboldt dieses französische Buch, das schon in den siebziger Jahren entstanden war, mit den Augen eines jungen Deutschen an der Wende vom 18. ins 19. Jahrhundert las und darin hineinlegte, was er aus ihm zu empfangen hoffte.

Humboldts Sätze bezeichnen deutlich seinen Ort in der Geschichte der Naturbetrachtung.[65] Mit der Kategorie des Erhabenen war im 18. Jahrhundert auch die vom Menschen unbeeinflußte, wilde Schrecken erregende Natur in die Ästhetik als die Lehre vom Kunstschönen einbezogen worden. Der Begriff des Romantischen, der dann gegen Ende dieses Jahrhunderts in vielfach schillernder Bedeutung neue künstlerische Tendenzen bezeichnete, sollte mit dem Appell an die kreative Phantasie der Vorstellung von der Homogenität antiker Kunst entgegentreten und aus der Spannung zwischen Erde und Himmel, Endlichkeit und Unendlichkeit die Sehnsucht nach höherer Vereinigung hervorgehen lassen – das Romantische bestehe im «Kontraste», hatte August Wilhelm Schlegel in seiner *Philosophischen Kunstlehre* definiert.[66] Eben dieses Begriffs des Romantischen bediente sich nun auch Humboldt, und wie immer er das Wort in seiner allgemeinen, nicht seiner historisch begrifflichen Bedeutung verwenden mochte, so signalisiert es doch, daß seine Vorstellung vom literarischen «Naturgemälde», das er gleichzeitig mit der wissenschaftlichen Beschreibung zu geben versuchte, den tatsächlichen «Naturgemälden» dieser Jahre gar nicht so fernstand, als es zunächst den Anschein hat, denn auch die Bilder von Caspar David Friedrich zum Beispiel transferierten auf ihre Weise die Natur in die Sphäre «romantischer» Phantasie, der es um das Verhältnis des Subjekts zum Objekt und um die ästhetisierte Natur als Medium der Transzendenz zu tun war. Nur blieben Humboldts Erwartungen von den Leistungen dieser Phantasie dann doch im Empirischen begrenzt, so idealistisch sein Konzept eines alles in sich vereinigenden «Kosmos» auch war.

Hier also erfahren die Bedenken Ottilies entschieden Korrektur, ja Widerspruch. Nur ist nicht zu verkennen, daß ihre Tagebuchnotiz eben von etwas ganz anderem spricht als Humboldt. Sie, die Romangestalt von Dichters Gnaden, individualisiert, wo bei Humboldt eine das kollektive Dasein betreffende Behauptung aufgestellt wird, und sie überträgt das behauptete Kausalitätsverhältnis zwischen Umwelt und Mensch speziell auf den Bereich des Charakters, also mithin auf sittliches Verhalten und ein ihm zugrundeliegendes Wertbewußtsein, woraus sich erst ihre Folgerung auf Sträflichkeit oder Unsträflichkeit ergibt.

Nicht nur modernen Lesern erscheint jedoch dabei die undifferenzierte Verklammerung der «Mohren»[67] mit Affen und Papageien anstößig, so arglos sie gemeint ist in Verbindung mit dem «bunten geräuschvollen Leben» tropischer Städte; sie fällt in gewissem Sinn hinter Herders schöne Bekundung der Brüderschaft aller Menschen zurück. Hätten sie Humboldt erzählen hören, so wäre dem Gehülfen und Ottilie deutlich geworden, daß die Bewußtseinsveränderung der Europäer – denn um sie allein handelt es sich in diesem Zusammenhang – in der Gesellschaft von Mohren, Affen, Papageien, Tigern und Elefanten sehr viel komplizierter war, als es die einfache Kausalität ihrer Gedanken andeutet. In den *Ideen* zum Beispiel berichtet Humboldt, daß die von den Europäern in den Tropen eingeführten «neuen Zweige des Pflanzenbaus» wie Kaffee und Zuckerrohr «statt wohlthätig zu werden, vielmehr Unmoralität und grenzenloses Elend über das Menschengeschlecht verbreitet haben: die Einführung afrikanischer Sklaven, indem sie einen Theil des alten Kontinents entvölkert», habe dem neuen «blutige Schauspiele der Zwietracht und Rachgier» bereitet.[68] Da erhält die Herdersche theoriebegründete Forderung nach dem Respekt für die Gleichheit und Brüderschaft aller Menschen ein sie von deren Mißachtung her unterstützendes Beispiel aus praktischer Erfahrung. Was also aus moralischer Sicht nicht «ungestraft» hätte bleiben sollen, wäre in diesen Umständen eher das Hineintragen europäischer «Gesinnungen» in die neue Welt gewesen, nicht deren Umformung, wie sie Ottilie fürchtet. Nur bedurfte es dafür eines Blickes, wie ihn weder Ottilie noch ihr Schöpfer in Weimar zu Anfang des 19. Jahrhunderts schon besaßen, auch wenn sie Humboldt-Leser waren. «Mohren» jedenfalls gibt es bei Humboldt von vornherein nicht – an ihrer Stelle stehen sehr viel konkreter für ihn die von den weißen Kolonisatoren aus Afrika entführten Sklaven.

In anderem wiederum hätten beide, Schöpfer und literarisches Geschöpf, mit ihm übereingestimmt, so bei der Folgerung aus der großartigen Schilderung des «nächtlichen Tierlebens im Urwald» innerhalb der *Ansichten der Natur*, wo Humboldt Affen, Papageien, Tiger und Löwen ein Konzert veranstalten läßt, über dessen Disharmonien er keine Zweifel läßt: «Aber der süße Friede goldener Urzeit herrscht nicht in dem Paradiese der amerikanischen Tierwelt.»[69] Auch Ottilie spürt schließlich aus ihrer moralischen Perspektive, daß dem Paradies keine Realität verliehen ist und sein kann.

Wie immer deutsch-beschränkt die tagebuchschreibende Ottilie also erscheinen mag – Goethe war der Vater ihrer Angst, aus der ihre Gedanken entsprangen. Sein Roman betraf Konflikte, die hervorgerufen wurden durch den Wandel von Weltkenntnis, Weltverständnis, gesellschaftlichen Ordnungen und Wertsystemen am Ausgang des 18. Jahrhunderts und auf dem Wege zu neuen, den Zustand der Welt grundsätzlich und in einem bisher nicht denkbaren Umfang verändernden Lebens-, Wirtschafts- und Staatsformen. Mit den impliziten Verweisen auf die hier betrachteten größeren Zusammenhänge in ihren Notaten hatte auch seine Ottilie teil an ihnen und reagierte auf sie in ihrer Weise, ohne sie ermessen zu können. Zurückhaltung, Resignation, Warnung, Demut, «Entsagung» – um dieses letztere, von Goethe in seinem Alterswerk vielfach gebrauchte Wort für eine ganze Lebenshaltung zu erwähnen[70] – sprechen von Unsicherheit, ja eben Angst in einer Situation, da sich das Verhältnis des Menschen zur Natur und mit ihm sein Wertbewußtsein, seine «Gesinnungen» im Übergang zu etwas Neuem befanden, einem Neuen, dessen Umrisse und Ausmaße damals noch nicht einmal zu ahnen waren. Humboldts Hypothese eines sinnvoll durchwalteten «Kosmos» stellte eine Hoffnung vor diesem Neuen dar. Aber sie war nicht mehr Resultat empirischer Forschung, wie immer ihn diese dazu inspiriert hat, sondern ein den gedanklichen Systemen des deutschen Idealismus verpflichteter Beschwörungsversuch für die Zukunft, der als beständige Herausforderung angesichts zunehmender Bedrohung der natürlichen Lebenswelt auch in späterer Zeit nicht an Bedeutung verloren hat, ja unter den Aspekten des Umweltschutzes und einer postkolonialen Betrachtungsweise geradezu willkommen erscheinen muß. Aber so sehr der Naturwissenschaftler Goethe Humboldts zwischen 1845 und 1858 erschienenes Werk begrüßt hätte, so sehr setzt sein Roman doch bereits ein Fragezeichen hinter dessen Apotheose, wenn er die vier sich auf die Naturwissenschaft berufenden Menschen im spielerischen Experiment miteinander und mit sich selbst scheitern läßt und damit auf jenes Element verweist, an dem selbst die wohlmeinendsten Konzepte, Erlösungspläne und Heilserwartungen zu scheitern pflegen: die menschliche Natur.

«Es wandelt niemand ungestraft unter Palmen»: dieser eine Satz in seinem besonderen Kontext spricht also kondensiert von der Spannung zwischen Uraltem und ganz Neuem, zwischen dem Mythos vom Paradies oder einer «goldenen Urzeit» einerseits und der modernen Realität einer meßbar gewordenen Erde zu Beginn des 19. Jahrhunderts andererseits. Es ist eine Spannung, die auch Goethes gesamten Roman von den chemisch-menschlichen *Wahlverwandtschaften* durchzieht; aus ihr erst werden die tragischen Irrungen und Wirrungen der Menschen in dieser Zeit sich anbahnender großer Veränderungen begreiflicher. Es waren Veränderungen, die den Schritt aus dem mythischen Zeitalter in das wissenschaftliche bezeichnen, das sich dann wieder seine eigenen Mythen geschaffen hat. Georg Forster, der Forschungsreisende des 18. Jahrhunderts, hatte teilgenommen an jener Kartographierung noch unbekannter Territorien, wodurch die Welt erst wirklich rund wurde. Dreißig Jahre später war der reisende Alexander von Humboldt bereits prinzipiell der moderne Wissenschaftler, der mit den Mitteln des Vermessens, der Statistik, der differenzierenden Bestimmung von Tier- und Pflanzenwelt und der genauen Beobachtung sozialer Veränderungen das bisher Fremde oder weitgehend Unbekannte der wissenschaftlichen Untersuchung erschloß und damit freilich auch dem Zugriff moderner europäischer Nationen zum Gebrauch für die neue, tatsächlich weltbewegende Maschinentechnik.

7.

Was weiter geschah, ist bekannt, und die Angst der Ottilie vor den Folgen des Wandelns unter Palmen war nicht unbegründet, seitdem diese Regionen rund um den Erdball dem Zugang und Zugriff durch die Europäer geöffnet wurden. Nur waren eben Art und Dimensionen dieser Folgen nicht nur für ein deutsches Adelsfräulein, sondern selbst für ihren sehr viel weiter blikkenden Schöpfer noch schwer vorstellbar. In gutem Zutrauen auf ihre kreative Kraft sandte Goethe die Tüchtigsten aus dem Umkreis seines Wilhelm Meister in dessen «Wanderjahren» in die «Vereinigten Staaten» Amerikas, die es besser haben sollten «als unser Kontinent, das alte».[71] Aber in Wirklichkeit gingen der europäische und bald auch der nordamerikanische Kolonialismus einen Bund mit der Maschinentechnik ein, der aus den Palmenregionen «Entwicklungsländer» und zugleich Zentren des Rauschgifthandels machte, die Gegend um Forsters O-Taheiti aber in ein Testgebiet für Experimente zum militärischen Gebrauch der Atomenergie verwandelte. Die Landschaft von Humboldts «wundervoll schöner, allbelebter» Tropennatur wurde anderthalb Jahrhunderte später zu Claude Lévi-Strauss' «traurigen Tropen».

Die Künstler aber holten sich erst einmal das Exotische ins eigene Haus, und nicht nur sie: Exotismus wurde im 19. Jahrhundert zu einer verbreiteten Modeerscheinung in Kunst und Gesellschaft. Fontane zum Beispiel hatte in seinem Roman *L'Adultera* die eigentümliche Magie von Ottilies Worten in solche Verhältnisse transponiert. Die Palmen nämlich, unter denen das seinen Emotionen hingegebene Paar wandelt, stehen im Palmengarten eines reichen Berliner Geschäftsmannes. Palmengärten aber – hier als Statussymbol – waren üblich geworden nicht zuletzt durch das Wirken Alexander von Humboldts. Zwar bedauerte er das «verzerrte, unvollkommene Bild», das die Treibhäuser mit tropischen Pflanzen von deren Realität gaben, aber dennoch oder vielleicht gerade, um dieses Bild zu korrigieren, hat er tätig mitgewirkt bei der Anlegung des berühmten «Palmengartens» auf der Pfaueninsel bei Potsdam. Nach dem Bericht von Carl Gustav Carus hat Humboldt das Potsdamer Gewächshaus des Preußenkönigs Friedrich Wilhelm III. «zu einem kleinen naturhistorischen Paradies ausgestaltet, [...] in dem man

Prachtexemplare verschiedener Palmen, baumartiger Farnkräuter, Caladien mit pfeilförmigen Blättern, Pothos und prächtige, gleich zart gewirkten Vorhängen von den Galerien niederschwebende Lianen bewundern konnte.»[72] Humboldt selbst hat im *Kosmos* den Eindruck, den dieses «Denkmal des einfachen Naturgefühls unseres edlen, hingeschiedenen Monarchen» auf ihn machte, beschrieben. So echt sei die Atmosphäre des Ganzen, daß man glaube, «unter dem Tropenklima selbst, vom Gipfel eines Hügels herab ein kleines Palmengebüsch zu sehen.» Carl Blechen hat in den zwischen 1832 und 1834 entstandenen verschiedenen Fassungen seines Gemäldes von diesem Palmenhaus[73] nicht nur eine visuelle Vorstellung davon gegeben, sondern durch das Hineinmalen einer märchenhaften, das Schwüle des Klimas ins Erotische übertragenden Gruppe von Odalisken zugleich sichtbar gemacht, wie sehr dergleichen Exotik nur noch ästhetisch zu verstehen war. Erfahrung und Kunst trennten sich im Spiel mit dem Schönen oder Furchtbaren.

Letzteres manifestierte sich insbesondere bei der literarischen Domestizierung des tropischen Tierreichs. Daran hatte Goethe Anteil, als er 1827 in seiner *Novelle* mit der didaktischen Strenge und großzügigen Symbolik seines Alters Tiger und Löwe stracks in die gehütete deutsche Adelswelt hineinlaufen ließ. Aber es waren Zirkustiere, die entfliehen; der Tiger kommt um, und der Löwe wird zum Lamm: Hoffnung auf die Kraft zu Ordnung und Zähmung des Wilden vielleicht, aber nicht ohne einen Zug des Komischen, ja Lächerlichen bei der dramatischen Jagd auf bereits gebändigte Tiere. Aber es war eine thematisierte Lächerlichkeit, keine unfreiwillige. Im gleichen Jahr kam es in Weimar zu einer Konversation zwischen Goethe, dem Kanzler von Müller und Eckermann. Thema waren Affen, die offenbar immer noch an Höfen zum Vergnügen gehalten wurden: «Fürstliche Personen, sagte Goethe, werden so viel mit widerwärtigen Menschen geplagt, daß sie die widerwärtigeren Thiere als ein Heilmittel gegen dergleichen unangenehme Eindrücke betrachten. Uns Andern sind Affen und Geschrey der Papagayen mit Recht widerwärtig, weil wir diese Thiere hier in einer Umgebung sehen, für die sie nicht gemacht sind. Wären wir aber in dem Fall, auf Elephanten unter Palmen zu reiten, so würden wir in einem solchen Element Affen und Papagayen ganz gehörig, ja vielleicht gar erfreulich finden. Aber, wie gesagt, die Fürsten haben Recht, etwas Widerwärtiges mit etwas noch Widerwärtigerem zu vertreiben.»[74]

Das ist nicht mehr, wie gelegentlich behauptet worden ist, der nur etwas breiter ausgeführte Satz der Ottilie,[75] sondern dessen Reduktion auf eine beiläufige Meinung, hervorgerufen durch «Nachrichten aus öffentlichen Blättern», wie es bei Eckermann heißt und wie es der Zeit gemäß war.

Lächerlich wurde Exotik schließlich in Fällen wie Freiligraths Inszenierung poetischer Löwenritte[76] und ähnlicher tropischer Tätigkeiten. *Unter den Palmen* lautet der Titel eines dafür bezeichnenden Gedichts:

Mähnen flattern durch die Büsche; tief im Walde tobt der Kampf.
Hörst du aus dem Palmendickicht das Gebrüll und das Gestampf?
Steige mit mir auf den Teakbaum! Leise! Daß des Köchers Klingen
Sie nicht aufschreckt! Sieh den Tiger mit dem Leoparden ringen.[77]

Was der solcherart mit dem Köcher seiner Schreibfedern versehene Dichter von der Höhe seines Teak-Schreibtischs miterlebt, steigert sich nun zu einer Art Orgie des Darwinismus. Tiger und Leopard nämlich kämpfen um den «Leichnam eines Weißen, den der Tiger überfiel»; dieser – ein zweiter, aber unglücklicher Humboldt sozusagen – war im tropischen Terrain «nach Pflanzen [...] und Käfern» unterwegs. Register bürgerlicher Familiensentimentalität werden gezogen: «Wehe! Wie wird deine Mutter um dich klagen, weißer Mann!» Denn es wird für sie nur schmaler Trost sein, daß schließlich eine Riesenschlange sie alle zusammen frißt: «Tiger, Leoparden, Weißen.» Der Schritt von Humboldts Beobachtung, daß «der süße Friede goldener Urzeit» nicht «in dem Paradiese der amerikanischen Tierwelt» herrsche, zu dergleichen Poesie ist der Schritt in die unfreiwillige Parodie, und zwar nicht erst im Empfinden eines späteren Zeitalters, wie bereits die Reaktionen Heines auf manche Freiligrathschen Gedichte zeigen. Zum Lächerlichen trug insbesondere bei, daß man sich die Anschauung der gefährlichen Tiere inzwischen in den Zoologischen Gärten[78] billig und risikolos besorgen konnte, fachkundig geleitete Institutionen, die allmählich die Menagerien des 18. Jahrhunderts ablösten, die Tiere aus den Käfigen befreiten und in eine natürliche, nur eben nicht mehr tropische Umwelt versetzten.

Und die Affen? Der weise Pavian, den die Ägypter kannten und der in der Ikonographie der Figur der «Academia» auf lange Zeit beigesellt worden war, hatte wegen der zunehmenden Bekanntschaft mit realen Exemplaren seine würdige Rolle ausgespielt.[79] So wurden die Affen literarisch domestiziert und in vorwiegend satirischen Dienst gestellt. E. T. A. Hoffmann ließ in seinen *Kreisleriana* Milo, den «gebildeten Affen», an «seine Freundin Pipi in Nord-Amerika» von seiner Entwicklung zum «privatisierenden Künstler und Gelehrten» berichten.[80] Auch Wilhelm Hauffs Märchensammlung *Der Scheik von Alessandria und seine Sklaven* enthielt eine satirische Novelle *Der Affe als Mensch*. In beiden Fällen wird die für das 18. Jahrhundert so problematische Verwandtschaft zwischen Mensch und Primaten nun ins Spöttische gekehrt: in ihrer Torheit und Eitelkeit werben die deutschen Kleinstädter um die Gunst des fremden, skurrilen «Engländers», den sie für vornehm halten, weil er einen reichen «Onkel» hat, der sich seinen Spaß mit ihnen macht. Am Ende freilich wird bei Hauff im Unterschied zu Hoffmann das Tier ein Tier bleiben und ins «Naturalienkabinett» eines «gelehrten Mannes» gebracht werden.[81] Die Wissenschaft triumphiert. Als Opernheld leben Onkel und Neffe fort in Hans Werner Henzes Oper *Der junge Lord* (1965).

Resultat solchen Wandels der Verhältnisse und der «Gesinnungen» war letzten Endes, daß Ottilies Satz von ihr nur in einem kurzen geschichtlichen Moment, an der Grenze zwischen einer als ganzes bekannt gewordenen, aber noch nicht dem Herrschaftsanspruch der Technik unterworfenen Welt in vollem Ernst gesagt werden konnte, einem Moment allerdings, den das Kunstwerk eines Romans für alle Zeit zu bewahren vermochte. In dem Maße, in dem der Satz, aus seinem Zusammenhang gelöst, als Zitat an Beliebtheit zunahm, büßte er dann diesen Ernst ein und wurde in der Sphäre der «geflügelten», zum freien Spiel bereitstehenden Worte heimisch.

«Dichten selbst ist schon Verrat»

Parameter des *West-östlichen Divan*

1.

Im «Schenkenbuch» des *West-östlichen Divan* gibt es einen kleinen Dialog zwischen Hatem, dem Dichter, und Saki, dem «geliebten Knaben», eine Szene, für die sich Goethe in den *Noten und Abhandlungen zu besserem Verständnis des West-östlichen Divans*[1] erklärend entschuldigt, besitzt sie doch Untertöne einer homoerotischen Beziehung, deren Billigung er bei seinen Lesern nicht ohne weiteres voraussetzen durfte, obwohl sie für alle klassisch Gebildeten nicht unvorstellbar war. Goethe konnte sich dabei auf die Quellen berufen; in der Einleitung seiner Hafis-Übersetzungen berichtet Joseph von Hammer davon, daß der persische Dichter dem «Umgang mit schönen Jünglingen» durchaus zugänglich gewesen sei und neben zwei weiblichen auch «zwey Knabenliebschaften»[2] hatte. In den *Noten und Abhandlungen* dämpft Goethe jedoch bei der Charakterisierung des «Schenkenbuches» das Erotische der Beziehung zwischen Dichter und jungem Schenken, indem er sie ein «echt pädagogisches Verhältnis», eine «leidenschaftliche Neigung des Kindes zum Greise», des «Enkels zum Großvater»[3] nennt. Was davon Zuschnitt auf seinen eigenen Geschmack oder nur notwendige Anpassung an das Verständnis einer deutsch-christlichen Leserschaft am Anfang des 19. Jahrhunderts war, bleibe ebenso dahingestellt wie die Frage, ob Goethe selbst homosexuelle Neigungen gehabt hat, wie neuerdings behauptet worden ist. Daß die gesteigerte Sensibilität von Künstlern besonders in der Sphäre des Erotischen wirksam ist und sie dort in ihrer Vorstellungskraft wie ihren Neigungen über das Durchschnittliche erhebt, dürfte kaum überraschen.

Saki, der junge Schenke, fragt jedenfalls Hatem, den Dichter, der nach Poetensitte seine Weisheit ebenso wie sein Herz auf der Zunge trägt, wie sich denn dies mit der Klugheit gesellschaftlicher Vorsicht vertrage, die gerade die Jugend trotz all ihrer Unzulänglichkeiten bereits zu beobachten gelernt habe und die sie in diesem Fall offenbar dem Alter überlegen mache. Darauf wird ihm von Hatem zweideutiger Rat zuteil:

> Eben drum, geliebter Knabe,
> Bleibe jung und bleibe klug;
> Dichten zwar ist Himmelsgabe,
> Doch im Erdeleben Trug.

Erst sich im Geheimnis wiegen,
Dann verplaudern früh und spat!
Dichter ist umsonst verschwiegen,
Dichten selbst ist schon Verrat.[4]

Das ist nicht ohne Ironie gesagt, aber insbesondere die letzte Zeile hat ihrer einprägsamen Provokation wegen viel ernste Aufmerksamkeit erfahren. Gelegentlich hat man sie sogar zum «Kernsatz» von Goethes «Theorie des Dichtens» erhoben,[5] wofür sie allerdings reichlich allgemein klingen mag. Denn daß Dichter intimste Dinge «auszuplaudern» pflegen, die andere Menschen gewöhnlich diskret für sich behalten, scheint für alle Zeiten und alle Literaturen zu gelten, nur gibt es Literatur nicht außerhalb geschichtlicher Realitäten. Die innigen Liebeserklärungen eines Minnesängers oder die sinnlichen Ergüsse eines Barock-Poeten besitzen einen anderen «Verrats-» oder persönlichen Aussagewert als etwa die leidenschaftlichen lyrischen Liebesbekenntnisse des jungen Goethe. Waren in den ersten beiden Fällen vor allem gesellschaftliche Normen und Erwartungen sowie gewisse, als allgemeingültig akzeptierte poetologische Regeln wirksam, die das Verständnis des Gedichts als unmittelbaren Niederschlag von tatsächlichen Erfahrungen des Autors einschränken, wenn nicht gar ausschließen, so gilt Goethe in der Geschichte der deutschen Literatur als einer der entschiedensten Befreier von derartigen Normen und Regeln. Bereits für die Lyrik der Straßburger Zeit und dann vor allem für den *Werther* läßt sich behaupten, daß darin über alle literarischen Einflüsse, Normen und sprachlichen Traditionen hinweg individuelle Empfindungen und Gefühle ausgesprochen werden, die sich auf reale Personen beziehen lassen. Von Anfang an haben sich ja Goethes Leser wie später ein beträchtlicher Zweig der Goethe-Forschung die neugierige Rückführung seiner Werke auf solche biographischen Umstände zur Aufgabe gemacht, trotz aller Abwehr Goethes gegen ein solches Verfahren. Am deutlichsten wohl hat das Goethe einmal in *Dichtung und Wahrheit* im Hinblick auf den *Werther* gesagt: Hätte er auf die Frage nach den Modellen für seinen Roman antworten müssen, «so hätte ich mein Werkchen, an dem ich so lange gesonnen, um so manchen Elementen eine poetische Einheit zu geben, wieder zerrupfen und die Form zerstören müssen, wodurch ja die wahrhaften Bestandteile selbst wo nicht vernichtet, wenigstens zerstreut und verzettelt worden wären.»[6] Wahr bleibt dennoch, daß Goethe hinsichtlich der künstlerischen Verarbeitung persönlicher Erfahrungen und Gefühle tatsächlich eine neue Sprache der Unmittelbarkeit fand, die ihn – zumindest in der deutschen Literatur – zum wirkungsvollsten Wegbereiter literarischen «Verrats» machte. Denn erst wo jemand Intimstes und damit «Geheimes» von sich selbst und anderen preisgibt, kann überhaupt von Verrat gesprochen werden.

Das reduktive Verfahren des «Biographismus» ist inzwischen zu Recht in

Verruf geraten, weil es die Bedingtheit aller Literatur durch sprach- und formgeschichtliche Traditionen, ihre Intertextualität verschleiert und Verständnis für Bedeutung und Rang eines Kunstwerks innerhalb dieser Geschichte erschwert, wenn nicht gar verhindert. Dennoch bleibt die Versuchung zu solcher Identifizierung immer bestehen, weil in diesen Bereichen die Leser ihrem Dichter oft am nächsten begegnen und sich ihm gleich fühlen können. Das mag ästhetische Erfahrung und historische Erkenntnis beeinträchtigen, aber es kann auch das Interesse an der Dichtung fördern. Beides ist dem *West-östlichen Divan* in der Geschichte seiner Rezeption zuteil geworden.

Wie immer man sie betrachtet – «Verrat» bleibt Dichtung stets, wenn sie private Gefühle und Gedanken ihres Schöpfers ausspricht, über die außerliterarisch kaum öffentlich geredet würde und deren Aussprechen selbst innerhalb des Kunstwerks oft eines nicht unbeträchtlichen Mutes bedarf. Nur ist das «Wenn» historisch bedingt, denn die Verschränkung von Intimität und Öffentlichkeit ereignet sich allein dort, wo Subjektivität in das Zentrum des Interesses und Verständnisses rückt. Erst unter dieser Bedingung ist literarischer «Verrat» denkbar, eine Bedingung, wie sie in Europa aufgeklärtes Denken schuf.

Hatems so bündige Behauptung, daß Dichten selbst schon Verrat sei, ist dennoch keineswegs eindeutig. «Verrat» ist nicht das Substantiv zum reflexiven «sich verraten».[7] Also nicht von der rückhaltlosen, gesellschaftlich unvorsichtigen Preisgabe seines innersten Selbst, der Gefühle, Empfindungen und Gedanken, die man gewöhnlich für sich behält, wäre dann die Rede, sondern eher vom Verrat als Vertrauensbruch, von der Preisgabe solcher «Geheimnisse», die man mit anderen Menschen teilt und an denen man mit dem Bruch eines Vertrauensverhältnisses eben Verrat begeht. Etwas «auf schändliche Art in die Gewalt eines Dritten überliefern, bes. heimlich» – so definiert Joachim Heinrich Campe das transitive Verb «verraten».[8] Unter solchen Umständen würde das Aussprechen – wie Verrat überhaupt – zum moralisch tadelnswerten Akt. Zu fragen ist nur, ob es nicht auch im Dichter selbst etwas Heimliches, Verratbares gibt und er im Dichten somit Verrat sogar an sich selbst begeht. In diesem Fall wäre die Strafe noch härter als ein Tadel auf Grund der Verletzung gesellschaftlicher Übereinkünfte: der Akt künstlerischer Schöpfung trennte dann das Ausgesprochene vom Aussprechenden und entrisse es ihm, ja zerstörte es womöglich in ihm.

In den *Noten und Abhandlungen* hat Goethe bei der Nacherzählung einer Episode aus dem Leben Saadis auf diese Gefahr, auf den Widerspruch zwischen Dichtung und Leben hingewiesen. Die Situation dort ist derjenigen des *Divan*-Dialogs nicht unähnlich: der Dichter Saadi hat sich inkognito in einen Knaben verliebt, der dessen Gedichte bewundert, aber nicht weiß, daß er den Bewunderten vor sich hat. Das führt zu einer Situation, in der für Saadi die Frage nach der Identität von Dichtung und realem Gefühl entsteht, die ihn schließlich dazu bringt, sich von dem Knaben zu trennen, als das Inkognito zerbricht.[9] Der Preis für die Dichtung scheint der Verzicht auf das «Leben» zu sein. Es ist eine Anekdote, die Goethe aus gutem Grund seinem eigenen Jahrhundert erzählt, denn der Problematik jeder Identifikation von Kunst und Leben wurde man sich bei der zunehmenden Subjektivität künstlerischen Ausdrucks im 18. Jahrhundert rasch bewußt. Nur «ein geistiger Hämling», heißt es in Jean Pauls *Siebenkäs*, «kann nichts erzeugen, als was er erlebt, und seine poetischen Fötus sind nur seine Adoptiv-Kinder der Wirklichkeit.»[10] Der Satz enthält bereits eine Geste der Abwehr gegen die allzu enge Verbindung beider.

Die cartesianische Bestimmung des Ich als «res cogitans» provozierte die Frage nach den Bedingungen menschlicher Kreativität und allgemeiner noch nach dem Zusammenhang zwischen Denken und Fühlen im menschlichen Wesen, das Geist und Natur zugleich war. Erst seit dem Ende des 17. Jahrhunderts findet sich das Wort «Gefühl» in Wörterbüchern, und erst im Laufe des 18. Jahrhunderts bildete sich eine eigene Theorie der Gefühle heraus. Kant zum Beispiel unterschied zwischen Gefühl und Empfindung – letztere nannte er «eine objektive Vorstellung der Sinne» wie das Grün der Wiesen, Gefühl hingegen das, «was bloß subjektiv bleiben muß», also die subjektive «Annehmlichkeit» oder Unannehmlichkeit, das «Gefühl der Lust» oder Unlust, die eine solche Farbe als «Objekt des Wohlgefallens»[11] erzeugen kann. Daß dieser Versuch in der *Kritik der Urteilskraft*, also einer wesentlich der Ästhetik gewidmeten Schrift, geschah, war nicht zufällig. Denn wenn sich die Sphäre der Gefühle in ihrer ganzen Subjektivität der philosophischen Systematik entzog, konnte die Kunst hingegen als Produkt gerade dieser äußersten Subjektivität und zugleich der elementaren Verbindung zur Bilderwelt des Mythos am ehesten Zugang dazu verschaffen und sie artikulieren.

Bevor sie Gegenstand der Theorie werden konnten, mußten die Gefühle zunächst Sprache geworden sein, denn für das Bewußtsein existiert erst, was ausgedrückt, benannt werden kann. Variationsreich vollzog sich in Europa seit dem 17. Jahrhundert ein Prozeß der Sprachwerdung, Bestimmung und Differenzierung des weiten Bereichs der Affekte und Emotionen, der innerhalb des größeren Kontextes der Aufklärung mit Begriffen wie Pietismus, Sensualismus, Empfindsamkeit und Sturm und Drang abgesteckt und mit Namen wie Rousseau, Richardson, Klopstock oder eben auch Goethe verbunden zu werden pflegt. Denn wie wenige andere hat Goethe tatsächlich für diesen Prozeß Pionierarbeit geleistet. Der spektakuläre internationale Erfolg des *Werther* – man würde heute von einem «Kultbuch» sprechen – war ja nicht allein auf seine sensationelle Handlung zurückzuführen, sondern ebensosehr darauf, daß hier ein Bereich subjektiver Erfahrung sprachlich erschlossen und nachvollziehbar wurde, für den es bisher keine Ausdrucksmöglichkeiten gegeben hatte. Für die Welt – also dort, wo man Romantik weithin mit dieser neuen, bürgerlich geprägten Gefühlssprache und Gefühlskultur identifiziert – wurde Goethe damit zum deutschen «Romantiker» par excellence und ist es geblieben.

Im Bereich der Gefühle ist es schwer, ohne den Begriff des subjektiven Erlebens auszukommen. Deshalb lag es eben schon für Goethes Zeitgenossen nahe, den biographischen Ursachen seiner Werke nachzufragen, die den Anstoß zur Entstehung eines derart neuen Wortschatzes und eines mit seiner Hilfe ins Bewußtsein gebrachten Panoramas der Gefühle gaben. Die Suche nach biographischen Bezügen zum Werk war um so verständlicher, als mit dem aufgeklärten Interesse an der Eigenart des individuellen Ich auch die Originalität zu einer neuen Kategorie für das Kunsturteil erhoben, die Einzigartigkeit künstlerischer Leistung also zu einem Kriterium ihres Wertes wurde.[12] Daß zum Beispiel Dichten als «Verrat» angesehen werden konnte, ist erst von daher überhaupt denkbar. Nur war eben mit den vom Dichter verwalteten «Geheimnissen», von denen Goethe besonders in seiner Alterssprache so gern und oft redet, für ihn nicht vor allem Persönlich-Biographisches gemeint, sondern in zunehmendem Maße eine über alles gedanklich Faßbare hinausgehende, aber in ihren Dimensionen der Philosophie ebenbürtige, auf Weltverständnis zielende besondere Erkenntnisweise der Kunst, womit er übrigens tatsächlich in größere Nähe zu jüngeren, «romantischen» Autoren wie Hölderlin, Novalis oder Brentano geriet, als er das wahrhatte oder wahrhaben wollte.

Wie in diesem Maße bei keinem anderen deutschen Autor seiner Zeit sind Originalität, Einzigartigkeit und Neuheit des literarischen Ausdrucks zu einem Kennzeichen für Goethes Werk auf jeder neuen Lebensstufe geworden; er hat sich, mit anderen Worten, nie wiederholt. Wo er mit feinem Gespür für die Möglichkeiten von Formen und den Ausdruck von Gedanken und Gefühlen das bisher von ihm Erprobte und Geübte als erschöpft empfand, hat er sich stets nach neuen Anregungen umgesehen. Das hat ihm zwar gelegentlich den Ruf eingetragen, zuzeiten «ein gewaltiger Nehmer»[13] zu sein, wie Klopstock einmal an Herder schreibt, denn das Neue, das er fand, war nicht immer Selbstgeschaffenes. Aber in Sachen geistigen Eigentums haben große Künstler stets ein gewisses Faustrecht für sich in Anspruch genommen, pflegen sie sich doch Fremdes nicht anzueignen, um es zu besitzen, sondern um sich ihm gegenüber «produktiv» zu verhalten,[14] also kreativ das Angeeignete als Material oder Medium für das zu benutzen, was in ihnen selbst nach Ausdruck und Aussage drängt. Der Begriff des Neuen bezieht sich bei Goethe jedoch nicht allein auf Stil und Form, sondern auf die gesamte Substanz seines Werks. Wandlung und Umgestaltung, die ihm Leitbegriffe für sein Natur- und Lebensverständnis waren, gelten deshalb auch für sein literarisches Werk, wie schon der flüchtigste Überblick darüber von den Anfängen im ausklingenden Rokoko kurz nach der Mitte des 18. Jahrhunderts bis zur monumentalen Gestaltung weltgeschichtlicher

Dimensionen im *Faust* zeigt. Nur besteht eben zwischen dem «Nehmen», also der Aufnahme von etwas außerhalb des schöpferischen Ich Vorhandenem, und dem Selbstschaffen ein schwierigeres Wechselverhältnis, als sich die Künstler im einzelnen bewußt sind, von ihren Lesern und den Erforschern ihrer Werke gar nicht zu sprechen. Wie immer man sie betrachtet: «Himmelsgabe» und «Trug», «Geheimnis» und «Verrat» sind schillernde, keineswegs eindeutige Begriffe.

2.

Mit dem *West-östlichen Divan* öffnete sich der «gewaltige Nehmer» Goethe eine Sphäre neuen Stoffes und, in beschränkterem Umfang, auch neuer Formen. Vor allem aber öffnete er sich damit das Tor zu einer neuen, über alles Bisherige hinausgehenden lyrischen Sprache. Was ihm die Übersetzungen orientalischer Dichtung durch Heinrich Friedrich von Diez und Joseph von Hammer boten, ergriff er deshalb mit beiden Händen und versenkte sich selbst studierend in die Kultur des Orients. Denn der Antike hatte er in den neunziger Jahren abgewonnen, was ihr unter den Umständen seines Zeitalters literarisch abzugewinnen war. Romantische, also aus der Tradition des christlichen Europa stammende Formen wie Ballade und Sonett, hatte er zwar ebenfalls aufgenommen und mit Meisterschaft geübt, aber auch sie erwiesen bald ihre Grenzen angesichts neuer Lebens- und Zeiterfahrung. Napoleons Armeen hatten die Mitte Europas mit Krieg überzogen und sparten Weimar nicht aus. Goethe selbst aber betrat mit dem Beginn seines siebenten Lebensjahrzehnts die sich verdüsternde Epoche des Alters. Was im Nachhinein wie eine bewußte, gar theoretisch fundierte Entscheidung aussieht, war freilich in Wirklichkeit ein Vorgang, in den Künstlerinstinkt einzubeziehen ist, denn zunächst öffnete sich Goethe einfach aus langer Lebensgewohnheit mit Neugier und Lust dem Anreiz einer fremden, gerade bekannt werdenden Kultur, nur erkannte er eben auch ihr Potential für sich selbst. Eine entschlossene Abwendung von klassischen Idealen wurde damit nicht vollzogen. In Bereichen, wo Goethe nicht kreativ tätig war oder zumindest nicht über den Status eines talentierten Amateurs hinausgelangte, vor allem in der bildenden Kunst, blieb sein Geschmack zur Enttäuschung jüngerer Künstler sogar durchaus konservativ dem Klassizismus verhaftet. Solche Divergenz zwischen Theorie und Praxis, ideeller Anhänglichkeit an Tradiertes und Originalität im Werk wiederum ist nicht ungewöhnlich bei bedeutenden Künstlern. Im übrigen jedoch war – das darf nicht vergessen werden – für Goethes Kunstgeschmack der Sprung von klassischen Formen zu den romanisch-romantischen des Sonetts oder der Stanze und von da zu den «zugemeßnen Rhythmen» persischer Lyrik nicht einmal so groß, wie es später den Anschein hatte. Seinem Bedürfnis nach Form und fester Gestalt kamen sie alle entgegen, nur eben unter der Voraussetzung, daß der «Geist», «auf neue Form bedacht», allen toten Formen ein Ende machte.[15]

Der Ursprung des *West-östlichen Divan* und die Verkettung von Zeitgeschichte, literarischem Interesse und persönlicher Erfahrung darin sind im einzelnen ausführlich untersucht und dokumentiert worden. Am faszinierendsten dabei ist zweifellos jene im Zentrum des Werkes stehende Dichterliebe in orientalischem Kostüm geworden, die auf die Beziehung zwischen Goethe und Marianne von Willemer zurückgeht – ein unübersehbarer, unleugbarer biographischer Zusammenhang, denn schließlich stammen einige der Gedichte Suleikas von Frau von Willemer selbst. Aber die Gelegenheit, solche Liebeserfahrung poetisch maskiert zu «verraten», war andererseits nicht der Anstoß zu Goethes Beschäftigung mit orientalischer Literatur; als er der damaligen Demoiselle Jung im Juli 1814 zum erstenmal begegnete, existierten bereits eine ganze Anzahl bedeutender *Divan*-Gedichte. Was ihn vielmehr zuerst zu dem orientalischen Maskenspiel hinzog, läßt sich eher aus Hammers «Vorrede» zu dessen Hafis-Übertragungen ablesen:

> «Von Fürsten geehrt, von Freunden geliebt, verlebte Hafis in den Rosenhainen von Schiras unter Studien und Genuß seine Lebenstage, welche in eines der stürmischsten Jahrhunderte, welches die morgenländische Geschichte aufzuweisen hat, gefallen waren. Dynastieen, die sich haßten und bekämpften, eine auf den Trümmern der andern sich erhoben, und dann wieder über einander stürzten, unterhielten immerfort den Brand des Krieges, bis daß durch Timurs alles verheerenden Eroberungsbrand ganz Asien aufflammte, eine weite schreckliche Feuersbrunst».[16]

Hegire, das Eingangsgedicht des *Divan*, ist, durch selbstaufmunternde Folgerungen ergänzt, diesen Sätzen unmittelbar verpflichtet:

> Nord und West und Süd zersplittern,
> Throne bersten, Reiche zittern,
> Flüchte du, im reinen Osten
> Patriarchenluft zu kosten,
> Unter Lieben, Trinken, Singen
> Soll dich Chisers Quell verjüngen.[17]

Was von Hammer als Hafis' Zeiterfahrung dargestellt wird, konnte Goethe ohne viel Mühe auf die eigenen Verhältnisse in den Napoleonischen Kriegen übertragen. Über seine sich vom Weltgeschehen distanzierende Lebensweise in den «Rosenhainen» von Weimar oder denen der böhmischen Bäder hatte er fast gleichzeitig mit den ersten *Divan*-Gedichten Ende Juni/Anfang Juli 1814 in seinem allegorischen Festspiel *Des Epimenides Erwachen* meditiert.[18] So neigte der Vielgeehrte mehr und mehr dazu, in diesen Jahren auch die Bilanz eines zu solcher Würde führenden Lebens zu ziehen: die großen autobiographischen Werke *Dichtung und Wahrheit* und die *Italienische Reise* wurden zwischen 1814 und 1817 der Welt übergeben. Der Übergang vom klassizistischen Melodrama zu orientalischer Motivik jedoch vollzog sich in dem kleinen Spiel um Epimenides fast unter der Hand: zu antiker Mythologie und christlicher Allegorie gesellte sich dort ein «Dämon der Unterdrückung» «im Kostüm eines orientalischen Despoten»,[19] ein naher Verwandter jenes napoleonesken Timur im *Divan*, der dort als «Tyrann des Unrechts»[20] auftritt.

Wenn gelegentlich dieser Lebensabschnitt Goethes als «Divan-Jahre»[21] bezeichnet wird, so sagt das allerdings mehr über das Interesse und die Wertbegriffe moderner Literaturwissenschaft aus als über die tatsächlichen Proportionen von Goethes Arbeit in diesen Jahren. Neben den schon genannten autobiographischen Werken entstanden gleichzeitig mit dem *Divan* und zum Teil sogar in ihn übergehend große Teile seiner Spruchdichtung.[22] Außerdem war er mit der Ordnung seiner Lyrik für die zwanzigbändige Werkausgabe beschäftigt, die von 1815 bis 1819 erschien, und er begann mit den kunsthistorischen Studien für sein Journal *Über Kunst und Alterthum*, das in acht Bänden zwischen 1816 und 1828 herauskam. Wesentlich jedenfalls ist, den *West-östlichen Divan* in solch größerem Zusammenhang zu sehen, denn vieles, was Goethe anderswo beschäftigte, spiegelt sich auch hier, in diesen Gedichten. Hervorhebung und Auszeichnung des *Divan* als Namenspatron für eine Lebensepoche Goethes lassen sich dennoch verstehen, ja sogar verteidigen, sind dessen Gedichte doch gerade aus späterer Sicht in Form, Bildersprache und Gedankenreichtum zweifellos am originellsten unter seinen Werken in dieser Zeit.

Mit dem *Divan* begab sich Goethe poetisch zum erstenmal in größerem Umfang in exotische Bereiche, in eine Sphäre, die ihm weder durch Herkunft, Reiseerfahrung, Religion oder Bildung bekannt war, wie das noch für die Antike gelten konnte, obwohl sich seine Aufmerksamkeit in Italien nicht primär auf ihre Spuren gerichtet hatte. Diese Exotik des *Divan*, die imaginäre Reise aus Europa, dem Abendland, hinaus in ein poetisch konzipiertes und in der Poesie rekonstituiertes Morgenland war das eigentlich Neue, ja für den als Freund und Verehrer antiker Klassik allgemein bekannten Dichter geradezu Sensationelle dieser Lyrik, wenngleich sich damals nur eine sehr begrenzte deutsche Öffentlichkeit für eine solche Sensation interessierte.

«Am liebsten aber wünschte der Verfasser vorstehender Gedichte als ein Reisender angesehen zu werden»,[23] heißt es in der Einleitung zu den *Noten und Abhandlungen*. Im Eingangsgedicht, das mit dem Titel *Hegire* schon auf eine «Flucht», also die Auswanderung Mohammeds von Mekka nach Medina, verweist, war sogar ausdrücklich vom «Flüchten»[24] die Rede. Und an seinen Freund Karl Ludwig von Knebel schreibt Goethe am 8. Februar 1815: «Meine Schatzkammer füllt sich täglich mehr mit Reichthümern aus Osten; wie ich sie ordnen und aufstutzen kann, muß die Zeit lehren. Ich segne den Entschluß zu dieser Hegire, denn ich bin dadurch der Zeit und dem lieben Mittel-Europa entrückt, welches für eine große Gunst des Himmels anzusehen ist, die nicht einem jeden widerfährt.»[25] Die Metaphern von Reise und Flucht sind dann von der Forschung gern aufgegriffen worden als Charakterisierung von Goethes Seelenzustand und Motivation für die Arbeit am *Divan*. Aber als Mittel zu besserem Verständnis dichterischer Metaphorik erweisen sich die Metaphern selbst eher verwirrend als klärend, denn wirklich reiselustig, von Fernweh getrieben war er bekanntlich ja keineswegs, und auch die ersten *Divan*-Gedichte haben wenig mit solcher Thematik zu tun.[26]

Ebenso unbefriedigend bleiben Versuche zu biographischer Erklärung. Tatsächlich sind eine Reihe von *Divan*-Gedichten auf Goethes Reisen an Rhein und Main in den Jahren 1814 und 1815 entstanden, auf denen er Marianne von Willemer traf. Aber diese Reisen waren nicht im mindesten als Flucht zu verstehen, und sie führten Goethe außerdem in heimatliche, also sehr vertraute Bereiche. Wenn sich gleichzeitig seine Phantasie in exotischen Gefilden tummelte, so wird offenbar, daß diese ganz und gar im Lande der Poesie lagen.

Sicher war die politische Welt unruhig in diesen Jahren, und daß «Nord und West und Süd zersplittern / Throne bersten, Reiche zittern», ließ sich nach der Völkerschlacht bei Leipzig und zur Zeit des beginnenden Wiener Kongresses mit gutem Recht behaupten – der Kongreß wurde am 1. November 1814 eröffnet, *Hegire* trägt das Datum des 24. Dezembers 1814. «Wie sich in der politischen Welt irgend ein ungeheures Bedrohliches hervortat, so warf ich mich eigensinnig auf das Entfernteste»,[27] notierte Goethe in den *Tag- und Jahresheften* für 1813. Am 10. November 1813 hatte er bereits Knebel geschrieben, er habe sein Studium China zugewandt, denn dieses «wichtige Land» habe er sich aufgehoben, «um mich im Fall der Noth [...] dahin zu flüchten»[28] – ein Plan, der bald darauf von der Beschäftigung mit dem näheren Osten Persiens und Arabiens verdrängt wurde. Dergleichen «Flucht» zu nennen, macht allerdings angesichts von Goethes privilegierter Existenz eher den Eindruck einer Attitüde, wie er sie ähnlich ja auch in *Des Epimenides Erwachen* annimmt, mit dem Zweck, sein Desinteresse am Hin und Her deutscher Tagespolitik erklärend zu rechtfertigen oder es wenigstens zu überdecken.[29]

Auf dem Zenit seines Lebens hatte sich Goethe allerdings auf eine wirkliche Reise begeben: sie galt Italien. Aber das eben war eine Reise von grundsätzlich anderer Art als die imaginäre in den Orient. Die wirkliche Reise führte ihn in ein Gebiet, das ihm als Bildungswelt längst vertraut war, das ihm aber erlaubte, aus sich herauszutreten, um auf das kleine Weimar wie das aus vielen Staaten zusammengesetzte Deutschland von außen zu blicken, sich auf seine wirklichen Neigungen und Fähigkeiten zu besinnen und Anregungen vielfältiger Art zu empfangen, nur nicht solche, die ihn etwa zur produktiven

Aufnahme und Fortgestaltung italienischer Literatur veranlaßt hätten. Die Begegnung mit dem Orient hingegen war durchaus literarischer Natur.

Goethes Entdeckung und Adaption orientalischer Literatur waren für ihn nicht wirklich Ausdruck einer «Flucht», so sehr er das auch behaupten mochte, waren nicht Symptome der Abwendung von der Zeit und des Rückzugs in äußerste Privatheit, sondern eher die kraftvolle Hinwendung zu neuen Formen, Bildern und Vorstellungen. «Reise» oder «Flucht» in den Orient führten ihn in Wirklichkeit zur deutschen Literatur zurück und erlaubten ihm, Erfahrungen und Erkenntnisse der unmittelbaren Gegenwart so auszudrücken, daß sie seinen deutschen Lesern nicht lediglich als Wiederholung oder Variation von Früherem, längst Gesagtem erscheinen mußten, sondern eine Herausforderung an sie darstellten, der sie sich freilich, wie die Wirkungsgeschichte des *Divan* erwies, kaum gewachsen zeigten. Man kann sich des Eindrucks einer regelrechten Überwältigung Goethes durch seine Entdeckung orientalischer Kultur kaum erwehren. Seine Begeisterung dafür wuchs mit der Erkenntnis, daß er hier ein Medium gefunden hatte, mit dem sich fassen ließ, was in ihm nach Ausdruck drängte. Am Anfang habe er selbst nicht gewußt, «welches wunderliche Ganze ich daraus vorbereitet»,[30] wie er an Zelter 1815 bei einem ersten Rückblick schreibt, den Zusammenhang der Gedichte untereinander betonend. Fünf Jahre später spricht er dann in einem Brief an den gleichen Adressaten den eigenen Lebensbezug seiner Entdeckung unmittelbar aus: «Diese mohamedanische Religion, Mythologie, Sitte geben Raum einer Poesie wie sie meinen Jahren ziemt. Unbedingtes Ergeben in den unergründlichen Willen Gottes, heiterer Überblick des beweglichen, immer kreis- und spiralartig wiederkehrenden Erdetreibens, Liebe, Neigung zwischen zwey Welten schwebend, alles Reale geläutert, sich symbolisch auflösend. Was will der Großpapa weiter?»[31]

3.

So einzigartig und neu die Resultate von Goethes «Reise» oder «Flucht» in einen poetischen Orient auch waren, so sehr verlief sie selbst auf bereits gebahnten Wegen. Für lange Zeit hatte Europa nur ein sehr stereotypes Bild vom «Morgenland», von dem man sich nicht allein räumlich, sondern – in christlichen Augen – vor allem durch seine Religion getrennt empfand. Denn es war der Islam, mit dem man in erster Linie Orientalisches identifizierte. Auch Judentum und Christentum hatten zwar ihren Ursprung im Vorderen Orient, aber der Islam betonte nicht nur seine Besonderheit gegenüber diesen Religionen, seine Ausbreitung blieb auch auf den asiatischen und afrikanischen Raum beschränkt. In ihm versammelte sich aus europäischer Sicht also das, was seit der Zeit der Kreuzzüge als das Morgenländische seinen fremden Reiz auf das «Abendland» ausgeübt hatte.

Mit dem Beginn des 19. Jahrhunderts entstand jedoch eine neue Situation. Hatten Lessing im *Nathan* oder Mozart und Bretzner in der *Entführung aus dem Serail* ihre orientalischen Figuren noch mit Phantasiekostümen und Phantasiementalitäten ausgestattet, so öffnete um diese Zeit die beginnende wissenschaftliche Erschließung orientalischer Sprachen und Kulturen den Zugang zum Denken und Dichten eines wirklichen Orient. Dort lagen auch die Quellen für Goethes *Divan*.

Nun wird allerdings Wissenschaft durchaus von subjektiven Interessen geleitet. Gerade die Orientalistik wie der Orientalismus in Kunst und Literatur seit dem 18. Jahrhundert sind in den Verdacht geraten, von der Gesinnung einer europäisch-westlichen Überlegenheit dem Orient gegenüber geprägt zu sein. Das hat insbesondere Edward W. Said in einer einflußreichen und oftmals bestechenden Studie als These vorgetragen.[32] Unbestreitbar ist, daß sich das Studium des Orients zu einem Zeitpunkt in der Geschichte ereignete, da die europäischen Staaten die Kolonisierung der außereuropäischen Welt nahezu vollendet hatten. Weite Bereiche Asiens und Afrikas waren in ihren Besitz übergegangen oder standen zumindest unter ihrem Einfluß. Mit Hilfe der Maschinentechnik des 19. Jahrhunderts konsolidierten diese Staaten dann ihre Macht über die fernen Territorien, während – Dialektik und Eigenwille der Geschichte – die Ideen der europäischen Aufklärung allmählich die Emanzipation und Unabhängigkeit dieser Gebiete von europäischer Dominanz vorbereiteten.

Eine Betrachtung von Goethes *West-östlichem Divan* kommt nicht umhin, sich den daraus entstehenden Fragen zu stellen.[33] Geographisch bleibt der Begriff Orient unbestimmt und amorph.[34] Naher, Mittlerer und Ferner Osten haben für den praktischen Gebrauch zwar gewisse Unterteilungen geschaffen, aber es sind Begriffe aus rein europäischer Perspektive, die der Vielfalt der Kulturen in diesen Bereichen nur ungenügend Rechnung tragen. Durch die Brücke des Islam ist überdies auch das südlich von Europa liegende Nordafrika mit dem Begriff des Orients verbunden. Für die Differenzierung der historischen, politischen und kulturellen Realitäten waren und sind diese Termini unzulänglich.

Seit dem Mittelalter setzten sich recht allgemeine Vorstellungen vom «Orientalischen» im Bewußtsein des Westens fest, ursprünglich noch mangels besserer Kenntnisse dieser Weltgegenden. Handelsbeziehungen brachten den Duft fremder Gewürze ins Land, das religiöse Pathos der Kreuzzüge wie überhaupt der Glaubenskämpfe zwischen Christentum und Islam unterstützten den Auftrag, sich dieser Regionen missionarisch anzunehmen. Biblische Landschaft stellte Kulissen bereit; Legendäres von der märchenhaften Schönheit reicher Paläste und williger Odalisken – deren eine dann womöglich ein Graf von Gleichen als Gefährtin zurückbrachte und sie je nach dem Willen der Dichter mit mehr oder weniger Glück neben seiner christlichen Ehefrau im kalten Norden zu behalten versuchte – belebte manche abendländisch-christlichen Sehnsüchte; mystisches Denken und undurchschaubare Magie legten einen Schleier des Unverständlichen über alles, und omnipotente, blutrünstige Tyrannen ließen schließlich die landeseigenen, deutschen Herrscher harmloser und menschenfreundlicher erscheinen. So entstand ein Bild des Morgenländisch-Orientalischen, das gerade weil es sich so weit von jeder Wirklichkeit entfernte, um so besser europäisches Ungenügen am eigenen Dasein kompensierte und die Einmischung in diese Sphäre um des rechten Glaubens wie der vorteilhaften Wirtschaft willen zu rechtfertigen in der Lage war. Jean-Antoine Gallands Übersetzung von *Tausendundeine Nacht* ins Französische, die zwischen 1704 und 1717 erschien, war eines der wirkungsvollsten Dokumente für die Entstehung derartiger Vorstellungen, von denen sich manche trotz der modernen Informations- und Reisemöglichkeiten sogar bis in die Gegenwart erhalten haben. Von der Unschärfe des Begriffes «Morgenland» legt selbst die Literaturwissenschaft zuweilen Zeugnis ab, so etwa wenn die ethnisch nicht definierten, bunt gekleideten und in einer Art biblischer Sprache redenden Menageriebesitzer in Goethes *Novelle* von den Interpreten mit großer Selbstverständlichkeit, aber ohne rechte Beweise gern als «Morgenländer» bezeichnet werden – ein mit Schwärmerei aufgeladenes Wort, das weder ethnisch noch psychologisch oder religiös aussagekräftig ist, worüber denn bei der Betrachtung dieses kleinen Werkes noch zu sprechen sein wird.

Said hat ausführlich dargelegt, wie sehr der westlich-»abendländische» Orientalismus, also die künstlerische Verarbeitung orientalischer Thematik und Motivik, ein Phantasieprodukt ohne Beziehung zum wirklichen Orient ist, entstanden eben aus dem Gefühl der Überlegenheit und zugleich dem Wunsch, eine europäische Identität zu konstituieren.[35] Seine kritische Sicht aus der Perspektive post-kolonialer Studien[36] ist jedoch ergänzungsbedürftig, wenn es um deutsche Literatur- und Kulturgeschichte geht. Zum einen hat er verständlicherweise bei seinen Untersuchungen vorwiegend Großbritannien, Frankreich und die Vereinigten Staaten als die großen Kolonialmächte im Auge. Was für sie gilt, läßt sich aber nicht ohne weiteres auf die Verhältnisse und Interessen der deutschsprachigen Länder übertragen, die keine Kolonien besaßen. Außerdem stellte gerade für sie wie überhaupt für Zentral- und Osteuropa – und das übersieht Said gänzlich – der Orient nicht ausschließlich ein Phantasiegebilde dar, denn bis ins 18. Jahrhundert hinein war er durch die Türkenkriege sehr real greifbar gewesen. Der griechische Freiheitskampf bestärkte dann auf Grund tatsächlicher Vorkommnisse die negativen Bilder des Tyrannischen und der orientalischen Grausamkeit und trug sie ins 19. Jahrhundert hinein.

Darüber hinaus ist vor allem zu bedenken, daß gerade die europäische Kultur erst jene Ideen hervorgebracht hat, die eine Kritik am europäischen Kolonialismus und letztlich die Befreiung von ihm ermöglichten, denn die Aufklärung des 17. und 18. Jahrhunderts war ein historisch singulärer Prozeß, der sich in seiner ganzen Weite und Konsequenz nur in Europa ereignet hat. Einerseits bereitete sich darin jenes wissenschaftliche Denken vor, auf das sich die technische Macht stützte, mit deren Hilfe die großen Kolonialreiche geschaffen oder erweitert, beherrscht, zusammengehalten und in großem Ausmaß ausgebeutet werden konnten. Auf der anderen Seite aber entwickelte sich in diesem Prozeß mit dem Gedanken vom Naturrecht des freien Individuums das humane Bewußtsein von der Gleichheit und Gleichberechtigung aller Menschen. Emanzipation und Selbständigkeit der einstigen Kolonialvölker sind ohne dieses Bewußtsein, das im Gefolge der Kolonialherren in ihr Land kam, nicht denkbar. Manche kulturellen Konflikte dieser Länder innerhalb der Welt des 20. Jahrhunderts sind gerade daraus entsprungen, daß sie in ihren eigenen Kulturen das Stadium einer Aufklärung nie selbst durchgemacht haben, sondern sich lediglich die für ihre Unabhängigkeit bedeutsamen Gedanken aus Europa aneigneten, ohne deren Fundamente eines kosmopolitischen Humanismus anzunehmen.

Daß Goethe in einen imaginären Orient «reiste», ohne zu reisen, ist bereits gesagt worden. Kein Alexander von Humboldt war ihm dabei zur Hand, dessen wissenschaftliche Akribie bei aller Begeisterung für die tropische Exotik das Legendäre hätte kompensieren können. Aber um Natur ging es bei dem Material, das sich Goethe erschloß, ebensowenig wie um Gegenwart. Seine poetischen Bürgen – Hafis und Saadi, um nur die zwei bekanntesten Namen zu nennen – dichteten ihre Verse zur Zeit des europäischen Mittelalters. Was also machte ihm diese andere, fremde, zeitlich wie räumlich ferne Welt so anziehend? Hatte ihm womöglich die Beschäftigung mit der Exotik der neuen Welt, der Reiz des Exotischen, des gefährlichen Wandelns unter Palmen, des Paradiesisch-Warmen und üppig Blühenden, wie es ihm Humboldt nahebrachte, immerhin die Augen für die östliche Ferne geöffnet? Daß ihm die Realität des Nahen und Mittleren Ostens unbekannt blieb, hätte dergleichen Transpositionen um so leichter machen können. Oder waren es einfach Sprache, Namen, Bilder und Formen dieser eben erst zugänglich werdenden Literatur,[37] die zum eigenen neuen Spiel mit der Poesie verführten?

Goethe nahte sich dem Orient unter sehr anderen Voraussetzungen als sie Said annimmt; zur historischen Bestimmung seiner Aneignung des Orients taugen die Begriffe post-kolonialer Studien nicht. In der Vorrede zu den *Fundgruben des Orients,* die Joseph von Hammer seit 1809 in Wien herausgab, bevor er an die Übersetzung der Gedichte von Hafis ging, heißt es: «Im Mittelalter, wo Asien in Europa einbrach durch die Eroberung der Araber in Spanien, und Europa in Asien durch die Züge der Kreuzfahrer nach Palästina, erhellte der Genius des Orients zuerst mit seiner Fackel die Finsternisse gothischer Barbarey, und milderte durch seines Odems Wehen den rauhen Anhauch nordischer Sitte.»[38] Hammers Bemerkung enthielt einen aktuellen Seitenhieb. Aus den Versuchen zu einem universellen Verständnis des Lebens jenseits christlicher Orthodoxie waren gegen Ende des 18. Jahrhunderts Konzepte zu neuen, ästhetisch verstandenen Mythen hervorgegangen, die zugleich das Interesse an anderen Religionen weckten, an nördlichen wie östlichen gleichermaßen, aber auch an jenen Bereichen des Chthonischen in der Antike, die in einem klassizistischen Kulturverständnis bisher außer Betracht geblieben waren. 1808 veröffentlichte Friedrich Schlegel sein Werk *Über die Sprache und Weisheit der Indier*, zwei Jahre später Joseph Görres eine zweibändige *Mythengeschichte der asiatischen Welt.* Friedrich Creuzer leiteten um die gleiche Zeit seine Studien zu den orphischen und bacchischen Mysterien der Antike in die asiatischen Religionen hinein, und Friedrich de la Motte Fouqué schrieb nach Quellenstudien seine Dramentrilogie *Der Held des Nordens*. Hammers Ortsbestimmung des Orientalischen war kaum nach Görres' und Creuzers Geschmack. Für sie war die «gothische Barbarey» eher Erbe des orientalischen Genius von einer sehr viel früheren Zeit her und damit wiederum alles andere als Barbarei. Goethe hingegen spürte in allem doch zu sehr ein spekulatives Streben nach Spiritualität, die seinem empirischen Denken fern lag.

Am 10. Januar 1816 schreibt Goethe an Johann Friedrich Cotta, er wolle ihm für den *Damen-Calender* Proben aus seinem *Divan* übersenden und gleichzeitig in einer Notiz im *Morgenblatt* «vorläufige Rechenschaft» über seinen «Orientalismus» ablegen,[39] eine Bemerkung also, die sich auf das Stoffliche seiner neuen Gedichte bezieht. In den *Noten und Abhandlungen* zum *Divan* erscheint neben «Orientalismus» der Begriff «Orientalität», und zwar überraschenderweise nicht direkt im Zusammenhang mit einem der persischen Dichter, von denen dort die Rede ist, sondern bei einer Charakterisierung Jean Pauls, dem an diesem Ort überhaupt zu begegnen an sich selbst schon überraschend ist. Denn schließlich war dieser Johann Paul Friedrich Richter so deutsch wie nur irgendein Schriftsteller, und das bis zum Grade völliger Unübersetzbarkeit. Goethe gibt selbst aus dessen Vokabular eine Reihe von Beispielen für diese Deutschheit; daß aus «Richter in London» Größeres geworden wäre, hatte er einst in den *Xenien* spöttelnd behauptet.[40] Den Gedanken einer Geistesverwandtschaft zwischen Jean Paul und orientalischem Wesen hatte Goethe in Joseph von Hammers *Geschichte der schönen Redekünste Persiens* (1818) gefunden,[41] der dort – so faßt es Goethe zusammen – behauptete, «daß kein deutscher Schriftsteller sich den östlichen Poeten und sonstigen Verfassern mehr als *Jean Paul Richter* genähert habe.»[42] Um literarische Form oder Stoffliches konnte es sich dabei kaum handeln, denn abgesehen von einer gewissen Morgenland- und Indien-Schwärmerei in den frühen Romanen wäre dergleichen schwerlich bei Jean Paul zu finden gewesen. «Ein so begabter Geist», argumentiert Goethe, blicke vielmehr «nach eigentlichst orientalischer Weise, munter und kühn in seiner Welt umher, erschafft die seltsamsten Bezüge, verknüpft das Unverträgliche, jedoch dergestalt, daß ein geheimer ethischer Faden sich mitschlinge, wodurch das Ganze zu einer gewissen Einheit geleitet wird.»[43] Dieses offene oder verborgene Streben nach Einheit, das er seinem Zeitgenossen attestiert, setzt Goethe nun in einen historischen Rahmen. Denn «Orientalität» definiert er implizit als Verbindung heterogener Bestandteile einer in sich zerfallenen Welt mittels einer «geheimen» ethischen Gesinnung, durch die der Schriftsteller «geistreich», das heißt originell auf seine Leser wirken könne und damit einem konstatierten Zerfall der Welt entgegenwirke. «Gestehen wir [...] unserm so geschätzten als fruchtbaren Schriftsteller zu, daß er, in späteren Tagen lebend, um in seiner Epoche geistreich zu sein, auf einen durch Kunst, Wissenschaft, Technik, Politik, Kriegs- und Friedensverkehr und Verderb so unendlich verklausulierten, zersplitterten Zustand mannigfaltigst anspielen müsse, so glauben wir ihm die zugesprochene Orientalität genugsam bestätigt zu haben.»[44] Das nun ist freilich noch überraschender, als den Namen Jean Paul überhaupt im Kontext des *West-östlichen Divan* zu finden, denn bei aller Achtung für Jean Paul stand Goethe ihm nun wirklich nicht nah. Aber er bedurfte seiner, um sich einen eigenen Begriff für deutsche «Orientalität» zu schaffen, war er doch zum erstenmal in seinem Leben mit der Komposition eines in sich zusammenhängenden lyrischen Werkes beschäftigt, das nicht nur von orientalischer Motivik durchsetzt war, sondern für dessen Einheit in der Vielfalt ihm zugleich ein solcher Begriff sehr zustatten kam.

Goethes Charakterisierung des «zersplitterten Zustands» der Welt ist für Politik und Wirtschaft seiner Epoche verständlicher als für Kunst, Wissenschaft und Technik, gilt doch gerade Goethe selbst als bester Zeuge dafür, daß es zu Anfang des 19. Jahrhunderts noch möglich war, in mehreren dieser Bereiche gleichzeitig Bedeutendes zu leisten, also sie zu verbinden. Die wechselseitige Bewunderung zwischen ihm und Alexander von Humboldt scheint das zu bestätigen. Aber gerade Humboldts Werk als Wissenschaftler verweist bereits auf einen Zwiespalt, der sich zwischen spezialisiertem Fachwissen und Ganzheitsdenken herausbildete.[45] Die moderne weltweite Kooperation in Wissenschaft und Technik war nur um den Preis höchster Spezialisierung zu haben, worin Goethe vermutlich einen viel stärkeren Zerfall gesehen hätte als in all dem, was ihm seine Epoche sonst an «Zersplitterung» bot. Elemente solches Kommenden waren für ihn als sensitiven Künstler und Beobachter allerdings zu spüren – sein Versuch, einen Inhalt für den Begriff «Orientalität» zu schaffen, enthält unausgesprochen bereits die Absicht, solchen Tendenzen entgegenzuwirken. Damit aber schafft sich Goethe eine ganz und gar eigene Position im größeren Kontext eines westlichen Orientalismus.

Der Unterschied zwischen «Orientalismus» und jener «Orientalität», die Goethe Jean Paul zubilligt, ist offenbar: bedeutet «Orientalismus» die Nachahmung oder Adaption gewisser Eigenheiten orientalischer Literatur und

Kunst, so soll «Orientalität» eine künstlerische Verfahrensweise benennen, die sich auf eine bestimmte Art der Weltbetrachtung und des Weltverständnisses gründet, ohne daß sie jedoch unmittelbaren Bezug auf einen geographischen Orient haben muß. Die Umrisse von Goethes Idee für die innere Einheit des *West-östlichen Divan* werden sichtbar. Denn mit diesen Gedichten war schließlich auch er selbst auf dem Wege in eine eigene «Orientalität». Auch bei ihm werden die bunten Gewänder dieser Lyrik durch einen «geheimen ethischen Faden»,[46] eine bestimmte, wenngleich nicht abstrakt oder überhaupt aussprechbare Gesinnung zusammengehalten. Die Gegensätze von Verschweigen und Verplaudern, Geheimnis und Verrat verweisen auf sie. In der Sphäre der «Orientalität» heben sie sich jedoch auf, wie im Ganzen einer sich ihrer bedienenden Gedichtsammlung, was denn auch der fiktive Orient-Reisende gleich eingangs mitteilt:

Dort, im Reinen und im Rechten,
Will ich menschlichen Geschlechten
In des Ursprungs Tiefe dringen,
Wo sie noch von Gott empfingen
Himmelslehr' in Erdesprachen
Und sich nicht den Kopf zerbrachen.[47]

So lautet programmatisch die zweite Strophe der *Hegire*, und es wird erkennbar, daß nicht Buntheit an und für sich, sondern Einheit, Weltkenntnis und Weltbild als Wunschziel erscheinen, dem sich alles einzelne zuordnen soll. In die «Geheimnisse der Gottheit» ließ sich nur «von fern» hineinblikken; der zerrissenen Welt gegenüber galt es jedoch, um dieser Einheit willen «skeptische Beweglichkeit»[48] zu bewahren, die zu einer Art Lebensgesetz wird.

«Skeptische Beweglichkeit» steht am Ende von Goethes Bemerkungen zu Hafis in den *Noten und Abhandlungen*. Aber daß er hier nicht so sehr als Literaturhistoriker, sondern vor allem von sich selbst spricht, ist aus dem gesamten *Divan* herauszulesen. In einer – wenngleich unbeabsichtigten – Parallele zu den oben zitierten Reflexionen Jean Pauls über das Verhältnis zwischen Kunst und persönlicher Erfahrung hatte Goethe zuvor erklärt, «daß der Dichter nicht geradezu alles denken und erleben müsse, was er ausspricht». Besonders «der lyrische Dichter» brauche nicht «dasjenige alles selbst auszuüben, womit er hohe und geringe Leser und Sänger ergötzt und beschmeichelt.»[49] Das aber bedeutet nichts Geringeres als die Umsetzung «skeptischer Beweglichkeit» in ein poetisches Prinzip, worin sich die Kunst über jede Unmittelbarkeit des Erlebens erhebt. So wird die Metapher des Reisens aufgegriffen und ihr die Würde der Altersweisheit verliehen. Aber auch «Verrat» erhält einen tieferen Sinn.

Goethes Aneignung orientalischer und insbesondere persischer Literatur ist ästhetisch motiviert und geschieht um einer neuen poetischen Sprache willen. Die freudig zustimmende Bekundung im Hegire-Gedicht zur «Orientalität» des Empfindens – «Glaube weit, eng der Gedanke»[50] – ist nicht als Wunsch nach religiöser Erweckung mißzuverstehen, ebensowenig wie das Flüchten in den «reinen Osten» etwas anderes war als eine Entscheidung des Künstlers. Sie ist vielmehr enthusiastischer Ausdruck jener Überwältigung, die er erfuhr, als er die immensen poetischen Möglichkeiten des orientalisierenden Maskenspiels entdeckte.

In der Periode des allmählichen – und aus geschichtlicher Sicht sogar raschen – Übergangs der westlichen Welt in ein wissenschaftlich-technisches Zeitalter bedeutete Goethes Orientalismus den Versuch, in einer neugefundenen Bilder- und Formensprache Erfahrungen auszudrücken, die zugleich einen Entwicklungsprozeß seit seinen lyrischen Anfängen widerspiegelten. Mit der Neuordnung seines lyrischen Werks war er ja gerade in diesen Jahren befaßt, und seine Lebensgeschichte im vergangenen Jahrhundert hatte er in den großen autobiographischen Arbeiten während der «Divan-Jahre» mit der Geschichte seines Zeitalters zu verbinden gesucht. Sein Orientalismus entstammte also nicht dem Selbstbewußtsein einer Nation mit Kolonialbesitz, und kein Gefühl europäischer Superiorität verleitete ihn, ein herablassendes Spiel mit Bausteinen einer fremden Poesie zu treiben. Allein schon die umfangreichen ernsthaften Studien orientalischer Kultur hielten ihn davon zurück, gängigen Morgenland-Klischees zu verfallen.

Goethe hat sich zuweilen selbst als Vermittler zwischen West und Ost, als Versöhner von Okzident und Orient gesehen, mit jenem bekannten, vielzitierten Spruch im *Divan* übereinstimmend, der die Untrennbarkeit von Orient und Okzident behauptet:

> Wer sich selbst und andre kennt,
> Wird auch hier erkennen:
> Orient und Okzident
> Sind nicht mehr zu trennen.[51]

Die zugrundeliegende Idee hat Goethe im Konzept eines Briefes an Cotta notiert: Absicht seiner Beschäftigung mit orientalischer Literatur sei, «auf heitere Weise den Westen und Osten, das Vergangene und Gegenwärtige, das Persische und Deutsche zu verknüpfen, und beyderseitige Sitten und Denkarten übereinander greifen zu lassen.»[52] Aber was «auf heitere Weise», im Spiel literarischer Bildersprache vollziehbar war, liegt als ernsthafte Aufgabe außerhalb aller Möglichkeiten der Geschichte, für die Versöhnung oder Verknüpfung keine brauchbaren Begriffe sind. Goethes «Orientreise» führte ihn, wie gesagt, in ein imaginäres Land nicht nur räumlicher, sondern auch zeitlicher Ferne. Immer und überall im *West-östlichen Divan* bleibt er dabei der deutsche Dichter aus dem christlichen Europa, wie viele Hatems, Suleikas, Huris und Vesire er auch aufreten lassen mag. Tieferer Sinn seines «Orientalismus» war nicht eine unmögliche Synthese zwischen zwei Kulturen, sondern der Versuch, diese fremden, exotischen Bilder, Formen und Gedanken zu benutzen, um die in seinem Werk Gestalt gewordenen Gedanken und Gefühle in das neue Jahrhundert hinüberzutragen und kreativ fortzuführen. Der *West-östliche Divan* wurde auf diese Weise Teil westlich-europäischer Kultur, jenem kosmopolitischen Humanismus zutiefst verwandt, den Herder als eine von Europa ausgehende, alle Völker umfassende «Kultur der Vernunft» bezeichnet hat.[53]

4.

Für Westlichkeit, Deutschheit und aufgeklärtes Denken im *Divan* ist das Gedicht «In tausend Formen magst du dich verstecken»[54] am Ende des *Buches Suleika* wohl der nachdrücklichste und zugleich eindrucksvollste Beleg, und zwar gerade weil es eines jener wenigen Stücke des ganzen Werkes ist, in dem Goethe der orientalischen Gedichtform des Ghasels am nächsten kommt, auch wenn er höchst frei mit dessen Regeln umgeht; orientalisch sind in erster Linie die Bilder und Metaphern, die ihn anziehen und die er variierend benutzt.

Seinen Ort im *Divan* hat es als Liebesgedicht. Das aber führt mitten ins Zentrum des *West-östlichen Divan*, der ein vom Eros durchdrungenes Buch geworden ist. In der Liebe berühren sich Ich und Welt am intimsten; stellt Sexualität ein natürliches Bedürfnis dar, so ist Intimität ein kulturelles, von historischen Koordinaten bedingtes.[55] Für ein Zeitalter aufgeklärten und säkularen Denkens lag es deshalb nicht fern, Liebesakt und Weltschöpfung wie Ontogenese und Phylogenese aufeinander zu beziehen und dem Begriff der Liebe eine universelle Dimension zu geben. Goethes Gedicht war dem Studium islamischer Tradition entsprungen. In Hammers *Fundgruben des Orients* hatte er über den «mahometanischen Rosenkranz» gelesen, «wodurch der Name Allah mit neunundneunzig Eigenschaften verherrlicht wird»[56] – das hundertste Wort ist Allah selbst. In den vierundzwanzig Zeilen der sechs Strophen des Gedichts vollzieht sich nun auf eine poetisch geradezu raffinierte Weise die Identifikation der Geliebten mit Gott, ein Akt der Sakralisierung, der allerdings ebensosehr Säkularisierung des Religiösen ist, denn der eigentliche Gott dieser Verse ist hier tatsächlich Eros. Die «Beynahmen der Allgeliebten»[57] bilden sämtlich Komposita mit der Vorsilbe All-: «Allerliebste», «Allgegenwärtige», «Allschöngewachsne» – elf Variationen sind es insgesamt, ehe am Ende die Transformation der Geliebten in den Gott erfolgt:

> Was ich mit äußerm Sinn, mit innerm kenne,
> Du Allbelehrende, kenn' ich durch dich;
> Und wenn ich Allahs Namenhundert nenne,
> Mit jedem klingt ein Name nach für dich.

Das nun ist purer Okzident in einem sehr transparenten orientalischen Gewand. Fausts konfessionell reichlich unverbindliches, mehr von der Liebe als vom Glauben bewegtes Religionsbekenntnis der fragenden Margarete gegenüber kommt in Erinnerung. Islamischer Orthodoxie jedenfalls wäre eine solche Mutation von der Geliebten zum Gott ebenso wenig akzeptabel, wie Fausts «Glaubensbekenntnis» es für die christliche war. «Glaube weit, eng der Gedanke», heißt es in der *Hegire*,[58] was nur sagbar ist unter der Voraussetzung einer von aller Orthodoxie, ja überhaupt jeder konfessionellen Verbindlichkeit befreiten Gesinnung, die sich von der philosophischen Orthodoxie einer die Ratio vergötternden Aufklärung ebenfalls befreit hat.

Es ist bemerkenswert, daß Goethe diese Gesinnung zugleich aus der Form des Gedichtes selbst sprechen läßt. So sehr es nämlich einem Ghasel nachgebildet erscheint, so wenig hat es doch bei genauerem Zusehen damit zu tun. Mit der für diese Gedichtform vorgeschriebenen Reimgleichheit in jeder geraden Zeile wird ein höchst kunstvolles Spiel getrieben. Siebenmal zwar wiederholt sich das «erkenn' ich dich», aber dann wird die Regel beiseitegesetzt. «Da kenn' ich dich» heißt es zum Übergang in freiere Variationen der Form. Dann folgen «begrüß' ich dich», «atm' ich dich», «kenn' ich durch dich», um schließlich in der letzten Zeile zu gipfeln in einem «für dich». Eine immer stärker drängende Steigerung und Zuspitzung führt zum Liebesbekenntnis als Höhepunkt. Das wäre als Kunstgriff bereits bewundernswert, aber dieser Gestaltwandel der Reimzeilen schmiegt sich zugleich dem Gedankengang des Gedichts aufs innigste an. In der ruhigen Vollendung der letzten Zeile ist das «ich» verschwunden und gänzlich eingegangen in ein «für dich».

Die Verben des Gedichts haben Untertöne und Nebenklänge. «Erkennen» ist in biblischem Gebrauch «cognoscere feminam». Schon damit, aber auch mittels seiner Bildersprache wird dieses Gedicht von einer Sinnlichkeit durchdrungen, in der Sexualität und Eros ineinander übergehen. Nur ist auch das wieder Teil eines Ganzen. Natur in ihrem Reichtum ist präsent: das «Namenhundert» der «Allerliebsten» existiert in «tausend Formen». Zypresse und Kanal, Springbrunnen und Wolke, die blühende Wiese und der «tausendarm'ge Eppich», der Morgen im Gebirge wie das weite Himmelsrund sprechen nicht nur von ihr, sondern sind sie selbst. Zeit und Raum, Horizontale und Vertikale suggerieren eine totale Repräsentation der Natur, in der sich alles in Bewegung befindet, sich beständig wandelt, wächst, verändert. «Gestaltend umgestaltend» – eine von Goethe in seiner Alterssprache gern verwendete Formel – vollzieht sich diese Bewegung und deutet damit auf Goethes Vorstellung vom Weltlauf im *Divan* insgesamt.

Denn von Weltvorstellung muß in der Tat gesprochen werden. In ihrer Bildlichkeit wie in deren Aussagen gehen die Gedichte des *Divan* weit über jede frühere Lyrik Goethes hinaus. Im Grunde sind die Bilder dieses Gedichts jener Anschaulichkeit entkleidet, die einst seine Jugendgedichte prägte. Die Zypresse ist nicht im Nebelkleid die Eiche, ein aufgetürmter Riese, die sich wandelnde Wolke gewiß nicht der Wolkenhügel, hinter dem der Mond kläglich hervorsieht, und des geblümten Schleiers Wiesenteppich unterscheidet sich beträchtlich vom Blütendampfe der vollen Welt.[59] Die Orientalität der Bilder – Zypresse oder Schleier – läßt die durch sie bezeichnete Wirklichkeit objektiver erscheinen, kunstvoll-künstlicher, aber damit auch repräsentativ für Größeres, Ganzes, für ein Bild der Welt in ihrer Bewegung, von dem alles Einzelne nur Teil ist, auch der sich im orientalischen Kostüm objektivierende Poet selbst. Und daß es Goethe um ein größeres Ganzes zu tun war, ist dem *Divan* in den Gedichten wie den *Noten und Abhandlungen* auf Schritt und Tritt anzumerken. Goethes Künstlertum hinderte ihn allerdings daran, mit solch ernsthaft philosophischem Beginnen zugleich die Poesie zu vertreiben.

5.

Das orientalische Maskenspiel des *West-östlichen Divan* hat viele Facetten. Goethes Interessen und Lebensverhältnisse im zweiten Jahrzehnt des 19. Jahrhunderts spiegeln sich darin in großer Breite und Fülle: Politik, Poetologie, naturwissenschaftliche Gedanken, erotische Erfahrungen und kritische Menschenbeobachtung aus der Distanz des Ältergewordenen. Manches wäre, aus dem Zusammenhang des Buches gelöst, nicht als zu ihm gehörig erkennbar, wie zum Beispiel eine Reihe von Sprüchen, die ebenso unter den Rubriken *Gott, Gemüt und Welt* und *Sprichwörtlich* der Werkausgabe von 1815 oder unter den *Zahmen Xenien* denkbar wären. Gerade aus den *Divan*-Sprüchen läßt sich übrigens ableiten, daß die Adressaten des *Divan* nicht zuletzt die lieben Deutschen waren, denen Goethe im Einzelnen wie im Ganzen in diesen Jahren politischer Turbulenzen und Unsicherheiten bekanntlich einige Weisheiten hinsichtlich ihrer Eigenarten und Unarten als Nation zuteil werden lassen wollte. Trotz des vielen Verschiedenen sollte jedoch die Sammlung ein ausgewogenes, in seinen Teilen aufeinander abgestimmtes Ganzes sein, das Erfahrungen mitteilte, die aus einer ebenso skeptischen wie beweglichen, vielen Eindrücken offenen Betrachtung der Welt gewonnen waren.

Das Hinausblicken über nationale und selbst kontinentale Grenzen beschäftigte Goethe seit der Jahrhundertwende in zunehmendem Maße, und Internationalität als kritische Perspektive für seine Reflexion auf die Deutschheit gehörte zu den wesentlichen Eigenheiten seiner «Divan-Jahre». Humboldt hatte ihm den südamerikanischen Kontinent nahegebracht, der nordamerikanische war ihm schon seit den Lehrjahren Wilhelm Meisters vor Augen, der Held selbst sollte in seinen Wanderjahren auf den Weg dorthin geschickt werden; und nun öffnete Goethe sich selbst Asien, zuerst Persien und die Kultur des Islam, später dann auch China in den *Deutsch-Chinesischen Jahres- und Tageszeiten.* «Orientalität» als Herstellung «seltsamster Bezüge» und Verknüpfung des «Unverträglichen», so wie er sie selbst mit Bezug auf Jean Paul beschrieb, dazu das muntere und kühne Umherblicken «in seiner Welt»[60] konnten ihm bald dafür als günstigstes Medium erscheinen. Überhaupt verbreitete sich das Wort Welt in zahlreichen Komposita über seine Sprache; in den *Noten und Abhandlungen* finden sich unter anderen «Weltvorrat», «Weltübersicht», «Weltgegenstände», «Weltereignisse», «Weltverwüster» und «Weltgegenden»,[61] und es ist keine allzu gewagte Hypothese, wenn man auch einen Selbstbezug Goethes in jenen Sätzen sieht, in denen er von «Geist» als «höchstem Charakter orientalischer Dichtkunst» spricht und dazu ergänzt: «Der Geist gehört vorzüglich dem Alter oder einer alternden Weltepoche. Übersicht des Weltwesens, Ironie, freien Gebrauch der Talente finden wir in allen Dichtern des Orient.»[62]

Auf den Gipfel universellen Bezugs erhebt sich im *Divan* das *Wiederfinden* betitelte Liebesgedicht, das aus Leidenschaft, Naturerkenntnis und Religiosität eine säkulare, poetische Kosmogonie hervorgehen läßt, ein Gedicht, über das noch zu sprechen sein wird. Denn Eros ist, wie gesagt, bei aller Vielfalt der Inhalte und Aspekte der Gedichte des *Divan* doch der Kammerton des ganzen Buches. Darin beruht auch die größte Anziehungskraft, die es in seiner Gesamtheit bis heute ausübt, ja überhaupt erst im 20. Jahrhundert wirklich auszuüben begonnen hat. Dieses späte und dafür um so intensivere Interesse für den *Divan* hat mit dem modernen Interesse für die Bereiche von Sexualität und Eros zu tun, die erst seit dem Ende des 19. Jahrhunderts von der Wissenschaft auf Begriffe gebracht worden sind. Das Verhältnis zwischen beiden Bereichen aber spielt bereits in den Gedichten des *Divan* eine bedeutende Rolle.

In eher populärem Verständnis erscheint der *Divan* vor allem als die lyrische Gestaltung einer Liebe im orientalischen Kostüm. Jene eine Stelle, worin der Reimzwang auf «Morgenröte» eigentlich zu «Goethe» nötigt, während es im Text «Hatem» heißt,[63] verrät, wie sehr Goethe Persönliches in diese Gedichte hineingetragen hat. Aber Dichten als Verraten ereignet sich hier in einer Weise, die fast schon zu aufdringlich wäre, wenn sie sich nicht als «Verrat» mit einem Augenzwinkern verstehen ließe, also mit dem ganz bewußten Einbezug einer Publikumsreaktion. Denn der von «Geheimem» und «Geheimstem» redende Dichter spricht ja eben vor einem großen Publikum, für das er seine Gedichte drucken läßt, ganz abgesehen davon, daß er sich Muster, also Gedanken und Bilder, aus anderer Literatur holt. Das Wort «Verrat» erhält hier also einen durchaus ironischen Unterton. Seitdem bekannt wurde, daß es einen wirklichen biographischen Hintergrund für den *Divan* gibt, nämlich die Beziehungen Goethes zu Marianne von Willemer, einer jungen Frau von bemerkenswertem eigenen dichterischen Talent, trat allerdings im Verständnis dieser Gedichte das Spiel mit Geheimnis und

Öffentlichkeit in den Hintergrund gegenüber der Sympathie für eine Altersliebe, die der Dichter ebenso diskret zu verbergen wie zu verraten schien. Nur verstünde man von Goethes *West-östlichem Divan* wenig, wenn man ihn lediglich als maskierte Liebesgeschichte läse.

Für die Tiefe und Leidenschaftlichkeit der Liebe zwischen Goethe und Marianne von Willemer gibt es überzeugende und bewegende Dokumente. Aber die Liebesgedichte des *Divan* wurden nicht allein davon inspiriert; es gibt, wie gesagt, bedeutende Verse, die vor der Begegnung mit Frau von Willemer entstanden sind. Darüber hinaus ist der gesamte *Divan* ohnehin von einer derartigen Komplexität der Gedanken und Empfindungen, daß die Vorstellung von einer Widerspiegelung erfahrener Wirklichkeit ihn nur verengen und simplifizieren würde. Eher ließe sich behaupten, daß erst Goethes Erkenntnis von der Möglichkeit eines literarischen Maskenspiels mit altpersischer Literatur, eines Spiels, das gleichzeitig universelle Weltinterpretation ausdrücken konnte, eine Liebesbeziehung von derartiger Tiefe und derartigem Reichtum sich entfalten ließ. Denn Liebe wird nur als «kommunikatives Geschehen», also durch Sprache, Realität.[64]

Die Problematik, der sich Goethe als Lyriker in den Jahren nach 1800 gegenüber sah, war umfassender, als daß es ihm lediglich um den öffentlichen «Verrat» einer erotischen Beziehung in der recht durchsichtigen Verhüllung von ein paar orientalischen Schleiern zu tun sein konnte. Mit den zunehmenden Lese- und Schreibfähigkeiten eines immer größer werdenden bürgerlichen Publikums trivialisierte sich jene Gefühlskultur, an deren Entstehung Goethe einst in so bedeutendem Maße beteiligt gewesen war, so daß Inhalte und Werte dieser Errungenschaften in Frage gerieten. Literarische Moden wuchsen und schwanden in rascherem Wechsel. Was zum Beispiel Jüngere im Zeichen des Romantischen an Neuem einführten, reizte zwar auch Goethe hin und wieder. Aber Sonett und Ballade erschienen ihm bald als zu beschränkt und eng, um alles das lyrisch aufzufangen, was ihn beschäftigte, also Erkenntnisse, die ihm aus der Perspektive des Älterwerdens zugewachsen waren, Erkenntnisse über den Gang der Natur, über die Widersprüche der Geschichte, über Sinn und Aussagekraft der Kunst und über jenes Ich, das zu emanzipieren einst das Jahrhundert der Aufklärung angesetzt hatte. Sein Fortbestand als lyrischer Dichter stand also auf dem Spiele, das heißt Arbeit und Gelingen in eben jenem Genre, mit dem er seine Laufbahn begonnen hatte. Aus dieser Not nun befreite ihn auf einmal die Entdeckung der «Orientalität», der Bilder- und Formensprache altpersischer Dichtung, die er als Ausdruck eines universellen Weltverständnisses deutete und sich zu diesem Zweck anverwandelte, nicht mit theoretischem Vorsatz, sondern versuchend zunächst, bis dann die Empfindungen einer tatsächlichen Liebeserfahrung dem neuen Beginnen ein Zentrum gaben.

Goethes *Divan* ist ein dialogisches Buch. Es bezieht von Anfang an Adressaten ein – Dichten ist «Verraten». Was in der *Hegire* mit einem Selbstgespräch des reisenden Poeten anhebt – «Flüchte du, im reinen Osten / Patriarchenluft zu kosten» – endet dort mit einer Warnung an die anderen: «Wolltet ihr ihm dies beneiden [...]».[65] Die vielen Sprüche sind dann reine Didaktik. Besonders unter den Liebesgedichten aber finden sich nicht nur die zu erwartenden leidenschaftlichen Bekenntnisse eines dichtenden Mannes, sondern eine Reihe von Dialogen, durch die die Lesenden in den Diskurs zwischen zwei Liebenden hineingezogen werden und daran kritisch oder sich bildend Anteil nehmen können.

Unter diesen Dialogen des *Buches Suleika* nun findet sich der folgende, in dem zuerst Hatem, der Dichter, spricht:

Nicht Gelegenheit macht Diebe,
Sie ist selbst der größte Dieb;
Denn sie stahl den Rest der Liebe,
Die mir noch im Herzen blieb.

Dir hat sie ihn übergeben,
Meines Lebens Vollgewinn,
Daß ich nun, verarmt, mein Leben
Nur von dir gewärtig bin.

Doch ich fühle schon Erbarmen
Im Karfunkel deines Blicks
Und erfreu' in deinen Armen
Mich erneuerten Geschicks.[66]

In diesen Versen – sie sind «Goethes erstes Hatem-Lied»[67] – scheint zusammengedrängt, was der poetische Orient zu bieten hat, obwohl es in der Chronologie des *Divan* das früheste der an Marianne von Willemer gerichteten Gedichte ist. Auftakt und Eingang bildet ein altbekanntes, populäres Sprichwort, das abgewandelt wird – der Verfasser zahlreicher Sprüche verwendet sein Wissen. Manierismen prägen das Weitere, wie ein vergleichbarer Manierismus auch wesentliche Teile der Lyrik des historischen Hafis bestimmt. Ein geschicktes Widerspiel von «ich» und «du», «mir» und «dir», von Armut und Reichtum verweist auf das Dialogische des Ganzen. Statt starker Bildlichkeit regieren Abstrakta wie «des Lebens Vollgewinn» oder «erneuertes Geschick». Der «Karfunkel» ist zwar Bild, aber durch eine lange orientalische wie abendländische Tradition so sehr mit Bedeutungen beladen, daß auch ihm Anschaulichkeit abgeht. Wollte man also den Effekt orientalischer Dichtung auf Goethe als dessen Abschied von der «Erlebnis»-Dichtung seiner Jugend interpretieren, so eignete sich dieses Gedicht dazu aufs treffendste. Das Sprichwort wird zu einem Liebesbekenntnis mit galanter Pointe. Der höfische Topos vom Geliebten, der sein Selbst verliert, um es in der Geliebten wiederzufinden, wird umspielt, und den Schluß bildet das Kompliment für die einsichtig-huldvolle Frau in Dankbarkeit für ihr Entgegenkommen.

Trotz solch Konventionellem funktionieren die Verse: so geschickt arrangiert dieses Spiel auch ist – der Ernst des Empfindens scheint durch. Der «Rest der Liebe» gibt für einen Moment den Blick frei hinter die geistreiche Erscheinung des Ganzen. Denn freigebig muß jener in der Jugend geliebt haben, dem nun im Alter nur noch ein Rest geblieben zu sein scheint. Das Gefühl überwältigt das geistreich gesuchte Wort, wenn der «Rest» dann erhoben wird zu des «Lebens Vollgewinn», eine Formel, die trotz ihrer Abstraktheit suggestiv bleibt, handelt es sich doch um die Kombination eines gewöhnlichen mit einem ungewöhnlichen, selten belegten Wort.[68] Auch das «erneuerte Geschick» empfängt sein Leuchten erst jenseits des Höfisch-Galanten, denn «Geschick» ist Dasein, ist Existenz, also das Ernsteste, wovon sich reden läßt. Fast hat es den Anschein, als ob der Mann sich zunächst ein wenig scheu im Kostüm verberge. Die Frage entsteht, ob hier die Manierismen als Kunst an die Stelle von Gefühlen treten, sie wenigstens unterdrücken, oder ob die Gefühle vielmehr auf solche Art bewältigt werden sollen, damit ihr Wert erhalten bleibe. Letzteres liegt um so näher, weil hier ein Liebender als alternder Dichter durchaus annehmen mag, daß ihm dergleichen Glück nicht mehr zustehe, weshalb er sich denn im Geistreichen als Spiel eine Ausflucht oder sogar die Möglichkeit zur Zurücknahme lassen möchte, falls er im Karfunkelblick der Liebsten falsch gelesen hat.

Die Instrumentierung von Poesie als Dialog, als Stimme und Gegenstimme – an sich schon Ausdruck einer gewissen Objektivierung – führt tief in die Gefühlssituation des *Divan* hinein. Denn Hatems Bedenken werden von Suleika großzügig und frei beiseitegesetzt. Zwar geht sie selbst noch einmal auf das Spiel mit Worten ein, aber nur, um es aufzuheben:

Hochbeglückt in deiner Liebe,
Schelt' ich nicht Gelegenheit;
Ward sie auch an dir zum Diebe,
Wie mich solch ein Raub erfreut!

Und wozu denn auch berauben?
Gib dich mir aus freier Wahl;
Gar zu gerne möchte' ich glauben –
Ja, ich bin's, die dich bestahl.

Was so willig du gegeben,
Bringt dir herrlichen Gewinn,
Meine Ruh', mein reiches Leben
Geb' ich freudig, nimm es hin!

Scherze nicht! Nichts von Verarmen!
Macht uns nicht die Liebe reich?
Halt' ich dich in meinen Armen,
Jedem Glück ist meines gleich.

Keine Galanterie soll mehr gelten, die nur die Ungleichheit der Liebenden betonte, kein personifizierter Begriff mehr agieren, wo Suleika selbst die «Diebin» sein möchte. Es ist ein bedeutendes Bekenntnis, das eine Frau mit diesen Versen ausdrückt, ganz im Menschlichen angesiedelt, heiter und ernst zugleich, ja wahrhaft emanzipiert. Denn keine Liebe der Unterwerfung hat sie zu geben, sondern mit der Liebe im vollen Selbstbewußtsein ihre ganze Existenz.

Es ist ein Gedicht von großer historischer Signifikanz in der Geschichte der deutschen Lyrik wie in derjenigen der Gefühle. Goethe gesteht hier nicht nur ideell, sondern auch ästhetisch der Frau eine Freiheit der Selbstbestimmung zu, die sich nicht allein den Versuchen zur Anerkennung weiblicher Gleichheit und Eigenheit bei seinen jüngeren Zeitgenossen wie etwa Friedrich Schlegel oder Clemens Brentano an die Seite stellt, sondern sie in ihren Konsequenzen noch übertrifft. Den Versen liegt ein tiefgehendes Verständnis von der Besonderheit der Geschlechter zu Grunde. Weder Sklavin noch Erlöserin des Mannes ist hier die Frau, und das ist zu eben diesem Zeitpunkt in der Geschichte der Geschlechterbeziehungen ein bedeutender Schritt. Das 18. Jahrhundert war in dieser Richtung unterwegs gewesen; in der verbürgerlichten Welt des 19. Jahrhunderts führte dann der Weg von dieser Freiheit und Selbstbestimmung rasch wieder in neue Abhängigkeiten zurück. Zugleich aber zeigt Suleikas Antwort auch etwas von Goethes besonderer «Orientalität». In der Freiheit des Sprechens über diese Thematik lag der Gewinn, der ein solches Maskenspiel ermöglichte, aber die Masken ließen die Gegenwart durchscheinen. Suleika ist so europäisch modern in ihrem Denken und Empfinden, wie das nur möglich ist. Vom Klischee der dem Manne unterworfenen orientalischen Haremsdame trennt sie eine Welt.

Man weiß, daß Suleikas Verse von Marianne von Willemer herrühren. Was Goethe an ihnen veränderte, bleibt unbekannt. Es gibt jedenfalls allen Grund, hier einen wahren und nicht nur einen fiktiven Dialog zu sehen und damit also in den Gegensätzen zwischen männlichem und weiblichem Bekenntnis etwas von der Psychologie der Geschlechter zu erkennen, wenn sie zueinander hingezogen werden. Aber auch etwas über Spiel und Ernst des *Divan* wird dabei gesagt. Denn eine Art von doppelter Maskerade herrscht in diesem Buch, eine absichtliche, willkommene, und eine unabsichtliche, wie Suleika sie hier bloßstellt. Willkommen war das orientalische Kostüm in Gestalten, Bildern und Formen nicht nur zum Verbergen irgendeiner Wirklichkeit, sondern weil sich dadurch Befreiung zu neuem Ausdruck erreichen ließ. Zum Unabsichtlichen hingegen gehört jene Scheu, die den Alternden sich einhüllen läßt in ein poetisches Spiel zwischen Skepsis, Selbstironie und tiefer Erschütterung. Die Geliebte erst bringt Hatem ganz zu sich selbst, und aus solcher Befreiungsaktion sind einige der schönsten Liebesgedichte in deutscher Sprache entstanden.

6.

Daß das «Geschlechterverhältnis» das «Zwischenglied zur Gesellschaft» darstelle und diese «überhaupt erst möglich macht», ist eine generelle Erkenntnis der modernen Soziologie.[69] Ihr läßt sich hinzufügen, daß sich in der intimen Begegnung mit einem anderen Ich, dem Du, also in der Liebe, nicht nur die Gesellschaft konstituiert, sondern das liebende Ich auf diese Weise auch sich selbst entdecken kann. Reflexionen über das Wesen und die Konsequenzen von Beziehungen zwischen eigener und fremder Subjektivität waren beliebt und verbreitet innerhalb jener Gefühlskultur in der zweiten Hälfte des 18. Jahrhunderts, von der hier schon mehrfach die Rede war. Diesseits von aller Theologie etablierte sich Psychologie. Aber die Theologie blieb wirksam gerade im Bereich des Eros, denn «Liebe» ist ein vieldeutiges Wort, und ihre Sphäre sind nicht nur Seele und Geist, sondern eben auch der Körper. Das Christentum hatte die größtmögliche Trennung zwischen beidem institutionalisiert, indem es Sexualität mit dem Stigma der Erbsünde versah, Liebe hingegen zu einem spirituellen Begriff erhob und sie in das Wesen Gottes versetzte. Tendenz aufgeklärten Denkens nun war es, solche Trennung im Namen der Natur wieder aufzuheben, was zunächst die «gänzliche Loslösung der Sexualität von ihrer biologischen Funktion»,[70] der Fortpflanzung, bedeutete, also eine Art Emanzipation der Lust mit der Absicht, die beiden Bereiche wieder miteinander in Einklang zu bringen. Beim Prozeß solcher Umwertung erwarben sich die Deutschen nicht gerade den Ruf, die kühnsten Vorstöße gemacht zu haben – Liebe sachlich als «das wollüstige Aneinanderreiben zweier Eingeweide»[71] zu bezeichnen war eher Sache eines Diderot, und einen Marquis de Sade besaßen die Deutschen erst recht nicht.[72] Aber um die Wende ins neue Jahrhundert gab es auch bei ihnen literarische Ausmessungen des Eros, die weit über die Grenzen alles bisher Gesagten und überhaupt Sagbaren hinausgingen und tief in das von Tabus und Konventionen umzäunte Territorium der Sexualität hineinführten. Nicht nur die Jüngeren wie Novalis, Brentano oder Kleist sind in solcher Verbindung zu nennen. Bei genauerem Hinsehen ist Goethes *West-östlicher Divan* sogar eines der aufregendsten Dokumente dafür. Die eingangs erwähnte homoerotische Beziehung zwischen Hatem und dem jungen Schenken ist nur ein Beispiel dafür. Der mangelnde Widerhall dieser Gedichte zur Zeit ihres Erscheinens und dann überhaupt im 19. Jahrhundert wird dabei begreiflicher, wenn man bedenkt, daß bürgerliche Lebensformen und moralische Konventionen in der industriellen Revolution bald erstarrten, daß das Familienverhältnis, um mit Marx und Engels zu sprechen, «auf ein reines Geldverhältnis zurückgeführt»[73] wurde und damit eine strenge öffentliche Repression alles Sexuellen einherging[74] oder sich, proportional zur Repression, Tendenzen zum Gegenteil, zu Zynismus und Hedonismus entwickelten.

Schon immer hatte Goethe Eros und Natur verbunden gesehen. Die poetische Darstellung seiner Gedanken über die Evolution in der *Metamorphose der Pflanzen* ist zugleich ein hinreißendes Liebesgedicht, eine Überredung der Geliebten, es der Natur gleichzutun. Im gleichen Sinne spiegeln die Liebesgedichte des *Divan* manche Lieblingsgedanken Goethes über die Natur, über Farbenlehre, Wolkenbildung und die Einheit in der Pflanzenvielfalt. *Gingo Biloba*, jene Verse über die zweigeteilte Einheit des Gingko-Blattes,[75] sind sogar derartig populär geworden, daß sie die kommerzielle Herstellung einer schönen Goethe-Devotionalie bewirkt haben.

Hinter allem Einzelnen steht die Vorstellung von der Weltschöpfung als Liebesakt und des Liebesakts als ein Gleichnis der Weltschöpfung.[76] Das kann für fromme Ohren blasphemisch klingen wie das großartig-machtvolle Gedicht *Wiederfinden*, das, biblische Kosmogonie und Goethesche Farbenlehre zitierend, in einer gewaltigen Geste aus der Liebe zweier Menschen eine zweite, ganz säkulare Weltschöpfung hervorgehen läßt und seinen Höhepunkt in folgenden Versen erreicht:

Und mit eiligem Bestreben
Sucht sich, was sich angehört,
Und zu ungemeßnem Leben
Ist Gefühl und Blick gekehrt.
Sei's Ergreifen, sei es Raffen,
Wenn es nur sich faßt und hält!
Allah braucht nicht mehr zu schaffen,
Wir erschaffen seine Welt.[77]

Aber für Orthodoxie war vieles blasphemisch im *Divan*, und nur eben die «Orientalität» dieser Sprachkunst verhinderte, daß sich deutsch-bürgerliche Gegenwart daran stoßen konnte. Gewagt hinsichtlich des gesellschaftlich Akzeptierten blieb es allemal, übrigens auch außerhalb des Christentums.

Das zeigt sich fast noch deutlicher in einem der berühmtesten und zugleich schwierigsten Gedichte des *West-östlichen Divan*: *Selige Sehnsucht*. Goethe hatte es zunächst «Selbstopfer» und danach «Vollendung» genannt, bevor er sich beim Druck 1819 für den endgültigen Titel entschied. Das überrascht, denn «Vollendung» scheint das ganze Gegenteil von «Sehnsucht» zu sein. «Selig» erhält dadurch jedenfalls ein besonderes Gewicht. Seligkeit in der Sehnsucht zu empfinden bedeutet offenbar, Wünschen, Erwarten, Vorwärtsdrängen, ja Bewegung und Wandel überhaupt als Vollendung zu empfinden. Davon spricht tatsächlich das Gedicht als Ganzes.

In der Chronologie der *Divan*-Gedichte ist es eines der frühesten, geschrieben Ende Juli 1814, noch bevor Hatem und Suleika existierten, was deren Erfindung in ein anderes Licht rückt. Das Bedürfnis, Liebe als Lebensgesetz zu erfahren, sie verstehend in sich aufzunehmen und von ihr zu reden, wie es Beruf des Dichters ist, ging ihnen voraus. Obwohl von Liebesmetaphorik durchdrungen, ist *Selige Sehnsucht* eben kein Liebesgedicht im herkömmlichen Sinne; Adressat ist nicht eine Geliebte oder ein Geliebter, sondern das Lesepublikum. Ihm verrät der Dichter Geheimnisse, denn nur Geheimes läßt sich schließlich verraten. Mit Hilfe des Buchdrucks verratene Geheimnisse vor einem unbegrenzt großen Leserkreis sind jedoch, wie schon zu sehen war, kaum noch Geheimnisse zu nennen.[78] Seine Leser – oder die Interpreten des *Divan* – mit der Wendung «Sagt es niemand» beiseite zu nehmen und sie in den Rang der «Weisen» zu erheben ist ein alter rhetorischer Trick, der zu keiner Zeit seine Wirkung verfehlt.

Nun ist verständlich, daß sich gerade der Gegenstand dieses Gedichts für die Kennzeichnung als geheim besonders eignet. Seine Schlußstrophe zwar enthält einen so bündig formulierten, belehrend vorgetragenen Gedanken, daß sie, begänne sie nicht mit «und», unter Goethes Sprüchen stehen könnte, und in spruchhafter Funktion, losgelöst vom Kontext des Gedichtes, wird sie oft genug zitiert. Aber was zu diesem Schluß führt, ist dann doch von größter Intimität. Wohl entstammt das Bild des sich in «Liebesflammen» verzehrenden Schmetterlings einem Ghasel von Hafis,[79] aber «Liebesnächte», «zeugen» und «Begattung», wenngleich höhere, rücken das Gedicht dennoch in die Sphäre äußerster Privatheit und an die Grenze sprachlicher Tabubezirke. Gerade die zweite Strophe ist ein Beleg für Goethes Unübertrefflichkeit in der Durchdringung eines vorgegebenen Bilds mit der Direktheit persönlicher Erfahrung. Mit wenigen Worten und in äußerster Dichte und Anschaulichkeit wird ein Bild gezeichnet, das dennoch von vornherein allein um seines Symbolwerts willen existiert:

> In der Liebesnächte Kühlung,
> Die dich zeugte, wo du zeugtest,
> Überfällt dich fremde Fühlung,
> Wenn die stille Kerze leuchtet.[80]

Es ist eine außerordentliche, die grammatische wie die sachliche Logik herausfordernde Satzkonstruktion auf dem höchsten Punkt lyrischer Gestaltung, dort, wo Sinn und Rätselhaftigkeit zu magischer Bedeutung verschmelzen, aber an der Grenze zugleich zum Absturz ins Sinnlose. Denn herkömmlich sind «Liebesnächte» metaphorisch eher mit der Glut der Lust statt der «Kühlung» verbunden. Daß freilich damit lediglich ein Kontrast zur Hitze des Tages gemeint sein könnte, ist mit Recht erwogen worden[81] – Goethes Gedicht *Der Bräutigam* benutzt dergleichen später tatsächlich. Aber Goethes subtile poetische Erforschung der Übergänge zwischen Sexualität und Eros gerade im *Divan* legt nahe, bei der Reimverbindung von «Kühlung» und «fremde Fühlung» auch an den Zustand männlicher Ernüchterung nach dem «Flammentod» des Aktes zu denken – die metaphorische Identifikation von Liebesakt und Tod hatte Goethe zum erstenmal in seinem Prometheus-Fragment in einem unvergeßbaren Dialog zwischen Prometheus und seiner Tochter Pandora zum Ausdruck gebracht. «Zeugen» bezöge sich dann tatsächlich zuerst auf die «Liebesnächte», aber zugleich ebenso auf den aus der «Kühlung» hervorgehenden Gedanken von der Fortdauer des Einzelnen über den Tod hinaus in einer Kette der Generationen, worauf denn auch das «Stirb und Werde» verweist. Es war für Goethe ein im Alter zunehmend wichtig werdender Gedanke,[82] der auch dem Wort von der «höheren Begattung» seinen besonderen Sinn gäbe.

Das wiederum führt mitten in das «Geheimnis» des *Divan* hinein, zu einer über kausales Sprechen hinausführenden Poetik ebenso wie zu dem, was diese in reichen Variationen ausdrücken soll. Hier, in diesem Gedicht, verbindet Metaphorisierung die Sexualität mit der Liebe, trennt letztere nicht von der «biologischen Funktion», sondern nimmt beide zusammen mit der Lust des «Flammentodes» auf in ein wünschbares Weltgesetz. Darin liegt dann auch die Seligkeit dieser «Sehnsucht».

Goethes *West-östlicher Divan* steht an einer historischen Grenzscheide. Ein Gedicht wie *Selige Sehnsucht* läßt aus der Darstellung eines sexuellen Vorgangs und der mit ihm zusammenhängenden psychischen Reaktionen Lebensverständnis und Daseinssinn des Menschen in weitesten Dimensionen erwachsen. In «fremder Fühlung» wächst der Mensch über sich selbst hinaus, ist nicht mehr nur «Gast» auf einer «dunklen», das heißt unverstandenen Erde, sondern versteht in diesem Vorgang, diesem Akt die eigene endliche Existenz als Teil von etwas Größerem, von einer Ewigkeit, die nicht mehr an die Offenbarungen einer Religion gebunden ist, sondern sich in der Weisheit der Dichtung offenbart, ohne den Anspruch einer wirklichen Transzendenz, also ohne religionsstiftend sein zu wollen. Daß «Dichten» gleichzeitig «Himmelsgabe» und «Trug» ist, bedeutet nicht nur Beschränkung, sondern auch Vorteil. Es ist eine Zweiheit in der Einheit, die keine Orthodoxie zuläßt, sondern immer wieder neu erfahren werden muß, wenn sie denn erfahrbar ist. Die «Mönche», die Saki in seinem Dialog mit Hatem «sich gleisnerisch» vor diesem verstecken sieht, gehören zu dieser Orthodoxie, und die Feindschaft ihr gegenüber durchzieht den ganzen *Divan*. Aller Orthodoxie jedoch steht das humane Ethos einer Einheit von Körper und Geist gegenüber. Es ist ein Gedanke, der allerdings an einen gewissen Zeitpunkt in der europäischen Geschichte geknüpft ist und nur in ihm aussprechbar war. Ganzheitsvisionen dieser Art zerfielen mit der Ausbreitung der vom Europa des 19. Jahrhunderts ausgehenden technischen Macht. Das galt für solche, die, aus der Naturforschung erwachsend, die Totalität des Kosmos umschließen sollten,[83] und es galt eben auch für dieses Ethos der Liebe. Dafür sorgten die bereits erwähnten bürgerlichen Moralvorstellungen mit ihrer strengen Rollenverteilung zwischen den Geschlechtern. Nur war Goethes «selige Sehnsucht» ohnehin nicht als Utopie vorgetragen. Der Grenzen, die ihn im Alter von seiner Zeit trennten, war er sich sehr wohl bewußt; *Wilhelm Meisters Wanderjahre* waren mit solcher Grenzziehung ausführlich beschäftigt, denn die «veloziferische» Zeit, in der jeder das, was er «tut, treibt, dichtet, ja was er vorhat, ins Öffentliche» und von «Weltteil zu Weltteil» schleppt, sah er bekanntlich nicht als seine Sache an.[84] Der Dichter war kein Prophet, sondern «Verräter» von ein paar Dingen, die er als Geheimnisse betrachtete, verkündet überdies von einem Dritten zwischen sich und dem Publikum, einem abendländischen Morgenländer aus ferner Nähe. Das gab Goethes Gedichten jene «skeptische Beweglichkeit», die es dann möglich machte, diese «Geheimnisse» immer wieder neu als Ausdruck eines menschlichen Bedürfnisses jenseits aller historischen Bedingtheiten zu lesen.

Exotik der Gefühle

Goethes *Novelle*

1.

«Ich habe große Lust, mich heute weit in der Welt umzusehen»,[1] verkündet die junge, namenlos bleibende Fürstin in Goethes *Novelle* ihrem Oheim, der sie begleiten soll auf einem Ritt vom neuen Schloß über den Markt der kleinen Residenzstadt bis zur Ruine der alten Stammburg, auf einem Ritt also, der kaum mehr als zwei oder drei Kilometer ins Land hinein führen wird. Viel weite Welt ist da wohl kaum zu erwarten. Macht die Fürstin sich also mit ihrem Reisewunsch ein wenig über sich selbst lustig und über die Kleinheit ihrer Verhältnisse? Oder ist es vielmehr Ironie des Erzählers, der ein Bild solch kleiner Verhältnisse mit der jungen Frau im Mittelpunkt zeichnen möchte? Selbstironie oder Ironie jedenfalls könnten durchaus am Platze sein, denn wie jung und ungereist die Fürstin auch sein mag – im Jahre 1828, in dem sie als Gestalt dieser *Novelle* vor die Augen der Goethe-Leserschaft trat, war die Welt für adlige Damen längst größer geworden als ihr eigenes Ländchen, wie das zum Beispiel aus der Biographie der Weimarer Herzogin Anna Amalia zu erfahren ist, die es bereits 1788 auf Goethes Spuren nach Italien gezogen hatte. Eine klare Antwort auf die Frage nach Ernst oder Ironie, nach Sinn und Erheblichkeit der fürstlichen Erkundungslust läßt sich jedoch aus Goethes kleinem Prosastück nicht ablesen. Am ehesten scheint die Fürstin eine Verwandte der scheuen Ottilie aus den *Wahlverwandtschaften* zu sein, die sich, angeregt von ein paar Affenbildern, neugierig von «Humboldten» etwas hatte erzählen lassen wollen über jene exotischen Länder, «wo Elefanten und Tiger zu Hause sind»,[2] aber die weit von der Möglichkeit entfernt war, selbst dergleichen Wesen leibhaftig begegnen zu können. Statt dessen mußte sie erfahren, daß es auch so etwas wie eine Exotik der Gefühle gibt, die sich durchaus in mittleren Breiten entfalten und den Menschen überraschen, verändern oder gar gefährden kann. In der *Novelle* hingegen bricht überraschend die ferne Fremde ganz unmittelbar in die deutsche Wirklichkeit ein.

Kleindeutsch, sehr kleindeutsch ist zwar die Szenerie dieses Prosastücks, aber es ereignet sich in ihr dennoch Außerordentliches, ja Unerhörtes. Bei ihrem Ausritt in die weite Welt hatte die Fürstin Exotisches zunächst nur im Bilde betrachten können. Auf dem Markt der kleinen Residenzstadt steht eine Menagerie zur Schau, geschmückt mit «kolossalen Gemälden»:

> «Der grimmig ungeheure Tiger sprang auf einen Mohren los, im Begriff ihn zu zerreißen, ein Löwe stand ernsthaft majestätisch, als wenn er keine Beute seiner würdig vor sich sähe; andere wunderliche, bunte Geschöpfe verdienten neben diesen mächtigen weniger Aufmerksamkeit.»

Waren es die aus den *Wahlverwandtschaften* bekannten Affen vielleicht? Im Unterschied zu Ottilies allein durch Bilder vermitteltem Interesse an der exotischen Tierwelt wird die Fürstin ihrer jedoch in aller Gegenwärtigkeit gewahr: Als sie vorbeireitet, ist gerade «Fütterungsstunde», und der Löwe läßt «seine Wald- und Wüstenstimme aufs kräftigste hören», was die Fürstin zu dem Wunsch veranlaßt: «Wir wollen [...] bei unserer Rückkehr doch absteigen und die seltenen Gäste näher betrachten!»[3] Das geschieht nun allerdings nicht, denn die exotischen «Gäste» werden sich vielmehr auf den Weg zu ihr machen – das Bild geht in die Wirklichkeit über, denn die Tiere sind bei einem Feuer ausgebrochen. Der Tiger erscheint der Fürstin leibhaftig, und es kommt sogar zu einer Art Großwildjagd in milder deutscher Mittelgebirgslandschaft, die mit der Erlegung des Tieres endet. Diese Jagd jedoch hat am Ende einen Stich ins Komische, denn der Tiger erweist sich als zahm, was freilich die ins Geschehen Verwickelten zu dieser Zeit nicht wissen können. Erst allmählich jedenfalls enthüllt sich hinter aller Wirklichkeit das Gebiet der Gedanken und Gefühle als anderer «Jagdgrund» der kleinen Erzählung.

Goethes *Novelle* erzählt das Geschehen eines Herbsttages vom Frühnebel bis zum Abendrot. Ihre Handlung beginnt mit einem kleinen Sündenfall: Der so sehr auf friedliche Marktwirtschaft bedachte Fürst hat es auf Vorstellungen seines Landjägermeisters nicht vermocht, «der Versuchung zu widerstehen, an diesen günstigen Herbsttagen eine schon verschobene Jagd zu unternehmen». Eine läßliche Sünde gewiß, wenn überhaupt eine, eher wohl die Ausübung eines alten Adelsprivilegs und der spezifischen Manneslust. Vorgenommen hatte man sich, «weit in das Gebirg hineinzudringen, um die friedlichen Bewohner der dortigen Wälder durch einen unerwarteten Kriegszug zu beunruhigen»,[4] womit nun eben nicht exotische Raubtiere, sondern die scheuen Opfertiere heimischen Jagdeifers gemeint sind. Beabsichtigt war also eine Störung des Gewöhnlichen, Gängigen, unter der Herrschaft des jungen Fürsten eben erst errungenen Friedlichen im Dasein von Mensch und Natur.

Störung ereignet sich offenbar auch in der innersten, intimsten Sphäre des Fürsten, obwohl es Goethe hier bei wenigen Andeutungen beläßt. Die Jagdgesellschaft steht bereit: «Alle jedoch warteten auf den Fürsten, der, von seiner jungen Gemahlin Abschied nehmend, allzulange zauderte.»[5] Es ist müßig, darüber zu spekulieren, ob es der erste Abschied des jungen Paares ist, von dem man weiß, daß es erst vor kurzer Zeit «zusammen getraut» wurde. Gewiß aber scheint das Zögern ein Zeichen dafür zu sein, daß nicht Routine sich vollzieht, sondern auch im Inneren Gewöhnliches gestört wird. Außerordentliches bahnt sich auf diese Weise an, und ein kleines Element erzählerischer Spannung wird geschaffen. Seltsam außerdem das «allzulange» – Andeutung eines Konflikts zwischen adliger Pflicht und privater Neigung im Urteil des Erzählers oder dem der Wartenden?[6] Mehrfach sind solche vieldeutigen, hinsichtlich ihres Ursprungs und ihres Ziels unbestimmbaren Bemerkungen in den Text eingestreut, von denen sich schwer sagen läßt, ob hier ein mit Kausalitäten großzügig umgehender, sie aussparender Altersstil am Werke ist oder geheime Absicht des Autors, über die sich nur Vermutungen anstellen lassen. Gelegenheit zu Versuchungen auch für die Dame könnte nach dem initialen «Sündenfall» des Mannes im weiteren Verlauf des Tages entstehen, denn der Fürst gibt seine junge Frau in die Obhut des «Fürst-Oheims, Friedrich mit Namen», und des «Stall- und Hofjunkers» Honorio, in die Hände also eines älteren und eines jüngeren Mannes. Es sind übrigens die beiden einzigen Gestalten, die von Goethe einen Namen erhalten haben, seinem ursprünglichen Plan nach aber überhaupt nur eine einzige Person sein sollten, und zwar der Bruder des Fürsten.

Kleindeutsch ist – wie gesagt – die Szenerie dieser *Novelle*, was heißen soll, daß ein deutsches Fürstentum von zwar unbestimmtem, aber eben sehr begrenztem Umfang den Ort der Handlung darstellt. Wer möchte, kann Weimar als Modell dafür betrachten; um topographische Genauigkeit hat Goethe sich nicht bemüht, sondern vielmehr um stellvertretende, symbolische Repräsentanz der Realien. Die Landschaft ist sorgfältig gegliedert, Ebene und Gebirge verbinden sich zu dem produktiven Ganzen eines gut regierten und bewirtschafteten Landes. Die Stadt ist hauptsächlich des Marktes wegen da, und von diesem wiederum bemerkt der Fürst erklärend zu seiner jungen Frau, «wie gerade hier das Gebirgsland mit dem flachen Lande einen glücklichen Umtausch treffe; er wußte sie an Ort und Stelle auf die Betriebsamkeit seines Länderkreises aufmerksam zu machen».[7]

Der Oheim bezeichnet sogar den Markt als «die Summe des ganzen Staatshaushaltes so wie der kleinsten häuslichen Wirtschaft»,[8] was zugleich als eine ernstzunehmende, den historischen Ort des Geschehens charakterisierende Erklärung des Autors zu lesen ist. Denn eben der Übergang von einer kameralistischen, auf den Fürsten als Landesherrn orientierten Wirtschaftsführung zur freien Marktwirtschaft bestimmte ökonomisch den sich zu Goethes Lebzeiten ereignenden Wandel vom Feudalen ins Bürgerliche. Auf historischen Wandel ist auch bezogen, was der Oheim sonst noch der jungen Fürstin mitzuteilen hat. Der «alte rüstige Herr» erläutert ihr anhand von Zeichnungen in einer ziemlich betulich-belehrenden Ausführlichkeit, an der der Kunstliebhaber Goethe sicher nicht unbeteiligt war, die Seltsamkeit der alten, von der Natur zum Teil zurückeroberten, von Bäumen durchwachsenen Stammburg der Familie oberhalb des neuen Schlosses, ein Platz, «dessengleichen in der Welt vielleicht nicht wieder zu sehen ist.»[9] Eine Übertreibung, wie es scheinen muß, aber auch das Vorhaben der Fürstin, sich «heute weit in der Welt umzusehen», zeugte von einem ähnlichen universalen Anspruch in ihrer kleinen Welt, nur daß sich nun eben allmählich herauszukristallisieren beginnt, daß die deutsche Residenzstadt und ihre Bewohner tatsächlich in weltbewegenden Wandel einbezogen sind.

Gegensätze wie derjenige zwischen Gebirge und Ebene durchziehen die ganze *Novelle*, ohne daß sie sich allerdings auf ein Schema bringen ließen. Neues und altes Schloß stehen einander zwar gegenüber als neue und alte Zeit, als Gegenwart und Vergangenheit, aber damit zugleich als Signifikate eines historischen Entwicklungsprozesses, einer Traditionsbildung, bei der das Vergangene ins Gegenwärtige einbezogen wird – eine Lieblingsvorstellung Goethes in seinen Ansichten von Staats- und Naturgeschichte. Im Hofe des alten Schlosses spielt sich am Ende die Besänftigung des ausgebrochenen Löwen durch Musik und durch die Hilfsbereitschaft der Menschen ab. Auch die Dimension der Zukunft also ist einbezogen. Historisch genaue Zeit freilich wird dabei ebensowenig faßbar wie deutsche Topographie, was bei den Interpreten zu Kontroversen geführt hat, ob die Geschichte vor oder nach der Französischen Revolution spiele. Aber nicht nur die Bedeutung des «Marktes», sondern auch das vom Oheim gern erzählte, geradezu zu einem Tick gewordene Erlebnis einer großen Brandkatastrophe mit ihrem «wüsten Wirrwarr»[10] darf man als Zeichen für den historischen Ort der *Novelle* im frühen 19. Jahrhundert lesen, ist es doch eine Gelegenheit für Goethe, seinen Lesern etwas von der eigenen tiefen Abneigung gegen alles Gewaltsame und Revolutionäre mitzuteilen. In einem Brief vom 18. Juli 1828, also aus der Zeit bald nach dem Erscheinen des Werks, schreibt Goethe, auf die Gegenwart Sachsen-Weimars blickend, wie doch «keine Spur von Verderben zu sehen» sei, «schritt auch die Weltgeschichte hart auftretend gewaltsam über die Thäler». Dagegen nun deute alles auf die «emsig folgerechte, klüglich vermehrte Cultur eines sanft und gelassen regierten, sich durchaus mäßig verhaltenden Volkes». Und angesichts der Dornburger Landschaft formuliert er in einer Frage seine fundamentale Überzeugung vom Sinn menschlichen Daseins in der Geschichte: «Konnte mir aber ein erwünschteres Symbol geboten werden? deutlicher anzeigend wie Vorfahr und Nachfolger, einen edlen Besitz gemeinschaftlich festhaltend, pflegend und genießend, sich von Geschlecht zu Geschlecht ein anständig-bequemes Wohlbefinden emsig vorbereitend, eine für alle Zeiten ruhige Folge bestätigten Daseyns und genießenden Behagens einleiten und sichern?»[11]

Für ihre ersten Leser war Goethes *Novelle* zweifellos ein Stück Gegenwartsliteratur. Der junge Fürst wird als tüchtiger Ökonom bezeichnet, der seine Zeit eher mit dem Finanzminister als dem Landjägermeister zubringt; offensichtlich ist er um das wirtschaftliche Wohl des Staates besorgt. Die Lehren der Vergangenheit sind wahrgenommen worden, denn «des Fürsten

Vater hatte noch den Zeitpunkt erlebt und genutzt, wo es deutlich wurde, daß alle Staatsglieder in gleicher Betriebsamkeit ihre Tage zubringen, in gleichem Wirken und Schaffen jeder nach seiner Art erst gewinnen und dann genießen sollte».[12]

Bedenkt man, was einst Wilhelm Meister geschrieben hatte über den Unterschied zwischen der Nötigung des Bürgers zum Tun und der Freiheit des Adels, zu repräsentieren und ganz einfach dazusein, so wird klar, daß hier die Lektion der Französischen Revolution gelernt worden ist, um einer deutschen vorzubeugen. Eine ausgedehnte Friedenszeit, die dem jungen Fürsten – der «militärische Erfahrungen»[13] gesammelt hat – gegeben ist, damit solche Vorstellungen von einer gemeinsam tätigen Gesellschaft ins Werk gesetzt werden können, deutet im übrigen darauf hin, daß auch die Zeit der Napoleonischen Kriege zurückliegt.

2.

In den späten zwanziger Jahren des 19. Jahrhunderts war Goethes ideales, «sanft und gelassen regiertes, sich durchaus mäßig verhaltendes Volk» dennoch nicht mehr besonders aktuell oder gar zukunftsträchtig angesichts der beginnenden Industrialisierung und der wachsenden Forderungen nach konstitutionell gebundener, wenn nicht sogar demokratisch konstituierter Regentschaft – Forderungen, denen die Heilige Allianz strikte Unterdrükkungsmaßnahmen entgegensetzte. Aber die *Novelle* hatte ja auch nicht ihren Ursprung in dieser Zeit, sondern bereits in den neunziger Jahren des vergangenen Jahrhunderts. Unmittelbar nach dem Abschluß von *Hermann und Dorothea* im März 1797 nahm sich Goethe vor, ein neues Epos unter dem Titel *Die Jagd* zu beginnen, das im Kern der Handlung – dem Ausbruch wilder Tiere bei einer Feuersbrunst in einer deutschen Kleinstadt – mit der späteren *Novelle* identisch gewesen zu sein scheint. Bald darauf, im Juni 1797, entstand Schillers Ballade *Der Handschuh*, in der Ritter Delorges mutig jenen Handschuh aus König Franz' Löwengarten herausholt, den Fräulein Kunigunde mutwillig «zwischen den Tiger und den Leun / Mitten hinein» geworfen hatte. Der stofflichen Nähe beider Werke zueinander war man sich durchaus bewußt. Am 21. Juni dieses Jahres hatte Goethe «Gegenstand» und «Ausführung» des *Handschuh* gelobt; sechs Tage später schreibt er davon, «daß meine Tieger und Löwen» – im geplanten *Jagd*-Epos – sich wohl ebenfalls «zuletzt gar in eine Balade auflösen» möchten.[14] Denn auf ein Gedicht in Strophen und Reimen war es im Gegensatz zu *Hermann und Dorothea* abgesehen. Die Entscheidung zur modernen, nicht-klassischen Form wiederum veranlaßte Schiller, Goethes Vorhaben als «Concert auf einem ganz andern Instrument», nämlich dem «des romantischen Gedichts, ohne daß es eigentlich eines wäre», zu betrachten und solchen Bezug auf das Stoffliche auszudehnen: «Auch ist von den Fürstlichen Personen und Jägern nur ein leichter Schritt zu den Ritterfiguren, und überhaupt knüpft sich der vornehme Stand, mit dem Sie es in diesem Gedicht zu thun haben, an etwas Nordisches und Feudalisches an».[15]

Denn beides, das Nordische wie das Mittelalterlich-»Feudalische», waren im Verständnis der Zeit wesentliche Charakteristika des Romantischen. Im Briefwechsel mit Goethe erörterte Schiller zudem seine speziell auf die Form der Ballade zugeschnittene Poetik, daß man nämlich den Leuten durch die Poesie «recht übel machen, [...] sie incommodieren, ihnen ihre Behaglichkeit verderben, sie in Unruhe und in Erstaunen setzen» könne und sollte, damit sie schließlich überhaupt an die Existenz der Poesie glaubten und «der Saame des Idealismus» in ihnen aufkeime.[16] Es ist nicht ausgeschlossen, daß Goethe solche Worte bei der späteren Arbeit an der *Novelle* tatsächlich im Gedächtnis hatte, arbeitete er doch zu dieser Zeit zugleich an der Ausgabe seines Briefwechsels mit Schiller, die dann im selben Jahr wie die *Novelle* herauskam.

Ein Satz scheint sogar unmittelbar an die Gedanken Schillers zu erinnern, wenn der Oheim der Fürstin die massenpsychologische Wirkung der Kolossalgemälde gefährlicher exotischer Wesen auf dem Jahrmarkt erläutert:

> «Es ist wunderbar, [...] daß der Mensch durch Schreckliches immer aufgeregt sein will. Drinnen liegt der Tiger ganz ruhig in seinem Kerker, und hier muß er grimmig auf einen Mohren losfahren, damit man glaube, dergleichen inwendig ebenfalls zu sehen; es ist an Mord und Totschlag noch nicht genug, an Brand und Untergang: die Bänkelsänger müssen es an jeder Ecke wiederholen. Die guten Menschen wollen eingeschüchtert sein, um hinterdrein erst recht zu fühlen, wie schön und löblich es sei, frei Atem zu holen.»[17]

Den volkspädagogischen Nutzen, den er selbst daraus ziehen könnte, übersieht der Oheim. Dafür stehen seine Ansichten wohl denen des Autors zu nahe, dem es nicht um politischen Konservatismus, sondern um die Wirkungsmöglichkeiten der Kunst ging. Außerdem aber erweist sich bei genauerer Betrachtung, daß der Gedanke überhaupt beträchtlich von Schillers erzieherischer Absicht entfernt ist, ja ihr geradezu entgegenläuft, ist er doch von der Kritik an solch schreckhafter Wirkung der «Kunst» bestimmt. Die Darstellung des Schrecklichen in den Kolossalgemälden «incommodiert» nur zum Schein. In Wirklichkeit schafft sie eher bürgerliche «Behaglichkeit», als daß sie sie verdürbe. Genau dies aber ist, die Bänkelsängertradition fortsetzend, die Funktion der Medien moderner Publizistik seit dem 19. Jahrhundert geworden. Der historische Boden, aus dem die *Novelle* hervorwuchs, war ein anderer als derjenige der Balladenproduktion dreißig Jahre früher.

Was Goethe allerdings so lange nach dem ursprünglichen Vorhaben des Jagd-Epos veranlaßte, den damals rasch beiseitegesetzten Plan wieder aufzunehmen, läßt sich nicht eindeutig bestimmen. Für die Suspendierung seinerzeit hat er selbst die Störung künstlerischer Produktivität durch die Preisgabe des Vorhabens in Gesprächen angeführt. Aber mit *Hermann und Dorothea* war er auch bereits an die äußersten Möglichkeiten für die Form des Epos unter modernen Verhältnissen gekommen. Wie er die Absicht aufgab, eine *Achilleis* im klassischen Gewande zu schreiben, so hätte sich ihm der Stoff zu einem «romantischen» Epos mit Gestalten in feudalem Kostüm wohl ebenso entzogen. Wahrscheinlich hat der eine Grund in den anderen hineingewirkt. Das Zeitalter des Romans war gekommen, und Goethe selbst hatte mit *Wilhelm Meisters Lehrjahren* dieser Form bereits literarische Würde verliehen. So hat dann wohl auch die Übung in erzählender und vor allem novellistischer Prosa im Zusammenhang mit *Wilhelm Meisters Wanderjahren* dazu geführt, das Vorhaben von einst nun als Prosastück noch einmal aufzugreifen.

Es gibt Äußerungen Goethes, die dem kleinen Werk ganz besondere Bedeutung zusprechen; es habe sich, so schreibt er am 10. Januar 1829 an den Staatsrat Christoph Schultz, «vom tiefsten Grunde meines Wesens losgelöst».[18] Das ist ein gewichtiges Wort angesichts der kleinen, sich so fern von allem persönlichen Bezug bewegenden Erzählung. Denn eben Distanz vom Persönlichen, Reserviertheit, Kühle, wenn nicht gar Kälte ist ein Zug der *Novelle*, und Goethe war sich dessen durchaus bewußt. Noch während der Arbeit, am 15. Januar 1827, hatte er Eckermann auf dessen Bemerkung, daß hier in dieser Erzählung, soweit er sie ihm zu lesen gegeben habe, alles «real» sei, versichert: «Sie haben Recht, [...] Innerliches finden Sie in dem Gelesenen fast gar nicht und in meinen übrigen Sachen ist davon fast zuviel.»[19] Einige Tage später hat Goethe dann jedoch den Begriff des Realen näher zu bestimmen versucht, von einem ihm wenig bedeutenden «Realen an sich» gesprochen und diesem das «Ideale» gegenübergestellt:

> «Denn was soll das Reale an sich? Wir haben Freude daran, wenn es mit Wahrheit dargestellt ist, ja es kann uns auch von gewissen Dingen eine deutlichere Erkenntniß geben; aber der eigentliche Gewinn für unsere höhere Natur liegt doch allein im Idealen, das aus dem Herzen des Dichters hervorging.»

Das «Ideale» in seiner *Novelle* aber definiert Goethe aus diesem Anlaß mit folgendem Satz:

> «Zu zeigen, wie das Unbändige, Unüberwindliche oft besser durch Liebe und Frömmigkeit als durch Gewalt bezwungen werde, war die Aufgabe dieser Novelle, und dieses schöne Ziel, welches sich im Kinde und Löwen darstellt, reizte mich zur Ausführung.»[20]

All diese Überlegungen bestätigen zunächst, wie schwer es auch für Goethe war, über Dichtung erklärend zu reden, da sich für das absolut Einmalige und Subjektive eines sich in Bildern ausdrückenden Kunstwerks nur eine keineswegs genau definierte und verbindliche Begriffssprache verwenden läßt, die ihrerseits oft zum Bildlichen tendiert. Dennoch klingt allerdings Goethes die Aufgabe der *Novelle* definierender Satz so eindeutig und klar, daß er jedes Goethe-Kompendium zieren kann. Es ist ein guter Satz und eine ebenso gute Idee, der er Ausdruck gibt, und eine Idee überdies, die sich immer wieder in seinem literarischen Werk wie in den Studien zur Naturwissenschaft findet: die Apotheose des Friedlichen und Harmonischen. Nur bleibt die Frage, ob dieses Zeigen-Sollen der *Novelle* ihre Aussagekraft nicht eher einschränkt und ihr das Stigma einer geistvollen, bedeutsamen Langweiligkeit, wenn nicht gar der Wirklichkeitsferne und bequemen Verklärung eines längst unzeitgemäß gewordenen Ideals verleiht. Über die Idee der *Novelle* wird sich jedenfalls kaum mehr sagen lassen, als Goethe selbst gesagt hat, wohl aber über ihren Reiz als Kunstwerk, wie er sich bei genauerer Betrachtung enthüllt. Denn anwendbar ist Goethes eigene Definition kaum auf jene feinen Fäden menschlicher Beziehungen, die von der jungen Fürstin ausgehen, zu ihr zurücklaufen und erst wirkliches Interesse an der erzählten Begebenheit erwecken. Demgegenüber ist die melodramatische Besänftigung des Löwen am Ende und seine erneute Inbesitznahme durch die Schaustellerfamilie, worauf Goethes Definition ja zielt, ein rein symbolischer Akt, dessen Bedeutung zwar ersichtlich ist, aber über dessen geschmackvolles Gelingen sich durchaus streiten läßt.

3.

Symbolreich ist Goethes *Novelle* insgesamt. Handlung und Realien existieren nicht als ein in seiner ganzen Fülle dargestelltes Stück Leben, wie es der Roman in zunehmendem Maße erstrebte, sondern sie sind von vornherein und ganz offensichtlich symbolisch, das heißt als Träger von Sinn konzipiert. Das gilt am deutlichsten für die Landschaft, die beiden Schlösser, für Stadt und Markt, und es gilt ebenso für das Geschehen, also für Jagd, Feuersbrunst und die Begegnung einiger der Personen mit Löwe und Tiger. In Schillers Ballade waren Tiger und «Leu» lediglich die beiden gefährlichsten Raubkatzen, die die Natur aufzuweisen hat, wodurch Risiko und Mut von Ritter Delorges nur noch stärker aufleuchten, als der provozierende Handschuh zwischen beide fällt. Das Auftreten der Tiere als Paar war also eine technische Notwendigkeit, aber hinsichtlich der realen Gefahr hätten es auch zwei Löwen oder zwei Tiger sein können. Goethe hingegen unterscheidet: der Tiger wird umgebracht, der Löwe heimgeführt.

Eine solche Differenzierung besitzt eine lange Tradition, wenngleich in der Wertung dieser Tiere stets beträchtliche Unterschiede zwischen verschiedenen Kulturen existiert haben. Goethe selbst hatte 1794 in seinem Epos

Reineke Fuchs den Löwen als König der Tiere vorgeführt, und so, als Wappentier, als Symbol von Macht, Kraft und Würde ist er innerhalb der europäischen Kultur allgemein akzeptiert worden. Im Tiger hingegen, dem reißenden Raubtier, verband sich Kraft mit Wildheit und ungebändigter Triebkraft. William Blakes Gedicht *The Tiger* aus den frühen neunziger Jahren ist dafür zu geradezu klassischer Berühmtheit gelangt; 1811 erschien in dem Journal *Vaterländisches Museum* eine deutsche Übersetzung. In den «Wäldern der Nacht» «brannte» dieser Tiger, und eine tiefe Kluft in der Natur wurde durch seine Existenz aufgerissen, die Blake die Frage an den Schöpfer stellen ließ: «Der das Lamm schuf, schuf er dich?»[21] Auf einen derartigen Tiger jedenfalls hätte sich die poetische Forderung «Löwen sollen Lämmer werden», von der Goethes Schaustellerknabe später singt, schwerlich glaubhaft übertragen lassen – der Tiger muß sterben.

«Wie wenig, wie viel sind beide verschieden.»[22] In diese Goethesche Feststellung über Löwe und Tiger ließe sich der Gegensatz zwischen beiden Tieren durchaus zusammenfassen. Nur handelt es sich bei diesen Worten keineswegs um einen Kommentar Goethes zu seiner *Novelle*, sondern um einen Satz aus dem frühen *Naturgeschichtlichen Beitrag zu Lavaters Physiognomischen Fragmenten* vom Ende der siebziger Jahre. Daran läßt sich nun jedoch die grundsätzliche, für das Verständnis Goethes wichtige, ja unentbehrliche Beobachtung knüpfen, daß die Realien seines literarischen Werks vielfach zugleich Gegenstand des wissenschaftlichen Interesses darstellten, ganz wie ihm Wissenschaft nicht ohne ästhetische Perspektiven denkbar war. So finden sich in seinen osteologischen Studien verschiedentlich Gedanken über die Gestalt des «Katzengeschlechts», das ihm in der «Stufenreihe» fleischfressender Tiere obenan zu stehen scheint. «Löwe und Tiger haben eine sehr schöne schlanke Bildung»,[23] heißt es in den «Heften» *Zur Morphologie* – im Gegensatz etwa zur Disharmonie im Knochenbau der Affen, aber auch zu Breite und Schwere des Bären. Feststellungen dieser Art waren aus konkreter Anschauung gewonnen. Für das Weimarische «zoologische Kabinett» zum Beispiel habe man, so berichtet Goethe in diesen «Heften», dasjenige erworben, «was den mit Tieren herumziehenden Fremden hie und da verunglückte. [...] Wie denn einst, bei großer Kälte, ein zu Nürnberg verendeter Tiger, mit der fahrenden Post, stark gefroren anlangte und noch jetzt ausgestopft und skelettiert unsern Museen zu vorzüglichem Schmuck gereicht.»[24] Goethes Tiger war nicht nur Symbol, sondern leibhaftig zugleich. Auch ein wirklicher Löwe kam, wenngleich auf andere Art, am Frauenplan ins Gespräch, und zwar gerade zur Zeit der Arbeit an der *Novelle*, als Kanzler von Müller Goethe und Eckermann «Nachrichten aus öffentlichen Blättern» mitteilte, «unter andern von einem Wärter einer Menagerie, der aus Gelüste nach Löwenfleisch einen Löwen getödtet und sich ein gutes Stück davon zubereitet habe. ‹Mich wundert, sagte Goethe, daß er nicht einen Affen genommen hat, welches ein gar zarter schmackhafter Bissen seyn soll.›»[25] So wenig beide Vorfälle mit der *Novelle* unmittelbar etwas zu tun haben, so sehr zeigen sie noch einmal, daß Goethes poetische Symbolik in der Tat nicht von den Realien seiner Welt trennbar war.

Die seltsame, überraschende Begegnung im kleinen Deutschland mit exotischem Großwild gehört jedoch zugleich noch in einem anderen, weiteren geschichtlichen Sinn zu den Realien von Goethes Welt. Sie ereignet sich nämlich literarisch zu einer Zeit, da sich ein tiefgreifendes Neuverständnis des Exotischen als des Fremden, der europäischen Zivilisation Fernen und vorwiegend, wenngleich nicht ausschließlich Tropischen, vollzog, angesichts der Tatsache, daß dieses Exotische seit der Mitte des 18. Jahrhunderts nicht nur geographisch erschlossen und wissenschaftlich registriert worden, sondern nun auch weitgehend in europäischen Besitz übergegangen war. Darüber ist im Zusammenhang mit den Betrachtungen zu Goethe, Alexander von Humboldt und einem Satz aus den *Wahlverwandtschaften* bereits gesprochen worden. Die Folge solcher Umwertung war, daß das Interesse für die exotische Pflanzen- und Tierwelt zur regelrechten Modeerscheinung in Europa wurde und daß man für die zoologischen Gärten die fremde Tierwelt aus den Käfigen der Wandermenagerien befreite, sie in möglichst naturnaher Umgebung vorstellte, aber gleichzeitig auch ein ästhetisches Spiel mit diesen fremden Dingen zu treiben begann. Erinnert man in diesem Zusammenhang an die Exotik der Stoffe und der Metaphorik in der Lyrik Heines, Chamissos, Freiligraths oder Lenaus, so wird nicht nur erkennbar, daß dergleichen sehr verschieden interpretiert wurde, sondern daß es sich zugleich in der unmittelbaren zeitlichen Nähe zu Goethes *Novelle* ereignete. Goethe seinerseits las James Fenimore Cooper, der von der größten Aneignung des Exotischen durch die europäische Kultur, nämlich von der Gründung der Vereinigten Staaten Nordamerikas erzählte. Spuren dieser Lektüre will man sogar unmittelbar in der *Novelle* gefunden haben.[26]

Zum Exotischen gehörte auch der Vordere Orient, also die Kultur des arabisch-persischen Raums, des «Morgenlandes», die Goethe, den «Abendländer», zu seinem Ausflug in den «reinen Osten» des *West-östlichen Divan* inspiriert hatte. Ihrerseits davon inspiriert, hat sich die Goethe-Forschung später auf die Suche von «Morgenländischem» in anderen seiner Werke gemacht, so auch in der *Novelle,* hier vor allem durch die Behauptung, jene Schausteller, denen Löwe und Tiger gehören, Zirkusleute also und fahrendes Volk im Herzen Europas, seien «Morgenländer».[27] Identifikationen dieser Art tragen die Gefahr in sich, durch gewisse Begriffe und Vorstellungen die reproduzierende Einbildungskraft der Leser einzuengen oder auf falsche Fährten zu lenken. Die Ansprache des Schaustellers an den Fürsten und dann auch das Lied des Kindes enthalten Verweise auf biblische, speziell alttestamentarische Bilder und Gleichnisse, obwohl man darin auch einiges aus der pathetischen Sprache der Indianer wiedererkannt haben will, die Goethe durch die Lektüre Coopers kennengelernt hatte.[28] Machen jedoch sprachliches Pathos, «bunte und seltsame Kleidung» sowie ein «schwarzäugiger, schwarzlockiger Knabe»[29] die Schausteller schon zu «Morgenländern»? Und was sind «Morgenländer» überhaupt? Goethe selbst ist mit der Metapher «Morgenland» vorsichtig umgegangen und verwendet zum Beispiel in den *Noten und Abhandlungen* zum *West-östlichen Divan* statt dessen eher das geographisch präzisere Wort «Orient», wobei er zugleich genaue ethnische Vorstellungen damit verbindet. Ob jedoch Schausteller auf deutschen Jahrmärkten im ethnischen Sinn «Morgenländer», also Araber, Syrer, Perser und Türken waren, denen Bibelkenntnisse kaum nahegelegen hätten, muß sehr bezweifelt werden. Eher gehörten sie zu jenem ethnisch nicht bestimmbaren «fahrenden Volk», das Jahrmarkts- und Zirkusleute bis weit ins 20. Jahrhundert charakterisiert hat.[30] Daß sie Fremde, Außenseiter im kleinen Fürstentum sind und zugleich einfache Leute, aus deren Kollektivbewußtsein eine ältere Tradition spricht als diejenige höfischer Vorstellungen und Gebräuche, dürfte das einzig Wesentliche sein, das Goethe mit ihrem Auftreten und Sprechen verbindet. Damit aber stellt er seine *Novelle* in prinzipiell neue historische Koordinaten im Vergleich zu Schillers rein im höfischen Milieu spielender Ballade. Dieser Löwe und dieser Tiger sind Wesen einer sich im Wandel befindenden Welt, und der Wunsch der Fürstin, sich «heute weit in der Welt umzusehen», könnte auf diesem kleinen, wenngleich abenteuerlichen Ausritt durchaus in Erfüllung gehen, falls sie es fertigbringt, mit Goethes Augen um sich zu blicken.

Das soll nicht heißen, daß Orientalisches keinerlei Spuren in der *Novelle* zurückgelassen habe. Legenden aus Christentum und Antike vereinigen sich im Bilde des löwenbezähmenden Knaben, der Daniel, Androclus, Orpheus in einem ist oder zuweilen gar als eine Christus-ähnliche Gestalt angesehen wurde.[31] Biblische Weisheit spricht in der Tat aus den Worten des Schaustellers, Spuren von *1001 Nacht* sind bemerkt worden, aber all dies wie auch festgestellte oder behauptete Einflüsse von – in alphabetischer Reihenfolge – Cooper, Mozart, Novalis, Schiller oder Tieck können lediglich die Aufmerksamkeit auf Züge von Goethes Werk und Arbeitsweise schärfen, nicht jedoch erklären helfen. Die Exotik jedenfalls, um die es hier letztlich geht, ist nicht mehr eine geographisch bestimmbare, sondern eine des weiten, unerforschten Territoriums im menschlichen Inneren zu einem Zeitpunkt, da der Mensch selbst großen Veränderungen in seiner Tätigkeit wie in seinem Verhältnis zur Natur und seiner Rolle in ihr ausgesetzt war.

4.

Quellensuche hat ebenso hinsichtlich der Landschaft stattgefunden, in der sich die Ereignisse der *Novelle* abspielen. Aber ob nun die Gegend um das kleine Fürstentum mit Residenzstadt und zwei Schlössern diejenige von Vaduz, Rudolstadt, Dornburg, Teplitz oder Eisenberg in Böhmen ist, dürfte kaum erheblich sein. So genau Goethe Landschaft beobachten konnte, wenn es sich um geologische Probleme handelte oder – wie in der *Novelle* – Baumarten bezeichnet werden sollen, so wenig war es ihm in seinem literarischen Werk je um einen dokumentarischen Realismus zu tun, am wenigstens aber hier, wo selbst Fürst und Fürstin keinen Namen tragen. Seiner Vorstellung vom Symbol entsprach es allerdings, daß das Reale als dessen formativer Bestandteil seine Eigenexistenz behielt und sich nicht zum blassen Zeichen einer Idee verflüchtigte, was nun freilich zu geographischer Lokalisierung ermutigte.

Die Landschaft der *Novelle* aber bleibt mit ihrem Gegensatz von Wald und Gebirge einerseits und bewirtschafteter Ebene andererseits vorwiegend im Bereich des symbolisch Signifikanten. Eingelassen in diese fruchtbare Landschaft ist eine «öde, steinige Fläche»[32] dicht vor dem alten Schloß und also zwischen diesem und dem neuen liegend, auf der sich später die Großwildjagd und eine Art Demonstration der Schaustellerfamilie ereignen, die aber schon gleich zu Anfang erwähnt wird als der Ort, an dem die Fürstin durch ein Fernrohr[33] die Jagdgesellschaft ihres Mannes zum letzten Mal vor dem Eintritt ins Gebirge sieht. Es ist, als wenn Goethe mit dieser Fläche die Bühne für den dramatischsten Teil seiner *Novelle* der produktiven Natur entrücken wollte an einen neutralen Ort. Aber er brauchte die Fläche freilich auch, um Anfang und Ende der Erzählung mit Abgang und späterem Wiedererscheinen des Fürsten plausibel zusammenzubringen – nicht nur der Symboliker, sondern auch der Regisseur Goethe ist hier tätig.

Hatte die Fürstin dort zuletzt ihren Ehemann erblickt, als er sich endgültig von der zivilisierten Welt abwandte und in die Tiefe der Wälder zum männlichen Geschäft des Jagens begab, so wird sie, als sie selbst die Ebene erreicht, von da aus den Brand in der Stadt sehen, und zwar gleichfalls mit Hilfe jenes «Sehrohrs», denn Honorio «war immer gewohnt, ein so förderliches Werkzeug überzuschnallen.»[34] Es dient der jungen Frau tatsächlich, sich «weit in der Welt umzusehen», und zwar nicht nur im Raum, sondern auch in der Zeit, ruft doch die Entdeckung des Brandes in ihr die Erinnerung an die Erzählungen des Oheims von seinem früheren Branderlebnis wach. Die wichtigste Funktion nicht des erinnerten, sondern des wirklichen Brandes in der Stadt ist es allerdings, die exotischen Tiere freizusetzen und den Fürsten zum Abbruch der Jagd und zur Rückkehr zu nötigen. Alle Details über die Katastrophe sind deshalb in der so knappen, kondensierten Erzählung ausgespart. Interessant ist aber im Grunde auch nicht, was der Oheim einst bei seiner Feuersbrunst erlebt oder empfunden hatte, denn er verschwindet aus der Geschichte, sobald ihn die Fürstin zum realen Brand in der Stadt schickt. Interessant allein ist, wie sich eine solche Katastrophe im Bewußtsein der Fürstin selbst spiegelt; daß sich die Erzählung in sie «leider nur zu tief» einsenkte, hatte der Erzähler ja ausdrücklich betont. Alle Einzelheiten des Nicht-Erlebten sieht sie jetzt wieder vor sich und am Ende auch die Summe aus solcher Erfahrung: «Hartnäckige Charaktere, willenstarke Menschen widersetzten sich grimmig dem grimmigen Feinde und retteten manches, mit Verlust ihrer Augenbraunen und Haare. Leider nun erneuerte sich vor dem schönen Geiste der Fürstin der wüste Wirrwarr, nun schien der heitere morgendliche Gesichtskreis umnebelt, ihre Augen verdüstert, Wald und Wiese hatten einen wunderbaren bänglichen Anschein.» Und sogleich springt der Tiger aus dem Gebüsch, «wie sie ihn vor kurzem gemalt gesehen [...], und dieses Bild zu den furchtbaren Bildern, die sie so eben beschäftigten, machte den wundersamsten Eindruck.»[35]

Ängstlich reagiert die Fürstin keineswegs; erst Honorio muß sie zur Flucht zurück auf die öde Fläche auffordern, wo er dann schließlich auch den der Fürstin nachsetzenden Tiger erschießt. Das ist zwar keine vorsätzliche Jagd, aber im Effekt dennoch eine, bei der genau genommen die Fürstin das eigentliche Objekt ist, für den Tiger zunächst und dann – auf dem Territorium der Gefühle – auch für Honorio, den man sich als etwa gleichaltrig mit der Fürstin wird vorstellen müssen. Es ist die dramatischste, aber zugleich psychologisch subtilste Partie der Novelle. Deshalb ist es eigentlich auch unbedeutend, ob auf Honorios Eifer und Mut ein Schatten von Ironie seitens des Erzählers liegt, weil es sich nach den späteren Versicherungen der Schaustellersfrau um ein zahmes Tier handelte. Daß Honorio falsch gehandelt habe, weil er durch die Jahrmarktsbilder vom mohrenzerreißenden Tiger in ein falsches Bewußtsein von dessen Gefährlichkeit geraten sei, läßt sich kaum behaupten. Tiger sind nun einmal keine friedlichen Waldtiere, und Honorio hätte kaum mit Neugier und Gelassenheit den weiteren Lauf der Dinge abwarten können.[36] So erfährt er lediglich etwas von der Ambivalenz, ja dem Dilemma allen Handelns, wie es ihn auch sonst die Vorgänge der *Novelle* lehren.

Die Episode von der Erlegung des Tigers steht in der Mitte der *Novelle* und bildet hinsichtlich der Entwicklung epischer Spannung deren Höhepunkt. Daraus folgt die mehrfach gestellte Frage, ob die Fürstin überhaupt die Heldin von Goethes *Novelle* sei.[37] Tatsächlich ist sie im größten Teil des Textes anwesend, und ihretwegen werden alle Aktionen von der Lehrstunde über die Stammburg bis zur Tigerjagd veranstaltet. Es gibt also vom Technischen her durchaus gute Gründe, sie als Zentralgestalt des kleinen Werks zu bezeichnen. Schwerer zu entscheiden wäre, ob sich die *Novelle*, besäße die Fürstin einen Namen, nach ihr benennen ließe. Sucht man nach Vergleichen unter anderen Werken Goethes, so wird man wohl eher geneigt sein, der *Novelle,* anders als der *Iphigenie*, dem *Tasso,* der *Natürlichen Tochter* oder dem *Faust,* eine Einzelgestalt als Titelheldin zu versagen, sondern sie eher in Verbindung bringen mit jenem gesellschaftlichen, nicht mehr nur auf die Problematik eines Individuums gerichteten Erzählen Goethes, wie es die *Wahlverwandtschaften* zuerst rein dargestellt und die *Wanderjahre* Wilhelm

Meisters dann fortgesetzt hatten. Mit beiden ist die *Novelle* am nächsten verwandt. Konzipiert worden war sie noch als Jagd-Epos, als ein adliges Gegenstück zu *Hermann und Dorothea*, dieser Vermählung von klassischem Epos und deutscher bürgerlicher Novelle. Fürstin und Junker aber waren gerade in diesem ersten Entwurf noch nicht vorhanden. Erst im großen Schema mit 107 Punkten, fast dreißig Jahre später, ist die Rolle des jungen Adligen gegenüber seiner Herrin deutlich gezeichnet. Dort trägt er noch den Namen Alfred – die Umbenennung in Honorio erfolgte erst nach dem Beginn der Ausführung und beschloß den Prozeß der Herausbildung eines episodenhaften Konflikts zwischen gesellschaftlicher Rolle und privatem Empfinden. Goethes Neigung zu ungewöhnlichen Namen oft romanischen Ursprungs verrät hier ihren eigentlichen Zweck: sie bestätigt die Eigenart und Individualität der benannten Persönlichkeit, wo ein deutscher Name, zumindest bei der Mehrzahl der Leser, sogleich bestimmte gesellschaftliche Assoziationen oder Identifikationen hervorgerufen hätte.

Nirgends in seinem Werk hat Goethe Gefühlsbeziehungen zwischen den Geschlechtern verhaltener gezeichnet als hier. Keine Liebesgeschichte vollzieht sich, kein adliger Werther engagiert sich leidenschaftlich. Mutig schützt der junge Mann seine Fürstin, ganz im Stile jener mittelalterlichen Helden, die das Modell für aristokratisches Verhalten auf lange Zeit prägten und deren Kampfübungen offenbar bis in Honorios Gegenwart weiter gepflegt wurden, denn «im Lanzen- und Ringelspiel» hatte ihn die Fürstin oft gesehen. «Ebenso traf in der Reitbahn seine Kugel im Vorbeisprengen den Türkenkopf auf dem Pfahl gerade unter dem Turban in die Stirne, ebenso spießte er, flüchtig heransprengend, mit dem blanken Säbel das Mohrenhaupt vom Boden auf.»[38] Aber wie im Grunde schon Schillers Ballade vom Handschuh einen Bruch mit dem ritterlichen Ehrenkodex vorführte, weil ihm keine menschlichen Werte mehr zuzuordnen waren, so erweist sich das auch bei Honorios Rittertum. Sein Ort wäre allein die alte Stammburg gewesen, auf deren Galerien «der Ritter sonst auf und ab schritt.»[39] «Blankes Schwert erstarrt im Hiebe»,[40] werden die drei Schausteller, zur Friedlichkeit mahnend, der adligen Jagdgesellschaft später vorsingen. Allein mit den Objekten ritterlicher Kraftübung ließ sich in den zwanziger Jahren des 19. Jahrhunderts so nicht mehr umgehen, denn gegen die Türken gab es in den Jahren, da Goethe an der *Novelle* arbeitete, einen realen Aufstand im Lande der Griechen, und die «Mohren» waren Teil jener von Europa in kolonialen Besitz genommenen Exotik, falls sie nicht als Sklaven ins neue, freie Amerika verschleppt wurden. Honorio bleibt im Dilemma des Handelns gefangen, in dem nicht nur der subjektive Mut zählt, sondern auch der objektive Nutzen. Zwar kniet er vor der beschützten, verehrten und wohl auch geliebten Fürstin, aber da er es tut, kann seine Bitte nur die Erlaubnis zum Weggehen sein. Seine Zeit ist die Zeit der individuellen Neigungen, und Gefühle sind nicht mehr verwaltbar mit den Kodizes des mittelalterlichen

Minnedienstes. War Tasso nach Goethes eigener Charakterisierung ein gesteigerter Werther, so ist Honorio nun eine Art gemäßigter Tasso. Er wird «überwinden»,[41] wie ihm die Schaustellersfrau versichert, und auf den Weg nach «Abend», den sie ihm weist, weil es dort «viel zu tun» gebe, wird er die ganze, durch die Reisen des 18. Jahrhunderts bekannt gewordene widersprüchliche Welt finden, ganz gleich, ob man nun meint, Goethe habe ihn nach Amerika schicken wollen, nach Frankreich oder an den Rhein. Fortdauern wird auch die «gewisse Trauer», aber sie ist der Preis der individuellen Freiheit und Selbständigkeit. Weltkenntnis jedenfalls ist relevant geworden in dieser Zeit, die sich auf die Inbesitznahme der Erde durch die Technik vorbereitete. «Wer das Glück hat, an Eurer Tafel zu sitzen», sagt Honorio zur Fürstin, «wen Ihr beehrt, Eure Gesellschaft unterhalten zu dürfen, der muß die Welt gesehen haben.»[42] Ottilie wollte «Humboldten» erzählen hören; Honorio kann sich damit nicht begnügen. Aber statt der «Kavalierstour»[43] des 18. Jahrhunderts gab es im bürgerlichen Zeitalter neue Dimensionen und Aufgaben für edle Reisende. In den Tagen, da er die Arbeit an der *Novelle* aufnahm, entstand Goethes Begrüßungsgedicht für den «Reisefürsten», den von einer Amerikareise nach Weimar zurückkehrenden zweiten Sohn Carl Augusts: «Die Erde wird durch Liebe frei, / Durch Taten wird sie groß.»[44] Eine Lebensweisheit für Honorio hätte nicht besser lauten können.

Offen bleibt nur, wie weit die Fürstin von sich aus in diese Episode verstrickt ist. «Der Jüngling war schön, er war herangesprengt, wie ihn die Fürstin oft im Lanzen- und Ringelspiel gesehen hatte.»[45] Bestätigt der Erzähler hier Honorios Schönheit oder ist es ein Urteil der Fürstin, das er wiedergibt? Später, gegen Ende der Geschichte, wird es von der Frau des Schaustellers mit Bezug auf Honorio heißen: «sie glaubte nie einen schönern Jüngling gesehen zu haben.»[46] Bei der Fürstin fehlt solche Eindeutigkeit. Unverkennbar aber ist, daß auch sie auf diesem von ihr gewollten Ausritt in Wirren gerät an einem Tage, der, wovon wir nur andeutend erfahren, mit tiefen Emotionen begonnen hatte. Zur Pansstunde am hohen Mittag, beim weiten Ausblick über das Land, spricht sie ein paar erbauliche Worte: «Es ist nicht das erstemal, […] daß ich auf so hoher, weitumschauender Stelle die Betrachtung mache, wie doch die klare Natur so reinlich und friedlich aussieht und den Eindruck verleiht, als wenn garnichts Widerwärtiges in der Welt sein könne, und wenn man dann wieder in die Menschenwohnung zurückkehrt, sie sei hoch oder niedrig, weit oder eng, so gibts immer etwas zu kämpfen, zu streiten, zu schlichten und zurechtzulegen.»[47] In der Tat handelt die *Novelle* von nichts anderem, und der Begriff «Jagd» ist die summarischste Bezeichnung einer solchen Störung des Friedlichen.

Unmittelbar nach den Gedanken der Fürstin beim Ausblick über das Land wird sie, wie schon gesagt, selbst Teilnehmerin einer Jagd, allerdings zunächst dem Anschein nach als die Gejagte: «Sie sprengte, was das Pferd vermochte, die steile, steinige Strecke hinan, kaum fürchtend, daß ein zartes Geschöpf, solcher Anstrengung ungewohnt, sie nicht aushalten werde.»[48] Das «zarte Geschöpf» – Goethe hat eigenhändig über «Geschöpf» das Wort «Pferd» geschrieben[49] – erweist sich aber als durchaus kräftig, besonnen und der Lage gewachsen. «Gebt ihm den Rest», ist der Fürstin energisches Wort des Ansporns für Honorio bald darauf.[50] Auch sie wird für den Augenblick nach Maßgabe ihrer Möglichkeiten zur Jägerin, verschwistert der Jägerin Eugenie, der natürlichen Tochter in Goethes Drama, die aus solch adligem Geschäft vertrieben und ins Bürgerliche genötigt wird. Dergleichen geschieht der Fürstin nicht, denn sie lebt in einer Zeit, die mehrere Jahrzehnte nach derjenigen Eugenies liegt. Die Revolution ist vorüber, und nach Goethes Wunsch scheinen Maß und Gleichgewicht zu herrschen. Dazu paßt sogar, daß der Tiger eben das gefährliche Tier nicht war, für das man ihn halten mußte. Honorio jedenfalls betrachtet seinen Sieg nicht ohne gelassene Überlegenheit, wenn er trotz des Ansporns durch die Fürstin von dem sterbenden Tier abläßt: «Er ist schon tot genug, und ich mag das Fell nicht verderben, das nächsten Winter auf Eurem Schlitten glänzen soll.» Worauf ihm die Fürstin entgegnet: «Frevelt nicht! [...] alles, was von Frömmigkeit im tiefen Herzen wohnt, entfaltet sich in solchem Augenblick.»[51] Ist das ein etwas überzogenes Pathos? Und von welcher Frömmigkeit ist hier die Rede und in was für einem Augenblick? Ist es der Augenblick der Todesgefahr, der Verwandlung der Jagd in eine rettende Tat oder der Offenbarung einer verhaltenen Neigung? Goethe hatte nur zur Hälfte recht, wenn er behauptete, daß seine *Novelle* fast gar nichts «Innerliches» enthalte. Schon Ottilie in den *Wahlverwandtschaften* mußte ja erfahren, daß es eine Exotik der Gefühle gibt, die sich auch in mittleren Breiten entfalten und den Menschen verändern oder gefährden kann. Gleiches geschieht hier. Den Löwen sieht man am Ende friedlich und zahm, und vom Tiger wird, wie gesagt, den Lesern außerhalb und der höfischen Gesellschaft innerhalb der Erzählung ziemlich glaubhaft versichert, daß er letztlich ebensowenig aggressiv wie dieser gewesen sei. Von den wilden Tieren also drohte den Menschen geringere Gefahr als von der inneren Exotik, der vom Paradiese her mitgebrachten Lust zur Versuchung. In Honorios anschließender Bittszene allerdings verhält sich die Fürstin dann sogleich, wie sie soll. Was in ihr seit dem Ausritt aus dem neuen Schloß vorgegangen ist, läßt sich nur aus wenigen Spuren ablesen, am deutlichsten zuerst angesichts der mittäglichen Landschaft, die sie zu besinnlicher Betrachtung über die Welt im großen inspiriert, auf die es ja bei ihrer Exkursion abgesehen war. Als ihr dann große Welt in Gestalt eines exotischen Tieres begegnet, handelt sie deshalb durchaus nicht in Panik, sondern nötigt sich zu Selbstbeherrschung und Besonnenheit, was auch immer sie dem vor ihr knienden Jüngling gegenüber fühlen mag. Ihrem zurückkehrenden Ehemann und Jäger wird sie mit ihrer eigenen Jagderfahrung jedenfalls spürbar als eine andere gegenübertreten, nicht mehr nur als die Zurückgelassene, sondern ihrer selbst bewußt geworden im Handeln und Empfinden. Auch mit solch andeutender Veränderung einer Geschlechterrolle versetzt Goethe seine kleine Erzählung in eine neue Zeit. Danach tritt die Fürstin in den Hintergrund der Geschichte, die, das wird nun endgültig klar, nicht nur ihretwegen erzählt wird.

5.

Das letzte Drittel der *Novelle* wird von der Schaustellerfamilie beherrscht, deren Dialogpartner zunächst der junge Fürst ist, der seinen widerwillig angetretenen «Kriegszug» in die Wälder angesichts der fernen Rauchwolken abgebrochen hat. «Wie auf gewaltsam hetzender Jagd»[52] kehrt er zurück und sieht auf dem Schauplatz dieses «seltsamen unerhörten Ereignis[ses]», also besagter «öder, steiniger Fläche», Ehefrau, Hofjunker, toten Tiger und die klagende Schaustellersfrau samt Knaben vor sich. Eine Art Fürstenerziehung ereignet sich nun. Denn als der Schausteller mit der Nachricht vom gleichfalls ausgebrochenen Löwen herbeieilt und um das friedliche Einfangen des Tieres bittet, verzichtet der Fürst zum zweitenmal auf eine «Jagd», die diesmal freilich nur der Sicherheit des Landes hätte dienen sollen. Eine Art Theorie für diese Bitte um Friedlichkeit liefert dazu die Ansprache des Schaustellers an den Fürsten, bunt in der Mischung heimischer und exotischer Naturmetaphorik und fremd zugleich. Sie ist eine späte Zutat Goethes zum ursprünglichen Konzept des Werkes.

Gegenstand der mit Bibelzitaten geschmückten Anrede des Schaustellers an den «Herrn und mächtigen Jäger»,[53] den Nimrod der Genesis 10,8 f., ist das Lob Gottes in der ewig sich erneuernden Natur. Fische, Ameise, Biene und königlicher Löwe «im Palmenwald» repräsentieren sie, als Gegenfigur aber nach Hiob 39,19 ff. das Pferd: es «stampft und scharrt» den Bau der Ameisen auseinander, «es zertritt ihre Balken und zerstreut ihre Planken, ungeduldig schnaubt es und kann nicht rasten, denn der Herr hat das Roß zum Gesellen des Windes gemacht und zum Gefährten des Sturms, daß es den Mann dahin trage, wohin er will, und die Frau, wohin sie begehrt.»[54] Gerade das nun ist, wenn man sich erinnert, im Laufe der *Novelle* mit den «Jägern», mit Fürst, Fürstin und Honorio geschehen. Wesen des Instinkts und nicht der Vernunft offensichtlich, haben sie den Mann dorthin getragen, wohin er wollte, und die Frau dorthin, wohin sie begehrte, mit dem Ergebnis, daß beide ihr Ziel nicht erreichten.

Es ist das feine Verweben von Realien, Verweisen, Bezügen, Gedanken, Gefühlen und Idealen, das den Reiz und die hohe Kunst von Goethes *Novelle* ausmacht, ein Stück Poesie für Feinschmecker sozusagen, womit denn zugleich ihre Grenzen bezeichnet zu sein scheinen. Aber die Rede des Schaustellers enthält trotz der Subtilität ihrer Anspielungen eine recht deutliche, ja geradezu handfeste Botschaft, die Botschaft nämlich vom Anachronismus der Jagd in einer Welt, in der eigentlich friedliche Marktwirtschaft herrschen sollte. Ein solcher Wunsch läßt sich im biblischen Sinne als zeitlos, im historischen Sinne jedoch als durchaus aktuell für Goethe verstehen nach einem großen Kriege, im Augenblick neuer politischer Gärung in einer Epoche weitreichender sozialer wie immenser technischer Veränderungen. Nur fragt sich, ob das kleine deutsche Land mit seinem verantwortungsvollen Fürsten, das Goethe seiner *Novelle* zugrundelegt und das ihm selbst als wünschenswert erscheinen mochte, nicht lediglich eine biedermeierliche Ideallandschaft darstellte, der die deutsche Wirklichkeit nicht entsprach und das dementsprechend auch nicht trägt, was Goethe auf seinem Boden anzusiedeln versuchte.

Goethes *Novelle* ist nicht als sozialgeschichtliche Parabel angelegt. Dergleichen hat ihm stets fern gelegen. Nur besaß eben das, was sich da «vom tiefsten Grunde seines Wesens losgelöst» haben sollte, durchaus historischen Bezug und war tatsächlich «ein Object, an dem man fast ein halbes Jahrhundert abspinnen konnte.»[55] Dahin gehört auch das poetische Spiel mit den Tieren: zwei exotischen, von denen das gefährlicher scheinende erlegt, das in der Tradition als majestätisch geltende besänftigt von den Schaustellern heimgeführt wird. Das dritte Tier aber ist das heimische Pferd in der Rolle als unruhiges Element, nachdem es vorher in scheinbarem Kontrast als «zartes Geschöpf» bezeichnet worden war. Beides wird koordinierbarer beim Blick auf Goethes – freilich spätere – Rezension von Saint-Hilaires *Principes de Philosophie Zoologique*, in der das Pferd ein «edles Geschöpf» genannt wird, dessen «freies Dasein» nur «einer grenzenlosen Bewegung von hin- und herschwärmendem behäglichen Mutwillen geeignet zu sein scheint.»[56] Gleich zu Anfang, als man noch auf den Fürsten wartet, ist in der *Novelle* bereits von Pferden die Rede, denn sie sind die natürlichen Transportmittel der Jäger und damit selbst Teil der Jagd, woraus sich denn auch die ins Kritische gewendeten Bibel-Worte des um seinen Tiger gebrachten Schaustellers herleiten.

Eine Randbemerkung aus späterer Sicht drängt sich auf. Für Jahrtausende war das Pferd der Menschheit schnellstes Fortbewegungsmittel. Goethes *Novelle* erscheint nun genau in jenem historischen Moment, da dieses Privileg des Pferdes gebrochen wird: die Dampfkraft macht es zum erstenmal in der Menschheitsgeschichte entbehrlich – seine Kraft mutiert zur Maßeinheit für die um vieles stärkeren Maschinen und Motoren. In der deutschen Wirklichkeit dauerte es allerdings noch geraume Zeit, bevor die moderne Technik Fuß faßte. Außerdem jedoch blieb Goethe im Kontrast zu seiner Leidenschaft für die Naturwissenschaften den Veränderungen im Bereiche der Technik gegenüber bekanntlich zurückhaltend. Aber merkwürdig zeitgemäß bleibt dennoch die Mißbilligung des Pferdes durch den Schausteller hier, der ihm, das den Jägern dient, jene exotischen Wesen positiv gegenüberstellt, von denen das eine am Ende der *Novelle* sogar in deutsche Verhältnisse wieder eingemeindet werden soll, wenngleich unter der für alle Praxis fragwürdigen Bedingung, daß es zum Lamm werde. Damit jedoch hebt die *Novelle* ins Märchen ab.

Über den Schluß der *Novelle* ist viel Beachtenswertes geschrieben worden. Triftige Argumente sind für die Christlichkeit dieses Schlusses vorgebracht worden und ebenso triftige Argumente dagegen. Mit gleichem Nachdruck ist behauptet worden, daß das Ende utopisch oder nicht utopisch, politisch oder unpolitisch zu verstehen sei. Angesichts solcher Vieldeutigkeit mag es gut sein, sich an den Text und die Situationen dieser Schlußszene zu erinnern. Als der Wächter von dem ausgebrochenen Löwen auf der alten Stammburg berichtet, spricht er von dieser als von «dem Zauberschlosse [...], wozu es Fürst Friedrichs Geist und Geschmack ausbilden will.»[57] «Zauberschloß» scheint ein recht übertriebenes Wort für die von der Natur zum Teil überwucherte, wenngleich restaurierbare Ruine zu sein, aber das Wort steht an einer Nahtstelle zwischen dem ganz realen Geschehen und jenem Auftreten der Schaustellerfamilie, das eben ins Mythische-Märchenhafte hinübergleitet. Der Erzähler weiß, wie die Geschichte weitergeht; und das ein wenig aus der Rolle fallende Wort vom «Zauberschloß» bereitet den Leser auf das Kommende vor. Denn Goethe schuf sich mit der *Novelle* so etwas wie sein eigenes «Zauberschloß» – ein künstlerisches Gebilde, das in einfachen Bildern, verbunden zur Erzählung einer «unerhörten Begebenheit», aufs kondensierteste vieles von dem ausdrücken soll, was er selbst im Laufe seines Lebens an Erkenntnissen über den Zusammenhang von innerer Natur und gesellschaftlicher Bindung, von Gefühl und Vernunft, Gegenwart und Geschichte, Tradition und Wandel, Dauer und Wechsel, Nähe und Ferne an Erkenntnissen gewonnen hatte, Erkenntnissen, die in solcher Weite für ihn allein in den Bildern des sprachlichen Kunstwerks ausdrückbar waren. Die Antwort auf die Frage, ob die *Novelle* als Gefäß dafür wirklich fest und groß genug war, wird subjektiv bleiben und abhängig von der Bereitschaft, dergleichen um Goethes willen zu lesen und zu verstehen.

Das Märchenhafte des Schlusses übersteigt nicht gänzlich die Grenze des Wahrscheinlichen, denn es ist zumindest denkbar, daß eine Schaustellerfamilie ihr entlaufenes Tier auf die dargestellte Weise mit Musik und Beschwörungsformeln einfängt. Gesang und Musik entrücken die ganze Szene zwar ins Melodramatische und geradezu Opernhafte, das Goethe ja immer gelegen hatte, von den Versuchen zur Fortsetzung der *Zauberflöte* bis zum Ende des *Faust*. Bemerkenswert nur ist, daß das von ihm als Höhepunkt und Schlußpunkt gedachte Lied, so kunstvoll und kompliziert es auch sein mag, den einfachen Leuten doch glaubhaft anzugehören scheint. Die parataktische Aneinanderreihung und Mischung von Bildern und Mythen steht der Technik des Volksliedes nicht fern, und auch das freie Spiel mit Zeilen bei der Wiederholung zusammen mit der einfachen Religiosität der Worte sind den Sängern durchaus angepaßt, während diese wiederum durch die Exotik ihrer Erscheinung Außergewöhnliches akzeptabel machen. Es sind nicht Untertanen des Fürsten, die in Erscheinung treten, keine Deutschen überhaupt in einer sozial definierten Rolle. Da hätte das Poetische leicht ins Peinliche oder Banale entgleiten können.

Zweimal wird das zur Beschwörung gedachte Lied vorgetragen, einmal vor dem Fürsten und der um ihn versammelten Gesellschaft und also offensichtlich für sie gedacht, und das andere Mal auf der Burg während der Löwenzähmung vor deren wenigen, aber dann auch vielen Zeugen, denn Adressaten sind diesmal zugleich die Leser. Der Knabe, so berichtet der Erzähler, aus der Erzählung hinaustretend, habe im Schloßhofe «sein beschwichtigendes Lied» abermals begonnen, «dessen Wiederholung wir uns auch nicht entziehen können»,[58] wie er in einer etwas magistralen Geste hinzufügt. Warum?

Goethes Lied ist aus Bestandteilen biblischer Mythen, christlicher Legenden und neutestamentarischer Gedanken komponiert, die im einzelnen festgestellt worden sind. Höhepunkt der Beschwörung des Gedichts ist die dritte Strophe mit der Adaption der Prophetie des Jesaja: «Wolf und Lamm sollen weiden zugleich, der Löwe wird Stroh essen wie ein Rind, und die Schlange soll Erde essen. Sie werden nicht schaden, noch verderben auf meinem ganzen heiligen Berge, spricht der Herr.» (Jes. 65,25) Das ist, ganz wörtlich genommen, eine Absage an die Jagd als legitimer Tätigkeit und damit natürlich eine Beschwörung des Friedens überhaupt. Verbunden wird diese alttestamentarische Prophetie aber mit der paulinischen Apotheose der Liebe innerhalb der Trias von Glaube, Liebe und Hoffnung, eine Verbindung, die freilich so problemlos nur im Gedicht zu vollziehen ist, das keinen theologischen Verbindlichkeiten unterliegt. Deshalb auch wird als Schlußwort der gesamten *Novelle* noch jene vierte Strophe hinzugefügt und nur einmal, eben an dieser exponierten Stelle zitiert:

Und so geht mit guten Kindern
Sel'ger Engel gern zu Rat,
Böses Wollen zu verhindern,
Zu befördern schöne Tat.
So beschwören, fest zu bannen
Liebem Sohn ans zarte Knie
Ihn, des Waldes Hochtyrannen,
Frommer Sinn und Melodie.[59]

Der Blick geht wieder auf den Knaben zurück, auf die Beschwörung im Burghofe, wo sich nun der Löwe dem Knaben zu Füßen gelegt hat, und die Mittel dieser Beschwörung werden preisgegeben: «frommer Sinn», also Glaubensfähigkeit, und «Melodie», also Musik, Kunst, das Schöne als Instrument zur «schönen Tat».

Daß letzte Wahrheiten einfach sind, ist bekannt. Von solchen Wahrheiten aber ist in der *Novelle* die Rede. Die deutsche aristokratische Gesellschaft des frühen 19. Jahrhunderts wird von Goethe in ihre eigene, von ihm allerdings einigermaßen idealisierte Sphäre entlassen, nachdem sie die Bilder des Liedes als Gedanken zur Kenntnis genommen hat, zusammen mit den Erfahrungen des Tages, die sie über die Gefährlichkeit oder Fragwürdigkeit ihrer Ausritte und Jagdunternehmen machen konnte. Ob es sich bei ihnen um «Entsagende» handelt, wie gelegentlich behauptet wird, ist aus dem Text nicht zu ersehen. Daß Fürst und Fürstin etwas gelernt haben, mag zu hoffen sein, aber Entsagung wäre ein zu großes Wort dafür. Ihr ferneres Leben geht in das Dunkel zurück, aus dem dieser Tag hervorkam. Allenfalls wäre Honorio mit diesem Begriff in Verbindung zu bringen, rät ihm doch die Schaustellersfrau: «Du wirst überwinden. Aber zuerst überwinde dich selbst!»[60] Was da zu überwinden ist, bleibt jedoch ganz innerlich – eine Lebenseinstellung eher als ein bezeichenbares Verhalten. In der Realität des Geschehens hätte sich Honorio der Fürstin gegenüber höchstens schlechter benehmen können, womit er denn tatsächlich ein Enkel Torquato Tassos geworden wäre, ohne allerdings auch nur annähernd dessen reiche, komplexe Persönlichkeit anzunehmen.

Die Schlußszene ist nur für diejenigen bestimmt, die Weiteres übersehen, also die vom Autor erhofften Leser. Aber auch sie werden nicht eigentlich belehrt und dürfen sich frei aus dem Text hinausbegeben. Konstatiert wird lediglich – und das ist ein großes, altes Thema Goethes und des Jahrhunderts, in dem er aufwuchs und das sein Denken prägte – die Doppelnatur des Menschen als Kreatur zwischen Tier und Gott, als Teil der Natur und als ihr Herr, als Subjekt und Objekt der Geschichte, das dennoch eine Sonderstellung in der Natur einnimmt als das allein im Bilde Gottes geschaffene Wesen.[61] Der Löwe herrscht «über alles Getier», erklärt der Schausteller in seiner Rede an den Fürsten und großen Jäger: «Doch der Mensch weiß ihn zu zähmen, und das grausamste der Geschöpfe hat Ehrfurcht vor dem Ebenbilde Gottes, wornach auch die Engel gemacht sind, die dem Herrn dienen und seinen Dienern.»[62] Es sind die Engel, die im Liede dann als Boten des Göttlichen auf und nieder schweben, wie am Ende des *Faust* in ähnlicher Mission, denn auch Doktor Faust war zwischen Tier und Gott, Schlange und Herrn hin und her gerissen. Für die Erfüllung des Menschlichen in seiner Ebenbildlichkeit mit Gott gibt es für Goethe keine anderen Erwartungen als die paulinische, vermittelt durch die Poesie. Daß solches Menschliche gelingt, ist dann ein «seltener menschlicher Fall»,[63] ins Legendäre entrückt in einem alten Burghof. Der «Tyrann der Wälder» und «Despot des Tierreiches»[64] wird vermutlich auch fernerhin auf Jahrmärkten oder in einem der ersten Zoologischen Gärten die Bürger mit exotischem Reiz locken und zugleich die Anschauung gezähmter Wildheit liefern. Aber das bleibt außerhalb von Goethes Betrachtung.

6.

Ein «seltsames, unerhörtes Ereignis»[65] hatte der Erzähler die Szene mit Fürstin, Hofjunker, Schaustellersfrau und totem Tiger genannt, die der Fürst bei seiner Rückkehr auf der «öden, steinigen Fläche» vorfindet. Ein «seltener menschlicher Fall» war danach der Versuch des flötenden Knaben zur Löwenbeschwörung, und als «eine sich ereignete unerhörte Begebenheit» hatte Goethe Eckermann gegenüber nicht nur diese *Novelle*, sondern die Novelle als Kunstform überhaupt zu bestimmen gesucht, denn dies sei ihr «eigentliche[r] Begriff, und so Vieles, was in Deutschland unter dem Titel Novelle geht, ist gar keine Novelle, sondern bloß Erzählung oder was Sie sonst wollen.»[66] Für die Theorie der Novelle ist das eine zwar beliebte, aber doch zugleich verwirrende Behauptung geworden, denn Goethe leitete seinen Begriff von der «alteuropäischen Novelle» der Renaissance ab[67] – als Versuch zur Definition der Novelle des 19. Jahrhunderts blieb sein Satz unzureichend. Im deutschen Sprachbereich entwickelte sich die Novelle als Kunst der kleinen Form zu einer Art Kompensation des großen Gesellschaftsromans, der in der Provinzialität der Staaten des deutschen Bundes keinen rechten Nährboden fand. Für die Novelle hingegen war Provinzialität kein Hindernis, sondern eher eine günstige Lebensbedingung, wie die Kunst Stifters, Kellers, Meyers oder Storms zeigt. Der einzelne «menschliche Fall» als Interaktion von Individuum und Gesellschaft war in ihr möglich, ohne daß die Totalität dieser Gesellschaft zugleich wahrgenommen und dargestellt werden mußte. Ihre Muster aber waren, wie schon für Heinrich von Kleist, eben jene «moralischen Erzählungen», die seit dem Ende des 18. Jahrhunderts in Journalen und Büchern den Markt überschwemmten und denen Goethe die Gattungsbezeichnung «Novelle» nicht zubilligen wollte. «Unerhört» war zwar oft, was darin erzählt wurde; es geschah jedoch innerhalb einer in sich abgeschlossenen Handlung, auf die nun Goethe wiederum in seiner *Novelle* zu verzichten schien.

Goethes «unerhörte Begebenheit» meinte etwas anderes als ein in sich geschlossenes, als «Geschichte» erzählbares Geschehen. «Fall», «Ereignis» und «Begebenheit» sind für ihn Begriffe für Exemplarisches, das Zugang zu einem Welt- und Lebensverständnis in den größten nur denkbaren Dimensionen ermöglichen soll. Das aber geschieht jenseits aller Logik und aller Kausalitäten; «Geheimnis» war bekanntlich eines seiner Lieblingswörter im Alter. Nur in der Sprache der Kunst jedenfalls erscheint ihm möglich, auszudrücken oder zumindest anzudeuten, was dem Zugriff begrifflicher Sprache entzogen bleibt. So werden Versuche zur Gestaltung des «Unerhörten» zu einem wesentlichen Charakteristikum seines Spätwerks; es sind zugleich Versuche, jene literarische Gefühlskultur, die er einst mit seinen frühen Werken begründen half, in die Erfahrungen des Alters hinüberzuführen und sie einer neuen Zeit zu bewahren und zu vermitteln. Ein Werk aus dem «tiefsten Grunde seines Wesens» sollte dennoch fast gar nichts «Innerliches» haben – diese beiden scheinbar so widersprüchlichen Äußerungen Goethes zur *Novelle* lassen sich aus dieser Perspektive sinnvoll verbinden, wenn bedacht wird, daß mit dem «Innerlichen», von dem in seinen «übrigen Sachen [...] fast zuviel» enthalten sei, jene unmittelbare, auf sich bezogene Beteiligung und Identifikation gemeint war, die seine frühe Prosa bestimmte, von der er aber in zunehmendem Maße Abstand nahm. Was Goethe in seiner *Novelle* versuchte, war in der Tat «unerhört» im Sinne des noch nie Gehörten, Unternommenen. In den Bildern einer «Begebenheit» versuchte er auszudrükken, was sich «begeben» hatte hinsichtlich der Veränderungen in Gesellschaft und im Wesen des Menschen, also nicht nur Rückschau und Umschau zu halten, sondern auch Vorschau, das heißt Erwartungen, Hoffnungen, Wünsche und Aufgaben für Zukünftiges auszudrücken.

Damit bürdete er einer kleinen Form eine große Last auf, denn dergleichen war eher im großen Mythendrama des *Faust* möglich als in der Prosa bürgerlicher Erzählkunst. Auch hier aber werden nun von ihm Symbol und Allegorie in Dienst gestellt, lassen sich jedoch nicht restlos funktionell in einen Erzählablauf einordnen und verschaffen dadurch der *Novelle* einen ganz und gar eigenen Charakter innerhalb der deutschen Novellenkunst des 19. Jahrhunderts. Seltsame, oft unerklärliche Bemerkungen, Behauptungen ohne Begründungen, offene Fragen, Beobachtungen, deren Ursprung und Perspektiven unsicher bleiben, finden sich darin. So entsteht der Eindruck eines Puppenspiels, bei dem hin und wieder für einen Augenblick Hand oder Gesicht des Puppenspielers sichtbar werden, man aber dabei doch zugleich empfindet, daß das Stück, das er spielt, über seine Begriffe geht. Jene scheinbar unmotivierten, nicht weiter begründeten Bemerkungen, Urteile, Beobachtungen oder Verfahrensweisen des Erzählers werden unter solchem Aspekt nun als Fenster ins «Unerhörte» begreiflicher. «Allzu lange» zaudert der Fürst beim Abschied von der Gemahlin, «leider nur zu tief» hat sich der Brandbericht des Oheims in die Fürstin eingesenkt. Gründe werden nicht gegeben. Gegen seinen Willen fast, so scheint es, brechen aus dem Erzähler Warnung und Bedauern heraus, die seine Gestalten aber nicht hören können, sondern die nur er mit den aufmerksam gewordenen Lesern teilt. Fürst und Fürstin sind Hauptpersonen und verschwinden dennoch sang- und klanglos vor dem Ende der Novelle. Sang und Klang kommt dafür aus den Kehlen fahrenden Volkes: ein Melodrama entfaltet sich, das im Grunde wenig mit dem sonst Erzählten zu tun hat, schön und harmonisch ist, aber dennoch eigentlich ein poetischer Gewaltakt, der nicht wirklich schließt, sondern wie anderes auch ins Offene leitet. Gottfried Benns bissiger Kommentar klingt verständlich: «Eine Menagerie fängt Feuer, die Buden brennen ab, die Tiger brechen aus, die Löwen sind los – und alles verläuft harmonisch. Nein, diese Epoche war vorbei, diese Erde abgebrannt, von Blitzen enthäutet, wund, heute bissen die Tiger.»[68] Der Satz stammt aus der 1937 entstandenen Erzählung *Weinhaus Wolf.* Aber natürlich bissen die Tiger auch schon zu Goethes Zeit, denn sonst hätte Honorio sich schwerlich zu seiner Aktion aufgeschwungen. Benns Argument lockt da in eine verkehrte Richtung.

Ob man am Ende der *Novelle* künstlerische Vollendung zugesteht oder nicht, wird subjektives Geschmacksurteil bleiben, abhängig von den Erwartungen, die Goethe jeweils entgegengebracht werden. Einen besonderen Status in seinem Werk besitzt sie immerhin. Goethe neigte insgesamt wenig dazu, mit Formen zu experimentieren, denn das, was er an Fremdem ergriff, gelang ihm zumeist sogleich als Eigenes. Hier jedoch, in der Prosa des Alters, in der *Novelle* wie auch in *Wilhelm Meisters Wanderjahren*, kommt er angesichts der Ambivalenz allen Handelns dem künstlerischen Experimentieren näher als anderswo in seinem Werk. Unternommen werden sollte zunächst der Versuch, Unerhörtes als Ungehörtes oder Unhörbares in poetischer Sprache hörbar zu machen. Das bedingte die Ambivalenz alles Erzählten, seine Durchlässigkeit für Nicht-Erzählbares, das auch von der «Aufgabe», die sich der Erzähler stellt, nur ungenügend gefaßt wird. Goethes eigentliche Absicht war, in der Kompaktheit von ein paar Seiten einer Zeiterfahrung als Lebenserfahrung Ausdruck zu geben. Auch er wollte sich, wie die Fürstin, innerhalb seiner kleinen Geschichte «weit in der Welt» umsehen. Dazu gehörte für ihn in erster Linie das Bewußtsein und die Akzeptanz fortgesetzten Wandels als Naturgesetz und Gesetz aller Geschichte, Akzeptanz, die im Leben des einzelnen wie dem der Gesellschaft tatsächlich als «Überwindung», ja als «Zähmung» erscheinen konnte. Sinnentsprechend gehört das Schlußwort einem Kinde, das in seiner Natürlichkeit dergleichen nicht bedarf. In der Deutschheit der Verhältnisse wird die Exotik zum Katalysator für solche größere Weite des Blickes: ein junger Mann beträgt sich, wie er soll, aber die scheinbare Beschränkung führt ihn in Neues und Weites; ein Fürst revidiert seine Privilegien hinsichtlich seines Landes wie seiner Männlichkeit, und eine junge Frau sieht sich mittels eines exotischen Wesens weit in der Welt der Gefühle um, aus der sie – geschlechterpolitische Perspektive der *Novelle* – selbstbewußter hervorgeht. Die Apotheose des Friedlichen vermittelt unmißverständlich und direkt Botschaft und Auftrag an die Leser. Aber ein alter Dichter versteckt außerdem noch fast unhörbar in all dem Unerhörten etwas, das ihm zeitlebens zutiefst am Herzen lag: ein paar subtile Hinweise auf die unerklärliche, im Geheimnisstand bleibende Spannung zwischen den Menschen, die sich Liebe nennt.

Gesellschaftsbild und Romanform

Zum Deutschen in Goethes *Wanderjahren*

1.

Zwei seiner Gestalten haben Goethe über Jahrzehnte seines schöpferischen Lebens begleitet: volle sechs der gelehrte Magier Faust und etwas mehr als fünf der Kaufmannssohn Wilhelm Meister. Beide waren Gestalten aus den späten Frankfurter und frühen Weimarer Tagen – in beiden Fällen sind die frühesten Fassungen der Werke, in die sie gehörten, erst mehr als ein Jahrhundert später gefunden worden –, beide beschäftigten ihn noch in hohem Alter, und beide hinterließ er der Welt in dem Gefühl, daß es noch sehr viel mehr über sie zu sagen gegeben hätte. Eine Art abgeschlossener Fragmente stellten am Ende die Bücher dar, die von ihnen berichten.

Daß Faust in der Welt ungleich größere Beachtung gefunden hat als der Kaufmannssohn, ist verständlich, denn der eine war, obwohl Deutscher, als Teufelsbündler und Himmelsstürmer bereits ein europäischer Mythos geworden, als ihn Goethe adoptierte, während der andere nur so viel Interesse auf sich ziehen konnte, als man eben einem jungen Deutschen ohne nennenswerte Verdienste, von bürgerlicher Herkunft sowie mit einem unehelichen Sohn belastet, am Ende des 18. Jahrhunderts zuzubilligen bereit war. Das aber war innerhalb deutscher Grenzen damals nicht viel und außerhalb sogar noch weniger.

Am Anfang sah es freilich dennoch nicht nach einem solch ungleichen Gewicht des Interesses aus. Da fand der Roman *Wilhelm Meisters Lehrjahre*, als er zwischen Januar 1795 und Oktober 1796 erschien, zumindest unter deutschen Literaturkundigen sogar größere Aufmerksamkeit und stärkeren Beifall, als ein paar Jahre vorher das «Fragment» von *Faust* gefunden hatte, das zuerst öffentlich Kunde gab von Goethes großem dramatischen Vorhaben. Diese Aufmerksamkeit hatte allerdings nur in zweiter Linie mit dem Stoff zu tun. Aufsehen erregte eher Goethes Entscheidung, überhaupt einen Roman zu schreiben, also sich einer Kunstform zu bedienen, die gerade erst in Mode gekommen war. Wie bei allem Modischen teilten sich auch da die Meinungen: neben den Beifall traten Zweifel an der Seriosität eines solchen Vorhabens, denn für den Roman gab es in den seit Jahrhunderten als musterhaft akzeptierten Normen des klassisch Schönen keinen Platz. Der Stoff selbst jedoch provozierte ebenfalls Bedenken wie Bewunderung. Daß es Goethe glückte, aus dem höchst unaufregenden Leben eines jungen deutschen Bürgers, der für seinen Vater Geschäftsreisen unternahm, um Geld einzutreiben, dabei jedoch unter fahrende Schauspieler geriet, ein nicht nur lesbares, sondern bei einiger Aufnahmebereitschaft geradezu faszinierendes Buch zu schaffen, grenzte an ein Wunder, das von den aufgeschlosseneren unter seinen Lesern denn auch entsprechend gewürdigt wurde. Gewiß, die Meinungen waren, wie gesagt, nicht einhellig; Madame de Staël zum Beispiel meinte skeptisch und mit einiger Ironie, man könnte aus *Wilhelm Meisters Lehrjahren* «ein philosophisches Werk ersten Ranges» machen, «wenn nicht eine Romanintrige hineingewoben wäre, deren Nutzen nicht aufwiegt, was man durch sie verliert».[1]

Aber Wilhelm Meister war nun einmal ins Leben getreten, und da ihn zwar am Ende die «Romanintrige» mit einer angebeteten Gemahlin versah, ihm aber zugleich auch auferlegte, daß er sie stracks und auf unbestimmte Zeit wieder verlasse, entstand nach dem Erscheinen der *Lehrjahre* Neugier auf die weitere Laufbahn dieses jungen Mannes und auf sein weiteres Verhältnis zu der schwer errungenen und noch dazu adligen Dame. Nach ihrem ersten öffentlichen Erscheinen war, nebenbei bemerkt, die Geschichte Wilhelm Meisters zudem auch aus anderem Grund nicht aus dem Blickfeld der literarischen Öffentlichkeit verschwunden. Mignon, das geheimnisvollste Wesen, dem Goethe je literarisches Leben verliehen hat, und ihr sündenschwerer Vater, der Harfner, hatten zwar am Ende des Romans den Tod gefunden, aber bald darauf in der Musik eine Auferstehung sondergleichen erfahren: von nun an gab es kaum einen bedeutenden Komponisten, der sich nicht an ihren Liedern versucht hätte und über das Medium der Töne wenigstens diese beiden Figuren des Buches – Italiener übrigens, keine Deutschen – mit ihren Liedern in die Welt hinaustrug. Denn Goethe war, so selbstverständlich das auch klingen mag, Künstler, also der Schöpfer von Gestalten, denen er Leben verlieh und eine Lebensgeschichte gab – ein Philosoph war er nicht. Da irrte sich die Madame de Staël.

Goethe ging tatsächlich bald an eine Fortsetzung des Romans, wenngleich langsam zuerst, denn gleichzeitig lockte ihn der imaginäre Orient des *West-östlichen Divan* und ebenso das Projekt seiner Autobiographie. Das Interesse am weiteren Lebenslauf Meisters nährte er immerhin damit, daß er von 1810 an eine Reihe von einzelnen, für die *Wanderjahre* bestimmten Erzählungen in einem *Taschenbuch für Damen* drucken ließ. Die Parodisten bemächtigten sich allerdings inzwischen gleichfalls Wilhelm Meisters, denn als im Mai 1821 anonym ein Buch mit dem Titel *Wilhelm Meisters Wanderjahre* erschien, stammte es durchaus nicht von Goethe, sondern von dem Pastor Johann Friedrich Wilhelm Pustkuchen; es erzählte von der Entwicklung Meisters zum Kritiker und Verächter Goethes – ein höchst unwillkommener und ernster Scherz für Goethe, der gerade dabei war, die wirkliche Fortsetzung seines Romans der Welt zu übergeben. Sie kam noch im gleichen Jahr heraus, war aber wiederum nur als ein erster Teil gedacht; in seiner endgültigen Gestalt erschien dann der Roman 1829.

Germaine de Staël starb 1817. Hätte sie Goethes Fortsetzung seines Romans noch lesen können, so wäre ihr Urteil wahrscheinlich sehr viel strenger und unfreundlicher ausgefallen als das über die *Lehrjahre*. In der Tat: über weite Strecken lassen sich *Wilhelm Meisters Wanderjahre* geradezu als eine Zumutung an die Leserschaft betrachten. Nicht daß Goethe die Fähigkeit, erzählend Gestalten zu schaffen und sie in spannende oder ergreifende Verwicklungen zu bringen, abhanden gekommen wäre. Aber diese Gestalten tauchen auf, nehmen Farbe und Fülle vor den Augen der Leser an und werden dann doch wieder fallengelassen. Eine nicht ganz durchsichtige Herausgeber-Fiktion tritt zwischen Leser und epischen Text. Novellen oder Märchen werden erzählt, die in den Roman übergehen, aber dort versickern. Briefe, Auszüge aus Tagebüchern, technische und ökonomische Beschreibungen, theoretische Gespräche, ein paar Gedichte und dazu Sammlungen jener einzelnen Beobachtungen und Gedanken, wie sie Goethe schon in die *Wahlverwandtschaften* eingestreut hatte, füllen die Seiten. Seiner alten Neigung zum Sentenziösen und Spruchhaften nachgebend, hatte Goethe Eckermann sogar den Auftrag gegeben, zur Platzfüllung Aphoristisches aus anderen Blättern und Heften zusammenzutragen und unter den Überschriften *Betrachtungen im Sinne der Wanderer* und *Aus Makariens Archiv* in den Roman einzufügen. Vorausdeutungen sollen zwar Spannung erzeugen, aber werden so autoritativ und schlicht angebracht, daß das Lesepublikum ein Recht haben könnte, sich als unmündig behandelt zu sehen: «Was es aber gewesen, dürfen wir an dieser Stelle dem Leser noch nicht vertrauen.»[2] Anderes, so wird behauptet, sei dem Erzähler und Erfinder des Ganzen «selbst unbekannt geblieben».[3] Ein geheimnisvolles Kästchen, das den ganzen Roman durchgeistert, wird wohl am Ende von einem Goldschmied geöffnet, aber sogleich wieder eigenmächtig geschlossen: «an solche Geheimnisse sei nicht gut rühren».[4] Die Romanfiguren bleiben über diese Geheimnisse ebenso im dunkeln wie die Leser, so daß das Kästchen schließlich seinen symbolischen Ort irgendwo zwischen der Büchse der Pandora und dem Raum von Kafkas Türhüter-Legende erhält. An anderer Stelle fängt ein «Hausfreund», der einer versammelten Gesellschaft «einiges Geschriebene» mitgebracht hat, «folgendermaßen zu lesen an» – nur daß ihm genau an diesem Punkt der Erzähler in die Parade fährt und ihm ohne weitere Gründe das Wort entzieht mit dem vagen Versprechen, das Geschriebene «an einem anderen Ort abdrucken zu lassen»,[5] was natürlich nie geschieht. Aus der Fassung von 1821 strich Goethe außerdem Stellen heraus, ohne die wiederum einiges in der endgültigen Fassung unverständlich bleiben muß. Und wenn schließlich berichtet wird, daß aus den *Lehrjahren* vertraut gewordene Gestalten wie Lothario, Therese und Natalie – immerhin Meisters Ehefrau – bereits nach Amerika unterwegs seien, geschieht das mit dem Kommentar: «Unter günstigen Vorbedeutungen reisten sie ab, und hoffentlich bläht ein fördernder Wind ihre Segel»,[6] womit sie denn aus dem Buch verschwinden.

Es fällt schwer, hier die Erinnerung an jene Stelle in Clemens Brentanos *Godwi* zu unterdrücken, wo einige Personen, für die im Roman keine weitere Verwendung mehr besteht, nach Italien geschickt werden mit dem Wunsch Godwis: «Glückliche Reise, sagte ich, kommt um Gotteswillen nicht wieder -!»[7] Es ist eine Stelle, die gern als Muster «romantischer Ironie» zitiert wird.

Unter den Prosawerken Goethes sind *Wilhelm Meisters Wanderjahre* tatsächlich am sperrigsten und wenigsten zugänglich geblieben. So ist es denn auch kein Wunder, daß außerhalb des deutschen Sprachbereichs von diesem letzten seiner großen epischen Werke kaum Notiz genommen wurde, während es innerhalb dieser Grenzen vorwiegend Arbeitsgegenstand der Literaturwissenschaft geworden ist. Diese wiederum hat sich seiner zwar in großer Vielseitigkeit und Gedankenfülle angenommen, schwankt dafür aber stets in schwieriger Balance zwischen Apologie, verstehender Interpretation und historischer Kritik; denn man ist geteilter Meinung über das Buch geblieben, je nachdem, ob man ein höheres Ganzes aus ihm herauszukonstruieren beziehungsweise in es hineinzusehen vermag oder nicht. So sind *Wilhelm Meisters Wanderjahre* ein sehr deutsches Buch geworden, vielseitig, gedankenreich, weitblickend und gelegentlich sogar kurzweilig, aber im Zeitalter der Romane Jane Austens, Walter Scotts, Victor Hugos oder Honoré de Balzacs gewiß nicht ein Musterfall für leichte Zugänglichkeit.

Goethe war sich der schwierigen Komposition seines Romans durchaus bewußt: in seiner Korrespondenz ist von ihm als dem «Verband der disparatesten Einzelnheiten» oder der Vereinigung «disparater Elemente»[8] die Rede. Zwischen Erklärung und Entschuldigung liegt auch der Satz, es finde sich im «Complex des Ganzen Nothwendiges und Zufälliges, Vorgesetztes und Angeschlossenes, bald gelungen, bald vereitelt, wodurch es eine Art von Unendlichkeit erhält, die sich in verständige und vernünftige Worte nicht durchaus fassen und einschließen läßt».[9] Denn daß sein Werk bei aller Disparatheit der Formen dennoch etwas in sich Zusammenhängendes sei, nahm er durchaus dafür in Anspruch. Nur hat er stets von sich gewiesen, seine Werke am Leitfaden einer «durchgreifenden Idee» produziert zu haben. Lediglich für *Die Wahlverwandtschaften*, aus einem novellistischen Kern entsprungen, gab er das zu, jedoch mit der einschränkenden Bemerkung: «Der Roman ist dadurch für den Verstand faßlicher geworden; aber ich will nicht sagen, daß er dadurch besser geworden wäre. Vielmehr bin ich der Meinung: je incommensurabeler und für den Verstand unfaßlicher eine poetische Production, desto besser.»[10] Wie gerecht hier Goethe sein eigenes Werk betrachtet, ist weniger von Belang als die Vorstellung, die er sich dabei vom Roman überhaupt macht, von dem er ganz offensichtlich größere Universalität und allgemeineres Weltverständnis erwartet, als es eine Romanhandlung über Gefühlsverwirrung in der ironischen Anwendung eines naturwissenschaftlichen Prinzips bieten konnte.

Nicht am Leitfaden einer Idee zu produzieren und konsekutives Erzählen aufzugeben, wie das für die *Wanderjahre* weithin gilt, sind jedoch zweierlei. Denn eben von konsekutivem Erzählen läßt sich bei den *Wanderjahren* kaum noch sprechen. Zwar ist der Plan zur Auswanderung nach Amerika ein Handlungsfaden im Hintergrund des Buches, und es ist gerade für das Deutschland des frühen 19. Jahrhunderts ein geschichtlich sinnreicher epischer Vorwurf, aber er bleibt letztlich unausgeführt. Auf guten Wind und glückliche Fahrt für die Vorhut der Auswanderer wird uns Hoffnung gemacht, aber ob Meisters Natalie sowie weitere Gefährtinnen und Gefährten sich «mit den Irokesen herumschlage[n], um sie zu vertreiben» oder «von Moskitos zu Tode gepeinigt»[11] werden, wie im Buche ein amerikamüder Rückkehrer europäisches Schicksal in der neuen Welt generell charakterisiert, werden wir nie erfahren. Das eigentliche poetische Leben des Buches liegt in einer Reihe von Erzählungen, die dann ihrerseits in den Zusammenhang des Buches überlaufen, in einen Zusammenhang also, der kaum anders als fragmentarisch bezeichnet werden kann.

Nun mag man, ganz unabhängig von den ästhetisches Normen und Vorstellungen eines Zeitalters, einem bedeutenden Autor zubilligen, daß ihm, der aus der Perspektive des Alters – «jener herrlichen Epoche, in der uns das Faßliche gemein und albern vorkommt»[12] – große Dimensionen überschaut, das stets zum Trivialen und Banalen tendierende romanhafte Auflösen von Konflikten tatsächlich nicht mehr wichtig erschien. Vieles war längst gesagt und nur noch höchst Konzentriertes des Aussprechens wert. Anderes hatte sich in der Erfahrung dem Aussprechen entzogen, und so konnte sich durchaus eine Art von Metasprache aus Bezügen und Symbolen, Sentenzen, Verweisen und Anspielungen herausbilden, die nicht mehr momentane Kommunikation zwischen Autor und Leser darstellte, sondern für deren volles Verständnis die ganze Persönlichkeit des Sprechenden mitgedacht werden mußte. Alles Vollendete war da nur ein Gleichnis des Unvollendbaren, Unaussprechbaren. Seit dem *West-östlichen Divan* war für Goethe «Geheimnis» bekanntlich in zunehmendem Maße ein Lieblingswort geworden; auch die *Wanderjahre* geben nun reichlich Beispiele dafür. Denn so fragmentarisch das Vollendbare erscheinen mochte, die Vorstellung von einem hinter allem Einzelnen existierenden, es verbindenden Ganzen blieb ein Fundament Goetheschen Denkens. Mit dem «Incommensurabelen» erhielt das Kunstwerk «eine Art von Unendlichkeit», die «Gefühle und Nachdenken in den verschiedensten Geistern»[13] aufregen konnte, was freilich nach seinen eigenen Vorstellungen deren innerer Mitwirkung bedurfte.

Hinsichtlich der Form des Romans, wie sie Goethe zu solchem Ziel zu erweitern suchte, kommt dabei eine andere Definition in Erinnerung: «Der Roman [...] enthält kein bestimmtes Resultat – er ist nicht Bild und Faktum eines Satzes. Er ist anschauliche Ausführung – Realisierung einer Idee. Aber eine Idee läßt sich nicht in einen Satz fassen. Eine Idee ist eine unendliche

Reihe von Sätzen – eine irrationale Größe – unsetzbar (musik[alisch]) – inkommensurabel. [...] Das Gesetz ihrer Fortschreitung läßt sich aber aufstellen – und nach diesem ist ein Roman zu kritisieren.»[14] Es ist Novalis, der 1798 in Symphilosophie mit Friedrich Schlegel auf diese Weise – und geschult an *Wilhelm Meisters Lehrjahren* – seinen Begriff des Romans zu finden versuchte. Was bei genauerer Betrachtung überrascht: die Gemeinsamkeiten zwischen dieser Definition und Goethes Bemerkung über das wünschenswert «Incommensurabele» einer «poetischen Production» sind trotz der Zeitdifferenz der Werke sowie des Generationsunterschieds der beiden Verfasser nicht so oberflächlich, und die Verschiedenheit hinsichtlich einer den Roman bestimmenden «Idee» ist nicht so tiefgreifend, wie es zunächst den Anschein haben mag. Denn so sehr Novalis von einem philosophischen Schwung getragen wurde, der Goethe nie gelegen hat, so sehr nähert sich doch sein Verständnis von der Idee jenem Verständnis von Universalität, das auch Goethes Begriff eines umfassenden Kunstwerkes und speziell eines Romans zugrunde lag. Soll das also heißen, daß Goethe in seinem Alter eine Vorstellung vom Roman besaß, die dem Ideal des sogenannten «romantischen» Romans, wie ihn Schlegel und Novalis zu bestimmen suchten, verdächtig nahekommt? Außerhalb der deutschen Grenzen hat man ja Goethe, wie eingangs erwähnt, schon immer als einen «Romantiker» betrachtet. Nur ist die Definition dessen, was sich unter «romantisch» verstehen läßt, von den Bedingungen nationaler Kulturen ebenso abhängig wie von den verschiedenen Blickpunkten der Geschichtsschreibung.

Romandichtung solle «universelle Mischpoesie» sein, hatte Friedrich Schlegel geschrieben, und er definiert: «Mancher der vortrefflichsten Romane ist ein Compendium, eine Encyklopädie des ganzen geistigen Lebens eines genialischen Individuums; Werke die das sind, selbst in ganz andrer Form [...] bekommen dadurch einen Anstrich vom Roman.» Darüber hinaus sei der Roman «überhaupt die Vereinigung zweier Absoluten, der absoluten Individualität und der absoluten Universalität.»[15] Die Belege in Schlegels Schriften für eine solche, auf die Entgrenzung konsekutiven Erzählens zielenden Romantheorie lassen sich häufen. Tendenz ist, das einzelne Leben innerhalb der großen Dimensionen einer vergangenen und zukünftigen Unendlichkeit wie eines natürlichen, gesellschaftlichen und metaphysischen Raumes zu zeigen und in seiner Entwicklung verständlicher zu machen. Je höher man also hinaus wollte, je größer das Panorama sein sollte, das man dem Leser zeigen und in das man ihn in re-kreativer Mitwirkung verwickeln wollte, desto weiter mußte notwendig die Distanz sein zu den konventionellen, in genau bemessenen Koordinaten von geographischem Raum und meßbarer Zeit sich bewegenden Romanen. Novalis stellt deshalb auch ausdrücklich fest: «Die Schreibart des Romans muß kein Kontinuum – es muß ein in jeden Perioden gegliederter Bau sein. Jedes kleine Stück muß etwas Abgeschnittnes – Begrenztes – ein eignes Ganze sein.» Und als eigentliche

Aufgabe des Autors gilt ihm: «Der Romandichter sucht mit Begebenheiten und Dialogen, mit Reflexionen und Schilderungen – Poesie hervorzubringen, wie der lyrische Dichter durch Empfindungen, Gedanken und Bilder.»[16] Auch hier liest sich manches geradezu wie die Theorie zur Praxis der *Wanderjahre*. Dort wiederum gibt es in Makarie, jener den Sternen wie der Mathematik verbundenen «Seherin»,[17] deren «geistiges Ganze sich zwar um die Weltsonne, aber nach dem Überweltlichen in stetig zunehmenden Kreisen bewegte»,[18] eine irdische Heilige, die regelrecht aus einer Fortsetzung des *Heinrich von Ofterdingen* entsprungen sein könnte als Verwandte Sophies, der «edlen, göttergleichen Frau»[19] im Klingsohr-Märchen, und Astralis, der poetischen Verkörperung von Novalis' Vision einer «moralischen Astronomie».[20]

Bei derartigen Verweisen und Vergleichen ist allerdings eine gewisse Leichtfertigkeit im Spiel, denn es werden dabei grundsätzliche Unterschiede zugedeckt. Die teleologischen Visionen von einer Annäherung der Menschheit an das Ideal der «Weltfamilie»,[21] wovon die jungen deutschen Intellektuellen in der kurzen Ruhezeit nach dem Frieden zu Basel am Ende des 18. Jahrhunderts träumten und wozu sie sich durch die philosophischen wie ästhetischen Entwürfe der Älteren, also vor allem Kants, Fichtes und Schillers, inspiriert sahen, sind zu trennen von Goethes Mischung aus Vertrauen auf den letztlich guten Gang der Geschichte bei aller weltweisen Distanz gegenüber einzelnen Verbesserungsversuchen, denn distanziert betrachtete er ja in seinem Altersroman das heraufkommende Industriezeitalter durchaus. Wie Novalis oder Schlegel versuchte Goethe zwar, die Existenz des einzelnen Menschen von einem höheren Standpunkt zu überschauen, aber gleichzeitig doch auch den realen Veränderungen im gesellschaftlichen und ökonomischen Leben Rechnung zu tragen, die sich nur notieren, aber nicht schon in ihren Konsequenzen verstehen ließen. Ihnen gegenüber entwickelte er hier wie zugleich in seiner Spruchdichtung eine gewisse pragmatische Didaktik und stellte seinen deutschen Lesern statt der Fernsicht aller Teleologie konkrete ethische Verpflichtungen vor Augen.

Als Kunstwerk blieb Goethes Roman mit Absicht und dazu noch mit manchen Einschränkungen «ein Gleichnis des Wünschenswertesten»,[22] nicht dessen Prophetie. Ein «Evangelium der Ökonomie»[23] wiederum, wie Novalis die *Lehrjahre* kritisch nannte, sind die *Wanderjahre* nicht geworden. In ihnen erfüllte sich künstlerisch tatsächlich manches, was einst unter der Losung einer progressiven Universalpoesie theoretisch formuliert und gefordert worden war. Getrennte Gattungen der Poesie wurden hier vereinigt, Philosophie und Rhetorik, Poesie und Prosa, Genialität und Kritik, Kunstpoesie und Naturpoesie bald gemischt, bald verschmolzen, ganz so, wie es einst Friedrich Schlegel im *Athenaeum* programmatisch verlangt hatte.[24] Schließlich hatten dafür ja eben die *Lehrjahre* Wilhelm Meisters Modell gestanden, die mit einer reichen Zahl von Liedern, Briefen, Tagebüchern,

Berichten, theoretischen Diskursen, gesammelten Sentenzen und novellenartigen Einlagen von der Form der *Wanderjahre* gar nicht einmal so stark abweichen, wie es in Anbetracht der dominierenden und reich ausgeführten Haupthandlung den Anschein hat. Solche Form mochte um 1795 noch hauptsächlich als kreative Fortführung und Steigerung von charakteristischen Romanelementen des 18. Jahrhunderts erscheinen, während der Inhalt auf einen Kompromiß mit den gesellschaftlichen und politischen Verhältnissen in Deutschland deutete, was Novalis nicht nur zu seiner Kritik veranlaßt hatte, sondern ihn und Schlegel auch zu einer Romantheorie, die das von Goethe künstlerisch Gebotene für ihre philosophisch gegründete Teleologie zu engagieren suchte. Im Roman wollte man nicht mehr nur die Vielfalt der Welt am Beispiel des Lebensganges eines Helden anschaulich machen, sondern das Vielfältige in symbolischer Repräsentation über sich hinausweisen lassen, so daß Einheit, Ziel und Sinn wenigstens in der Kunst, wenn schon noch nicht in der Realität der Gegenwart sichtbar wurden, in der sich alte, patriarchalische Verhältnisse auflösten, aber neue Organisationsformen noch kaum in Umrissen erkennen ließen. Daß in dem staatlich diffusen und politisch stagnierenden Deutschland damals Kultur und Kunst als entscheidende Faktoren für tiefgreifende, aber nicht gewaltsame Veränderungen und Fortschritte angesehen wurden, ist allgemein bekannt. Die insbesondere von Schlegel und Novalis konzipierten Kunsttheorien zielten in solchem Sinne auf eine Aktivierung des Bewußtseins der Leser, das aus dem Zusammenspiel der verschiedenartigsten Bestandteile eines Werkes den Zusammenhang selbst herstellen sollte – einen Zusammenhang, der seinem Wesen nach nicht statisch und im Bilde darstellbar, sondern nur als dynamisch und voranschreitend zu begreifen war. Darin lag das Universelle, Unendliche, Unvollendbare begründet, das Schlegel für die «romantische Dichtart» forderte.[25]

Viele ernstzunehmende deutsche Romane der Folgezeit entsprachen dann bewußt oder ungewollt, in stärkerem oder geringerem Maße solcher Theorie, seien es nun Schlegels *Lucinde* und Novalis' *Heinrich von Ofterdingen*, seien es historische Entwürfe wie Arnims *Kronenwächter* und Brentanos *Chronika eines fahrenden Schülers*, oder seien es die Ansätze zu großen Zeitbildern in der Form des parodierten Bildungsromans, also Jean Pauls *Flegeljahre* und der *Komet* sowie Hoffmanns *Kater Murr*. Novalis, so recht er im einzelnen sah, irrte in seiner Kritik an den *Lehrjahren*, wenn er dem Roman sozialen Ambitionismus und Beschränktheit vorwarf, indem er sie als ein beendetes Werk betrachtete. Die *Lehrjahre* aber waren eben eine unvollendete Geschichte. Sie schlossen im Blick auf die noch nicht im einzelnen konzipierten *Wanderjahre*, die dann alles andere wurden als eine «Wallfahrt nach dem Adelsdiplom».[26] Weder Wilhelm Meister, falls er tatsächlich seiner geliebten Gemahlin nacheilen sollte, noch diese selbst und ihr Verwandten- wie Freundeszirkel, bereits auf dem Atlantik schwimmend, konnten damit rechnen, daß man sich am Mississippi oder Colorado River viel um ihre deutschen Titel und Standesprivilegien scheren werde. Über die gesellschaftlichen Zustände und Probleme dort hatte sich Goethe durch die Lektüre von James Fenimore Coopers Romanen vorsorglich informiert.

Von den Romanexperimenten der Jüngeren unterschied sich Goethe allein schon durch die Dimensionen seines Blickes. Aus der weiten Perspektive des Alters heraus drängte es ihn, wie anderswo in seinen späten Werken, Gedanken von einer universellen Ordnung der Welt, die früh schon seine Anschauungen von Natur, Geschichte und Kunst geprägt hatten, im Kunstwerk in das arbeitsteilige Industriezeitalter des 19. Jahrhunderts hinüberzutragen. Für den Roman war dabei der Vorwurf eines Auswanderungsprojektes geradezu ideal, denn dadurch ließen sich nicht nur viele Menschen, Ideen, Handlungen und Formen zusammenbringen, er transzendierte auch deutsche Enge. So versetzte Goethe seine epische Welt in ständige Bewegung und gab ihr zudem eine Art physisch-metaphysischer Orientierung mit der bedeutungsreichen, wenngleich blutarmen Gestalt der Makarie, nicht als Ideal allerdings, sondern eher als beratende Instanz über der sich fortbewegenden Welt und Gesellschaft. An einer einzigen Fabel war dergleichen jedoch nicht mehr aufzureihen, so daß mit solch großen und weiten Absichten unvermeidlich der Verzicht auf eben jenes konsekutive, also populäre Erzählen einherging, wie es damals in Deutschland ohnehin nur der Trivialroman beibehielt. *Wilhelm Meisters Wanderjahre* sind ein schwieriges Buch geblieben bei allem Reiz im einzelnen, wie manche der anderen genannten Romane jüngerer Autoren auch. Das jedoch läßt in den Jahrzehnten des europäischen realistischen Romans die Frage aufkommen, inwiefern ihre Besonderheit etwas mit ihrer Deutschheit zu tun hat.

Es liegt gewiß nicht an einer speziellen nationalen Eigenschaft der Deutschen *a priori*, wenn sie praktisch oder theoretisch Romanformen entwikkelten, die zu gedankenreichen, aber handlungsarmen Büchern führten, deren Lektüre von vornherein zunächst einmal Bildungspflicht statt Kunstvergnügen ist, so sehr sich die in sie Versenkenden schließlich auch belohnt sehen mögen. Mit Sicherheit läßt sich feststellen, daß alle diese Bücher kaum über den deutschen Sprachbereich hinaus gewirkt haben, und auch innerhalb von dessen Grenzen hatten sie kaum je ein wirklich großes Publikum, obwohl ihre Autoren durchaus nicht erstrebten, esoterisch zu sein, sondern eben gerade durch die Literatur in die Weite und Breite wirken wollten. Goethe selbst war sich der spekulativen Neigungen seiner Landsleute durchaus bewußt, kritisierte sie und distanzierte sich von ihnen. Darüber ist bei der Betrachtung seines Verhältnisses zu den Deutschen ausführlich gesprochen worden. «Könnte man nur den Deutschen, nach dem Vorbilde der Engländer, weniger Philosophie und mehr Thatkraft, weniger Theorie und mehr Praxis beibringen»,[27] hatte er Eckermann gegenüber erklärt, und dennoch hatte gerade er von einer Französin den Vorwurf hinnehmen müssen, mit den *Lehrjahren* einen eher philosophischen Roman geschrieben zu haben, einen Vorwurf, der zwar Goethes Talent verkannte, aber gewiß nicht durch die *Wanderjahre* entkräftet worden wäre, in denen Tatkraft doch eher erörtert als gezeigt wird.

Hegel definierte den Roman als «*bürgerliche* Epopöe»,[28] das heißt als eine Erzählform, in Prosa verfaßt und zur privaten Lektüre eines gebildeten, des Lesens fähigen Publikums bestimmt. Die Prosa des Romans entsprach für ihn also der «Prosa» bürgerlicher Verhältnisse und Schicksale; Gegensatz oder Einklang von Individuum und realer Welt waren danach Thema des Romans, sein Lebensbereich die Totalität der Gesellschaft, nicht aber die Universalität menschlicher Lebensbezüge schlechthin, die ein universelles Weltverständnis und Denksystem voraussetzten. Eine darstellbare, faßbare gesellschaftliche «Totalität» gab es jedoch im partikularen Deutschland am Ausgang des 18. Jahrhunderts nicht, wohl aber Philosophie und Literatur, die in der Universalität ihrer Perspektiven diese Zeit zu interpretieren suchten und dabei Ideen konzipierten und Ideale entwarfen, die weit über die deutschen Grenzen hinaus gewirkt haben. Deutschen Romanschriftstellern bot sich unter diesen besonderen Verhältnissen jedenfalls eher die Universalität einer Weltinterpretation als die Totalität einer realen Welt als Grundlage ihrer Werke an. Das führte zu jenen Eigenheiten der anspruchsvolleren deutschen Romane im ausgehenden 18. und frühen 19. Jahrhundert, denen sich auch Goethe bei aller Skepsis über manche deutschen Tugenden nicht entziehen konnte, und es schuf den Widerspruch dieser Bücher zu dem Begriff einer «bürgerlichen Epopöe». Goethes *Wanderjahre* sind mit dem Reichtum ihrer Perspektiven, ihrer Formen, der Kraft und Fülle erzählten Lebens im einzelnen, der Analyse historischer Situationen, den ethischen Zielen und schließlich ihres aus all dem entspringenden, immer wieder herausfordernden «Incommensurabelen» ein gutes Beispiel für solche spezifische Deutschheit in der Erzählkunst.

2.

Die Feststellung einer gewissen Verwandtschaft zwischen den Romanexperimenten junger Autoren um 1800 und Goethes beiden *Meister*-Romanen, von denen der eine diesen Versuchen anregend vorausging, der andere ihnen folgte, ist nicht nur eine Feststellung historischer Intertextualität, sondern hilft auch, Goethes spätem und schwierigem Werk von einer Seite verstehend näherzukommen, die sich gerade die deutsche Literaturwissenschaft durch allzu starre Begriffe vom «Klassischen» und «Romantischen» oft verstellt hat. Auf einen prinzipiellen Unterschied jedoch ist von vornherein zu achten. Goethe hat sich immer wieder Neuem geöffnet, aber wie er dem Experiment in den Naturwissenschaften abhold war und erst recht dem im

Bereich der Gefühle – *Die Wahlverwandtschaften* zeigen das – so hat er auch in der Kunst nie wirklich experimentiert im Sinne eines Friedrich Schlegel, dem es bewußt und mit voller Absicht um die Produktion von Unabgeschlossenem, Fragmentarischem ging, das die Phantasie der Lesenden in Bewegung setzen und Kunst auf diese Weise produktiv machen sollte. Was Goethe anfaßte, zielte auf Ganzes, und das gelang ihm in einem Maße und Umfang wie sonst kaum einem anderen deutschen Schriftsteller. Nur geraten zuweilen Neigungen und große Fähigkeiten in Widerspruch zu den historischen Umständen. Zu Recht sind Einwände gegen die Interpretation der *Wanderjahre* vom Gesichtspunkt eines spezifischen Altersstils Goethes erhoben worden.[29] Aber Goethes Lebensalter ist für das Verständnis des Romans dennoch nicht außer acht zu lassen, denn mit dem Älterwerden verstärkte sich in ihm seit der Arbeit an seinen autobiographischen Werken der Wunsch, auch im Kunstwerk zusammenzufassen und Überschau zu halten über die Erkenntnisse und den Ertrag der Arbeit eines reichen Lebens zu Zeiten großen geschichtlichen Wandels. Es ging um einen anschaulichen und zugleich kondensierten Ausdruck jenes «Modells» der Welt und des Lebens, das in seinem «Innern herumzieht»,[30] wie er das einmal in seiner *Italienischen Reise* nennt. Das bedeutete nun im Alter für ihn, Bilder, Gestalten, Motive und Gedanken früherer Zeit aufzugreifen und in größere Dimensionen zu setzen. Geschehen konnte das im kleinen wie im großen, zum Beispiel in der ursprünglich für die *Wanderjahre* bestimmten *Novelle* ebenso wie nun eben auch hier, in dem Komplex des letzten Romans selbst. Nur schien geschichtlicher Wandel dergleichen Überschau und Zusammenfassung eines Lebensertrags in künstlerischer Gestalt immer schwieriger zu machen.

Die Veränderungen in Europa nach dem Wiener Kongreß, der Gründung einer Heiligen Allianz und eines Deutschen Bundes als Ersatz für das einst durch Napoleon zu Fall gebrachte Heilige Römische Reich gingen tiefer, als die Ingenieure dieser Bündnisse im Sinne hatten. Denn inzwischen waren Kräfte in Bewegung gekommen, die mächtiger waren als die vereinte Macht aller europäischen Fürsten. Persönliche Regentschaften mußten sich nach und nach dem Einfluß anonymer Mächte beugen. Technik und Kapital entwickelten ihre eigene Dialektik, und über die Throne hinweg wurden jene «Geschäftsmänner» wirksam, die «die ganze bewohnte Welt mit unsichtbaren Fäden überkreuzen»,[31] wie es in den *Wanderjahren* heißt. Im deutschen Sprachbereich standen, als der Roman erschien, beide Kräfte freilich noch in ihren ersten Anfängen. Der Verkehr zwischen Städten, Ländern und Weltteilen wurde zwar rasch schneller und bequemer, aber der «Weltbewohner» und «Weimaraner»[32] übersprang lieber die unsichere Realität Deutschland, die zwischen beiden lag, was freilich nichts an der Tatsache änderte, daß er ein deutscher Dichter war. «Welt» wurde jedenfalls eines seiner Lieblingswörter im Alter. Schon in den *Noten und Abhandlungen* zum *West-östlichen*

Divan zeigte sich die wachsende Neigung dazu,[33] die Fürstin der *Novelle* wollte sich am Tage des Geschehens innerhalb ihres deutschen Kleinststaates «weit in der Welt» umsehen,[34] die ihr dann tatsächlich und noch in Sichtweite ihres Schlosses in der exotischen Gestalt von Löwe und Tiger begegnet, und entsprechend finden sich mit zunehmender Häufigkeit auch in den drei Büchern der *Wanderjahre* die verschiedensten Reflexionen über die Welt im großen, wenngleich ambivalent hinsichtlich des Wertes der Begegnung mit ihr. Gleich zu Anfang erklärt Meister als Erziehungsziel für seinen Sohn Felix, er möchte ihm «einen freieren Blick über die Welt verschaffen».[35] Der Auswanderungsbund später soll ein «Weltbund» sein, so daß am Ende der ausgebildete und aufgeklärte Mensch «überall zu Hause sei», wie Lenardo es nennt. Gemeint allerdings ist ein tätiges, produktives Zu-Hause-Sein, denn «die Zeit ist vorüber, wo man abenteuerlich in die weite Welt rannte; durch die Bemühungen wissenschaftlicher, weislich beschreibender, künstlerisch nachbildender Weltumreiser sind wir überall bekannt genug, daß wir ungefähr wissen, was zu erwarten sei»[36] – eine schöne Huldigung für Alexander von Humboldt und seinesgleichen, die «jede Gefahr» auf sich nahmen, «um der Welt die Welt zu eröffnen».[37] «Welt» als Alte und Neue Welt wird durch den Auswandererbund zur bestimmenden Perspektive des Romans, denn die Personen werden geschieden nach solchen, die auswandern und solchen, die zu Nutz und Frommen des Landes daheim bleiben sollen, und allerdings auch solchen, die in den «Weltbund» grundsätzlich nicht aufgenommen werden, weil sie durch ihre ständig «bewegliche Tätigkeit die Ruhenden zu überlisten und die Mitwandernden zu überschreiten» verstehen – die Juden, von denen man «weder Gutes noch Böses» sprechen dürfe.[38] In solcher Distanzierung von einer anderen Religion hat die Aufgeklärtheit Lenardos, dem diese Worte in den Mund gelegt sind, ebenso wie die seines Schöpfers ihre Grenzen, allerdings gegen den Hintergrund der christlichen Prinzipien des Bundes, nicht schon als Ausdruck eines rassisch bestimmten Antisemitismus, wie er sich im frühen 19. Jahrhundert erst allmählich entwickelte.

«Es gibt keine patriotische Kunst und keine patriotische Wissenschaft. Beide gehören, wie alles hohe Gute, der ganzen Welt an und können nur durch allgemeine freie Wechselwirkung aller zugleich Lebenden, in steter Rücksicht auf das, was uns vom Vergangenen übrig und bekannt ist, gefördert werden»,[39] lautet eine der aphoristischen Aufzeichnungen *Aus Makariens Archiv*. Sie überrascht nicht als Ausdruck von Goethes praktischem Kosmopolitismus, der ebensosehr als Erbschaft eines aufgeklärten 18. Jahrhunderts gelesen werden kann, wie zumindest spurenhaft als die eines romantischen Universalismus, der Raum und Zeit zu transzendieren suchte, und schließlich einfach als Ausdruck von Goethes eigenem Weitblick, der ihn an gleicher Stelle bald darauf veranlaßt, von «Weltliteratur» zu sprechen. Gerade dort jedoch ist eine Einschränkung bemerkenswert: «Jetzt, da sich eine Weltliteratur einleitet, hat, genau besehen, der Deutsche am meisten zu verlieren; er wird wohl tun, dieser Warnung nachzudenken.»[40] Warnung wovor? Von Goethes Unbehagen an der Kleinheit und Provinzialität deutscher Verhältnisse ist schon mehrfach gesprochen worden. Daß sie ebenso zur nationalistischen Überkompensation veranlassen konnte wie zur devoten Anbiederung und bedingungslosen Adaption von Fremdem, bildete dann eine Erfahrung mit deutscher Geschichte der folgenden zwei Jahrhunderte. Seine Warnung ließ ihn nun jedenfalls auch in seinem Roman das Thema Vaterland und Nation immer wieder umkreisen, ohne jenseits der Behauptung sprachlicher und kultureller Gemeinsamkeiten für die Deutschen Bestimmendes darüber sagen zu können. Im übrigen war es dann eine Ironie der Geschichte, daß die Deutschen im 19. Jahrhundert wirklich nicht Eingang in die «Weltliteratur» fanden, mit Ausnahme von Goethes *Faust*, von Erzählungen E. T. A. Hoffmanns und Gedichten Heinrich Heines, sowie dem, was die Musik über deutsche Grenzen hinaustrug.

In den *Wanderjahren* kommt Goethe zwar dem 19. Jahrhundert und dem, was in seinem Fortgang die Welt fundamental veränderte, näher als in allen anderen seiner Werke, aber um den Preis, daß seine eigene Distanz dazu nur um so deutlicher hervortritt. Denn wohl ist in dem Roman viel vom In-die-Welt-Laufen die Rede, aber dieses Laufen ist weithin noch wirkliches Laufen nach der «heitern» Losung ganz im Sinne des Romantitels: «Gedenke zu wandern!»[41] Darin wird der Bezug zu dem Titel des Romans hergestellt, wie dieser wiederum mit jener inneren und äußeren Beweglichkeit anspielend in Verbindung steht, die Goethe schon früh, in der Frankfurter Geniezeit der ersten Hälfte des Jahres 1772, unter Freunden den Namen des «Wanderers» eingetragen hatte. Wandern und Reisen bedeuteten Fundamentaleres für Goethe als Fortbewegung und eine Reaktionsweise auf äußere Umstände: sie kamen seiner prinzipiellen Neigung zur intellektuellen und künstlerischen Beweglichkeit entgegen und entsprachen auch seinem entwicklungsgeschichtlichen Denken. Aus zeitlicher Distanz wird aber auch erkennbar, daß Form wie Ausdruckswert des Reisens, so wie Goethe sie nutzte, nur auf jene kurze Übergangsepoche vom säkularen, auf geschichtliches Fortschreiten gegründeten Weltbild der Aufklärung in die industrielle Revolution beschränkt bleiben mußten. Denn mit den Eisenbahnen, die für Goethe zwar bereits denkbar waren, aber für seinen Gebrauch noch nicht existierten, veränderte sich das Reisen und damit auch sein metaphorischer Wert fundamental, entweder zum Selbstverständlichen, Mechanischen, Passiven hin oder aber zum Eiligen, Schnellen mit Untertönen des Seelenlosen, Beängstigenden, wie es dann ja auch tatsächlich in der Literatur des 19. Jahrhunderts geschah. Wandern wurde unter diesen Bedingungen zur Sportart, zu Leibesübung, Vergnügen oder einer physischen Form von Kulturkritik.

Aber zugleich macht die Losung deutlich, wie stark Goethe selbst noch der vortechnischen Zeit angehört. Fortbewegungsmittel waren in ihr über

Jahrtausende die eigenen Beine oder eben Kutschen und Segelschiffe, also unmittelbar die Naturkraft der Menschen, der Tiere und des Windes. Je näher eine zu Ende gehende Epoche an die Grenze des Neuen rückt, desto altmodischer, ferner wirkt das Leben in ihr. Mochte der Anschluß Weimars ans Eisenbahnnetz im Jahre 1846 aus der Sicht von Goethes Leben noch weit erscheinen, so stand er aus derjenigen einer späteren Zeit bereits kurz bevor, ereignete er sich doch ganze siebzehn Jahre nach dem Erscheinen der *Wanderjahre*. Aus solcher Perspektive und angesichts jugendbewegter Wandervogel-Seligkeit um 1900 wirkt das «Heitere» der Wander-Losung eher ein wenig komisch oder wenigstens biedermeierlich antiquiert. Den Folgen der sich ausbreitenden Technologie – nicht dieser selbst – stand Goethe tatsächlich reserviert gegenüber. In den *Betrachtungen im Sinne der Wanderer*, der anderen Aphorismensammlung des Romans, finden sich die Sätze: «Für das größte Unheil unserer Zeit, die nichts reif werden läßt, muß ich halten, daß man im nächsten Augenblick den vorhergehenden verspeist, den Tag im Tage vertut und so immer aus der Hand in den Mund lebt, ohne irgend etwas vor sich zu bringen. Haben wir doch schon Blätter für sämtliche Tageszeiten!» Es ist die aus anderem Zusammenhang schon bekannte Abneigung gegen das «Veloziferische»,[42] gegen das Überhandnehmen des «Öffentlichen», die aus diesen Worten spricht. Das ist nicht nur eine Ansicht von Romanpersonen, sondern es sind Bedenken von Goethe selbst, wie Briefe an den Freund Zelter bestätigen,[43] wenngleich eine solche Gesinnung für einen an ein größeres Lesepublikum gerichteten Roman sicherlich nicht die günstigste war. Mit dem «Veloziferischen» jedenfalls bezeichnete Goethe schon recht genau eine tatsächliche, tiefgreifende, die menschliche Lebensweise revolutionierende Konsequenz der Maschinentechnik, die er aus eigener Anschauung und Erfahrung noch gar nicht kannte, nämlich eine gänzlich neue Zeit- und Raumerfahrung sowie neue, anders geartete Abhängigkeiten von beiden – Eisenbahnen bekamen einen von Minuten abhängigen Fahrplan, wo die Postkutschen sich mit Ungefährem begnügen konnten, von Fußwanderungen ganz abgesehen, und Mehrtagereisen schrumpften zu solchen von Stunden.

Der Wandel in diesen beiden Koordinaten menschlicher Existenz war damals, wie gesagt, nur erahnbar, aber nicht schon erkennbar. Vorempfinden und «Erahnen» jedoch sind vorzüglich Sache der Kunst, nur ist deren Form abhängig von Wesen und Inhalt des Kommenden. Was sich im frühen 19. Jahrhundert an Umwälzungen zu ereignen im Begriff war, kam nicht mehr aus dem Inneren des Menschen wie einst bei *Werther*, sondern trat von außen heran und ging über die Begriffe vieltausendjähriger Erfahrung hinaus. Der Wahrnehmung solcher Umwälzungen war jedoch nicht mehr zu entgehen, wenn man nicht trivial werden wollte, denn der Roman bedeutete für Goethe in seiner eigenen Produktion stets Gegenwartsliteratur, also Zeitroman. Der ersten Fassung von 1821 hatte er einige auf das

Vorhaben der *Wanderjahre* bezogene Gedichte beigegeben; eines endet mit den Versen:

Ich scheine mir an keinem Ort,
Auch Zeit ist keine Zeit,
Ein geistreich-aufgeschloßnes Wort
Wirkt auf die Ewigkeit.[44]

Das ist nicht nur Relativierung seiner selbst von der Höhe des Alters, sondern in gewissem Sinn auch Programm für den Roman und zugleich dessen Relativierung; er sollte sich wie der Autor über eine Zeit erheben, die sich in anderem Takte und Maße bewegte,[45] als sie bisher erlebt wurde, wozu aber die Anschauung noch fehlte und die mithin nicht darstellbar war innerhalb der Beschränkungen einer Fabel und am Faden einer sich geradlinig entfaltenden Handlung. Die Form, in der Goethe schließlich die *Wanderjahre* vorlegte, erlaubte ihm, eine Vielheit von Blickpunkten und Fiktionen zu vereinigen, einen Teil den anderen beleuchten und erhellen zu lassen; das «geistreich-aufgeschloßne Wort» lag jenseits der Zeit und transzendierte sie, wie das Sternenreich der Makarie Zeit und Raum transzendieren sollte. Ein Ganzes konnte das Buch am Ende allenfalls durch die Mitwirkung seiner Leser werden, die sich aufschließen ließen. Es stehe «keine Zeile drinnen [...], die nicht gefühlt und gedacht wäre. Der echte Leser wird das alles schon wieder heraus fühlen und denken»,[46] hatte Goethe bald nach dem Erscheinen der ersten Fassung an Zelter geschrieben. Aber es war nicht das Aktivieren der Leser mit teleologischer Absicht und zur Poetisierung der Welt gemeint, wie zu Schlegels oder Novalis' Zeiten, sondern kritische Erkenntnis durch die Vielfalt des Betrachtens. Darin bestehen Zweck und Sinn der relativierenden Archiv- und Erzählerfiktionen in den *Wanderjahren*. Nur darf dabei nicht vergessen werden, daß all dies eben nicht ohne die tiefe Hoffnung Goethes geschah, daß das Leben, wie es denn sei, am Ende gut sein möge.[47] Anders werden sonst die Apotheose des vom Vater geretteten Sohnes und die interstellare Weisheit der Makarie nicht verständlich. Das trennt übrigens die *Wanderjahre* auch von jedem «modernen» Roman des 20. Jahrhunderts, als dessen Vorläufer das Buch in historischem Kurzschluß gelegentlich bezeichnet wird.[48]

Zur neuen Zeiterfahrung trat eine neue, von ihr abhängige Erfahrung des Raumes, von der unmittelbar in den *Wanderjahren* noch nichts zu spüren ist. Dazu bedurfte es anderer Fortbewegungsmittel als der Pferdekraft auf dem Lande und des guten Windes auf hoher See – aus dem Jahre 1839 stammt William Turners Bild von der *Letzten Fahrt der Téméraire,* jenes stolzen Segelschiffs, das vor Trafalgar den Sieg über die spanische Flotte erkämpfen half und nun von einem Dampfschlepper zum Abwracken gebracht wird. Der Relativierung der Zeit bei Goethe entspricht jedoch die Symbolisierung und Allegorese des Raums. In den *Lehrjahren* hatte Novalis «die geognostische oder Landschaftsphantasie» vermißt und getadelt, daß Goethe die Natur «nur selten mitwirken» lasse.[49] Mit den *Wanderjahren* wäre er wahrscheinlich sehr viel zufriedener gewesen, denn die Landschaft als mitsprechender und kommentierender Hintergrund für das Denken und Empfinden der Menschen spielt darin eine beträchtliche Rolle. Nicht um konkrete Geographie handelt es sich deshalb zumeist – trotz einiger realer Ortsnamen –, sondern eben um «Landschaftsphantasie», um ein Landschaftsgefüge, «das sich aus dem Hochgebirge mit steilen Felsen, einem mittleren Gebirge mit Tälern, Wäldern und Wiesengrund und einer von Flüssen durchzogenen, von Seen unterbrochenen fruchtbaren Ebene zusammensetzt».[50] An einem zum Meer und damit zur Neuen Welt führenden Fluß endet der Roman. Wie dieses Landschaftsgefüge, so ist er in seiner Handlung eine Art Abstieg. Er beginnt in mythischer Urgebirgslandschaft, wo noch die Heilige Familie eines Sankt Joseph des Zweiten wohnt, wie sie Goethe in der ersten novellistischen Einlage des Buches beschreibt. Dort oben, in der Höhle eines «Riesenschlosses»,[51] wird Sohn Felix vor den Augen des Vaters neu geboren, wenn er ihn aus dieser Höhle und damit aus der Erde hervorblicken sieht: «Man konnte wirklich sagen, aus der Erde: denn die Felsenspalte, durch die er herausschaute, war kaum breit genug, um seinen Kopf durchzulassen» – wie es sinnfällig genug für eine Geburt in der ersten Fassung des Romans heißt.[52] In der zweiten Fassung ist das kondensiert auf die nicht minder deutliche Bemerkung, Felix sehe «aus einer Kluft des schwarzen Gesteines hervor».[53] Und schließlich findet Felix, der Sohn der Erde, am Ende im Wasser den Scheintod – wie Homunculus zum Werden im Meere aufgeht – allerdings um hier unverzüglich durch die praktische Kunst des Vaters als dessen Bruder im Zeichen der Sterne wiederzuerstehen. «So standen sie fest umschlungen, wie Kastor und Pollux, Brüder, die sich auf dem Wechselwege vom Orkus zum Licht begegnen.»[54] Siegt da der Neptunismus über den Vulkanismus, die Evolution über die Revolution oder die Medizin als Naturwissenschaft über Theater und Literatur, denen Meisters frühe Zuneigung gegolten hatten? Oder ereignet sich nicht vor allem eine Entgrenzung des Raumes ins Unendliche hin, wie die Auswanderer ihren Weg auf das Meer hinaus gegangen sind in eine Neue Welt, eine Entgrenzung, wie die Form des Roman sie selbst spiegelt?

3.

Wilhelm Meisters Wanderjahre sind insgesamt ein sehr deutsches Buch, nicht allein von ihrer Formproblematik her. Keine Reisegesellschaft aus dem ganzen unruhigen Europa wird da zusammengestellt, wie das rund ein Jahrhundert vorher Johann Gottfried Schnabel in seiner *Insel Felsenburg* tat. Goethes Personenkreis stammt fast vollständig aus dem deutschen Sprach- und

Erfahrungsbereich. Vor allen Dingen aber wendet sich Goethe immer wieder an seine Deutschen, denen dieser Roman ganz speziell zugedacht zu sein scheint, besonders wenn man ihn im Lichte jener zahlreichen Äußerungen über seine Landsleute liest, die Goethe während der Arbeit an der zweiten Fassung Eckermann gegenüber gemacht hat. Es entsteht sogar der Eindruck, als ob Goethe mit seinem Buch ausdrücklich ein Stück Nationaldidaktik geben wollte, als Pendant zu seiner Spruchdichtung für den Hausgebrauch. Nicht in den *Zahmen Xenien*, sondern am Ende eines der Eingangsgedichte zu den *Wanderjahren* steht der Satz:

> Noch ist es Tag, da rühre sich der Mann,
> Die Nacht tritt ein, wo niemand wirken kann.[55]

Und an sentenziösen Weisheiten übertrifft der Roman die *Lehrjahre* bei weitem. Wie sehr sie auf deutsche Realitäten bezogen sind, erweist der Blick auf Bemerkungen außerhalb des Buches.

Den Deutschen, so sagt Goethe am 3. Mai 1827 zu Eckermann, fehle es an einer tatsächlich wirksamen nationalen Kulturtradition: «Wir Deutschen sind von gestern. Wir haben zwar seit einem Jahrhundert ganz tüchtig cultivirt; allein es können noch ein paar Jahrhunderte hingehen, ehe bei unseren Landsleuten so viel Geist und höhere Cultur eindringe und allgemein werde, daß sie gleich den Griechen der Schönheit huldigen, daß sie sich für ein hübsches Lied begeistern, und daß man von ihnen wird sagen können, es sey lange her, daß sie Barbaren gewesen.» Als lebenspraktisches Pendant dazu mag man in den *Wanderjahren* die Verwünschung des «unseligen Kartoffelgenusses»,[56] jener zutiefst deutschen Sättigungsbeilage, lesen. Politisch seien sie «Particuliers», und an «Übereinstimmung» sei nicht zu denken, heißt es dann am 1. Oktober 1828 und: «Jeder hat die Meinungen seiner Provinz, seiner Stadt, ja seines eigenen Individuums, und wir können noch lange warten, bis wir zu einer Art von allgemeiner Durchbildung kommen.» Vom 6. April 1829 ist schließlich jener Vergleich überliefert, in dem die Deutschen gegen die Engländer und Franzosen abgesetzt werden, die gewohnt seien, zusammenzuhalten, sich nacheinander zu richten, die schon «in Kleidung und Betragen [...] etwas Übereinstimmendes» hätten und sich fürchteten, «von einander abzuweichen, um sich nicht auffallend oder gar lächerlich zu machen. Die Deutschen aber gehen jeder seinem Kopfe nach, jeder sucht sich selber genug zu thun; er fragt nicht nach dem Andern, denn in jedem lebt [...] die Idee der persönlichen Freyheit, woraus denn [...] viel Treffliches hervorgeht, aber auch viel Absurdes.»[57]

Obwohl Goethes Absichten mit seinem Roman sich gewiß nicht nur als ein Akt der Nationalerziehung verstehen lassen, so tut es doch der universaleren, ein ganzes Weltzeitalter betreffenden Perspektive der *Wanderjahre* keinen Abbruch, wenn sie auch als Auseinandersetzung mit diesem Phänomen einer spezifisch deutschen gesellschaftlichen Unzulänglichkeit betrachtet werden. Es läßt sich sogar behaupten, daß die Universalität des Romans ihre eigentliche Funktion und Bedeutung erst auf dem Untergrund solcher nationalen Eigenheiten erhält, die Goethe aus ihrer historischen Situation ableitet.

Das betrifft die Thematik ebenso wie die Form des Buches. Denn durch die Verwendung der verschiedensten sprachlichen Kommunikationsformen, die vom Aphorismus angefangen über Brief, Bericht, Gespräch, Gedicht und Novelle in die Großform eines Romanganzen münden und darin zusammengeführt werden, wird bereits ästhetisch ein Übergang in gesellschaftliches Denken und Empfinden induziert, das nach Goethes Ansicht den Deutschen bisher mangelte. Das Amerika-Projekt ist dann eine äußere Nötigung, über die partikularen Grenzen hinaus zu denken. Innerlich entsprechen dem gesellschaftlichen Vorhaben die Gesinnungen der Entsagung und Ehrfurcht, also Forderungen nach einer humanen Gesellschaftlichkeit, die sich von jeder partikularen und egoistischen Eigensinnigkeit ebenso unterscheidet wie von einem das Individuum auslöschenden Kollektivismus. Das machen die eingelegten Novellen der *Wanderjahre*, die den erzählerischen Grundstock des Romans bilden, besonders deutlich. Was immer sie sonst noch als künstlerische Exposition menschlicher Verhaltensweisen aussagen, sie sind zunächst einmal in jedem Fall die Darstellung eines sozialen Fehlverhaltens, eines Mangels an Rücksicht, Takt, Geschmack, Gemeinsinn, Pragmatik oder schlechterdings dessen, was die Engländer «good manners» nennen. Über dem Eingang zu einem Raum des Auswandererbundes steht das Motto: «‹Ubi homines sunt modi sunt›; welches wir deutsch erklären, daß da, wo Menschen in Gesellschaft zusammentreten, sogleich die Art und Weise, wie sie zusammen sein und bleiben mögen, sich ausbilde.»[58] Eben um diesen Modus gesellschaftlichen Verhaltens ist es Goethe für seine Deutschen zu tun. In den *Lehrjahren* hatte der Bürgerssohn Wilhelm Meister ein Gleichgewicht zwischen innen und außen, Einzelnem und Ganzem in dem Begriff der «öffentlichen Person»[59] ausgedrückt und diese Vorstellung unter den gegebenen Verhältnissen mit dem Adel identifiziert. Für den inzwischen mit einer Adligen verbundenen Wilhelm Meister der *Wanderjahre* gilt solche Differenz nicht mehr, denn in seiner Erfahrung hatte auch der deutsche Adel einen bedeutenden Anteil an den gesellschaftlichen Mängeln, die er einst nur am und im Bürgerssohn empfand.

Es ist durch den Vergleich mit der englischen «novel of manners», speziell den Romanen Jane Austens, überzeugend dargestellt worden, wie die ursprünglich als Novelle für die *Wanderjahre* bestimmten *Wahlverwandtschaften* eine essentiell deutsche Tragödie sind: erst aus dem Mangel an festen gesellschaftlichen Modi, aus sozialen Unsicherheiten, aus Überempfindlichkeiten und asozialen Tendenzen entsteht in der deutschen Sphäre die Tragik von Situationen, mit denen die Heldinnen und Helden Jane Austens sehr viel untragischer fertiggeworden wären.[60] Das bedeutet natürlich auch, daß gerade durch die spezifisch deutschen Voraussetzungen Goethe in die Lage kam, seelische Beziehungen und Verhältnisse zu sehen und darzustellen, die beträchtlich über die psychologische Pragmatik der englischen Autorin hinausführten. Das war gewiß zuallererst Sache des persönlichen und künstlerischen Formats, aber es zeigte sich hier auch die Erbschaft jener deutschen Gefühlskultur, die Goethe selbst begründen half[61] und die in den folgenden Jahrzehnten unter deutschen Bedingungen und ohne die Möglichkeiten zu vielseitiger praktischer Bewährung die Deutschen nicht nur zu Experten der Innerlichkeit machte, sondern oft auch zu hellsichtigen Diagnostikern kommender Entwicklungen und Tendenzen sowohl im Bereiche von Politik und Ökonomie wie in den der vielfältigen psychologischen Reaktionsweisen auf die neuen Verhältnisse eines technischen Zeitalters.

Die Einlagen der *Wanderjahre* erweisen in vieler Hinsicht ihre «Deutschheit». So sind die hintereinander erzählten und gleichsam ein Paar bildenden Erzählungen von der *Neuen Melusine* und der *Gefährlichen Wette* innerlich verbunden als Komödie und Tragödie der Gefühllosigkeit und des Mangels an Rücksicht. In der *Gefährlichen Wette* wird von einer Studentenschar, «ungleich von Geburt und Wohlhabenheit, Geist und Bildung»,[62] ein Scherz getrieben, der die Würde eines Hotelgastes herabsetzt, was schließlich mittelbar dessen Tod zur Folge hat. Im viel interpretierten, an Lesemöglichkeiten reichen Melusinen-Märchen ist es ein deutscher Barbier, der sein Bestes tut, seiner aus königlichem Stamme kommenden Melusine durch eine Taktlosigkeit nach der anderen zu beweisen, daß er nicht jene Ritterlichkeit in sich trägt, die sie in ihm suchte und zu finden hoffte, weshalb er denn schließlich statt auf dem Thron am Ende wieder «an den Herd zur Köchin»[63] gelangt. Auch die *Gefährliche Wette* ist übrigens wie die *Neue Melusine* eine «Barbiernovelle»: der zu weit getriebene Scherz wird von einem der Beteiligten ausgeführt, indem er sich als Barbier ausgibt.

Ein ähnliches Paar bilden die Novellen beziehungsweise Novellenbruchstücke *Die pilgernde Törin* und *Der Mann von funfzig Jahren*, diesmal jedoch mit einem nationalen Unterschied, denn die erste Geschichte wird ausdrücklich als «eine Übersetzung aus dem Französischen»[64] deklariert. Obwohl es sich in beiden um den gleichen Konflikt handelt – der dann auch noch in der Haupthandlung des Romans gespiegelt wird – nämlich um die Konkurrenz zwischen Vater und Sohn in der Liebe für ein Mädchen, so sind doch beide Geschichten von einer sehr charakteristischen Verschiedenheit hinsichtlich der Gefahren und Auswirkungen solcher Verwicklungen. Die französische Geschichte bleibt ein relativ leichtes Spiel, in dem ein Kodex ritterlichen, das heißt taktvollen Verhaltens sich durchsetzt und damit seine Bewährungsprobe besteht. Das geschieht allerdings nicht ohne weiteres bei den Männern – französischen Aristokraten –, sondern erst durch das Mädchen selbst, das eine Art auslösender Faktor für eine Demonstration guter Sitten wird und das mit einer regelrechten kleinen Predigt über Rücksicht und soziales Wohlverhalten abgeht. In ganz andere Gefahren begeben sich da die Handelnden in der deutschen Novelle: sie gehen ganz wörtlich aufs Glatteis. Die Begegnung von Vater, Sohn und der von beiden Geliebten in einer vom Eise überzogenen, vom Vollmond beleuchteten Landschaft ist eine der schönsten, gefühlsstärksten Szenen in Goethes Prosa: «Auszumalen ist nicht die innere Gestalt der drei nunmehr nächtlich auf der glatten Fläche im Mondschein Verirrten, Verwirrten.»[65] Bei ihnen kommt es denn auch nicht zu einer leichten internen Lösung, sondern erst durch die Lenkung und Weisheit Makaries, durch das «Vorhalten eines sittlich-magischen Spiegels»,[66] wird vermieden, daß eine neue Tragödie zerstörerischer Wahlverwandtschaften entsteht, und erreicht, daß Vater wie Sohn die ihnen gemäßen Verbindungen finden.

Gesellschaftliches Verhalten, Takt und Rücksicht sind auch ein entscheidendes Thema in der Novelle *Wer ist der Verräter?*, die einen jungen Professorensohn nicht nur in all seinem Ungeschick zwischen einem ihm zugedachten und einem von ihm geliebten Mädchen zeigt, sondern die ihn auch in seiner sich in Monologen äußernden Egozentrik, Überempfindlichkeit und gesellschaftlichen Unsicherheit exponiert, so daß er am Schluß, nachdem die Richtige die Seine geworden ist, erst noch eine Lehre empfangen muß hinsichtlich seiner Taktlosigkeit der nunmehr abgedankten, ihm ursprünglich Zugedachten gegenüber. Auch hier bildet wie in der vorausgehenden Novelle der Bereich des deutschen Landadels den Hintergrund – im Gegensatz zu den Barbiergeschichten und dann vor allem zu der am engsten und ausgedehntesten in den Roman verwobenen Geschichte *Das nußbraune Mädchen*, in der die Standesgrenzen deutlich transzendiert werden. Denn Lenardos Suche nach der Tochter des Pächters, der einst von seinem Vater zu Recht, aber dennoch Unglück verursachend ausgewiesen worden war und dem er trotz seines Versprechens nicht hatte helfen können, geschieht in dem Gefühl – wie Wilhelm Meister erfährt –, «früher ein weibliches Wesen unseres Kreises verletzt zu haben».[67] Am Faden dieser Geschichte wird dann nicht nur im Roman die von der Industrialisierung bedrohte Arbeitswelt der Spinner und Weber im Gebirge dargestellt; der von solcher über Standesgrenzen hinausgehenden menschlichen Achtung und Verantwortung und schließlich auch von Liebe getragene Lenardo wird konsequenterweise die führende geistige und praktische Kraft im großen Auswanderungsunternehmen, ein Vorbild, das unter deutschen Verhältnissen nur erst erhofft werden konnte.

Die Herausstellung unsozialen und ungesitteten Verhaltens sowie der Notwendigkeit gesellschaftlicher Modi zur Bewahrung der Rechte des einzelnen im Einklang mit denen der Gesellschaft, also das Nationaldidaktische, sind jedoch nicht die einzige Art und Weise, auf die sich Goethe in der Romanhandlung wie in den Einlagen mit den deutschen Verhältnissen auseinandersetzt, auf die er Bezug nimmt und die er zu beeinflussen versucht.

4.

Der Handlungsrahmen der Wilhelm-Meister-Romane läßt sich in seiner reduziertesten Form wohl so bezeichnen: die *Lehrjahre* beginnen mit der Zeugung eines Sohnes, die *Wanderjahre* enden damit, daß der Vater dem Sohne das Leben wiedergibt und ihn als Bruder adoptiert. Das ist auf so sinnfällige Weise allerdings nur möglich, weil es keine Mutter des Sohnes mehr gibt, der gegenüber eine betonte Brüderlichkeit zwischen Vater und Sohn vor allem als Revolte gegen sexuelle Tabus erschiene. Am Ausgang der *Wanderjahre* kann es mangels einer Mutter aber auch nicht zu einer ebensolchen heiligen Familie kommen wie am Anfang des Buches, obwohl Felix, der ‹Glückliche›, ja immerhin eine Mutter hatte, die Mariane hieß. Aber weder sie noch die – wie es am Ende der *Lehrjahre* aussah – zukünftige Stiefmutter, das ‹Geburtstagskind› Natalie, hatten auf seine Bildung und Ausbildung Einfluß. Am Ende stehen Vater und Sohn, Tabuschranken berührend, in einem subtilen Wettbewerb um die Neigung der Kästchenbewahrerin Hersilie. Es fragt sich, was angesichts dessen von Wilhelm Meisters Selbstreflexion zu halten ist, in der er seine Lebensabsicht damit bezeichnet, «einen edlen Familienkreis in allen seinen Gliedern erwünscht verbunden herzustellen». Es ist keine beiläufige Reflexion, sondern sie geschieht nach der Begegnung mit Makarie und auf der Sternwarte angesichts der Unendlichkeit der Gestirne. «Ich soll erforschen», fährt Wilhelm fort, «was edle Seelen auseinanderhält, soll Hindernisse wegräumen, von welcher Art sie auch seien», und der Blick auf den Jupiter – «das Glücksgestirn» – gibt ihm schließlich das Selbstvertrauen, in solcher Absicht fortzufahren.[68]

Es ist von geringer Bedeutung, die inneren und äußeren Motivationen eines Romanhelden auf den Autor selbst zurückzubeziehen, auch wenn dieser ausdrücklich schrieb, daß Jupiter und Venus sich freundlich bei seiner Geburt angeblickt hätten, wenn dessen Kinder illegitim zur Welt kamen und er den Frauen gegenüber doch letztlich immer der Einzelne blieb. Wichtiger als die Spiegelung des Privaten ist die des Öffentlichen und Historischen. Die Geschlechter- und Familienbeziehungen in den Meister-Romanen sind von großer Komplexität und reichen von Mythisch-Elementarem bis zu Geschichtlich-Konkretem unter deutschen Verhältnissen. Im Handlungsrahmen durchdringt sich beides, das Mythische und das Deutsch-Bürgerliche.

So sehr Wilhelm Meister Ansätze dazu macht, so wenig gelingt ihm doch die Gründung einer eigenen «heiligen Familie» – sie wird als Erscheinung in die alte Welt der Urgebirge zurückgewiesen. Wie Werther bereits aus den christlichen Erlösungshoffnungen ausbrach und sich eigenständig neben den «Sohn Gottes»[69] stellte auf dem Weg zum Vater, so wird in den *Lehrjahren* das Bild einer heiligen Familie durch dasjenige vom kranken Königssohn überdeckt, von einem Prinzen also, der die Frau seines Vaters liebt und auf diese Weise die einfachste Ordnung der Familie aufhebt. Was der Lehrling Meister im Bild erfährt, geschieht dem Gesellen Meister in der Wirklichkeit, denn eben dort stellt sich der Sohn neben ihn, indem er wie der Vater um die Zuneigung der gleichen Frau bemüht ist. Der Schluß zeigt die vom Vater konzedierte, ja indirekt bewerkstelligte Aufhebung patriarchalischer Verhältnisse zugunsten der Brüderlichkeit. Der «edle Familienkreis», dessen Herstellung Wilhelm Meister als seine Absicht betrachtet, ist ein Bund «edler Seelen»,[70] keine Fortführung oder Neugründung patriarchalisch-dynastischer Ordnungen.

In diesen Zusammenhang gehört Goethes merkwürdige Onkel-, Tanten-, Neffen- und Nichten-Gesellschaft, die sozial in der Haupthandlung dominiert und in die Meister schon in den *Lehrjahren* eingetreten war, obwohl es sich um jeweils verschiedene Familien handelte. Gewiß, das ist zunächst lediglich das «ewig in Romanen und Schauspielen wiederholte» Personal: «ein wunderlicher Oheim, eine sanfte und eine muntere Nichte, eine kluge Tante, Hausgenossen nach bekannter Art; und käme nun gar der Vetter wieder», so lernte man «einen phantastischen Reisenden kennen, der vielleicht einen noch sonderbarern Gesellen mitbrächte, und so wäre das leidige Stück erfunden und in Wirklichkeit gesetzt.»[71] Wenn Goethe dennoch das von ihm auf diese Weise ironisierte Personal in seiner Prosa immer und immer wieder verwendet, so muß er dazu gewiß eine stärkere künstlerische Nötigung empfunden haben als den Reiz, dergleichen nur unablässig zu parodieren. In den *Lehrjahren* spielt der Oheim oder eigentlich «Großheim»[72] Lotharios, Natalies und der Gräfin durch seinen Besitz sowie als Erzieher, Kunstsammler und Käufer des für Wilhelm lebenssymbolischen Bildes vom «kranken Königssohn» eine bedeutendere Rolle als deren natürliche Eltern. Im Hause dieses Oheims findet Meister seine Natalie wieder, die er einst zuerst in dessen Begleitung erblickt hatte. Das Haus allerdings ist, wie Wilhelm Natalie versichert, eigentlich «kein Haus, es ist ein Tempel, und Sie sind die würdige Priesterin, ja der Genius selbst».[73] Die Onkelschaft ermöglicht also sogar das Spiel mit dem Sakralen. Jedenfalls lockert sich auf diese Weise die strenge Dynastie einer adligen Familie, ohne daß Besitz und Erbe verlorengehen. Wilhelm Meister, «der ausging, seines Vaters Eselinnen zu suchen, und ein Königreich fand»,[74] wächst als bürgerlicher Prinz hinein. Aber die Familie wandelt sich auf diese Weise nicht zum gemütvoll Bürgerlichen, sondern sie löst sich zugunsten größerer Bindungen in den *Wanderjahren* mehr und mehr auf. Dort wird dann nicht nur eine weitere Onkel-Familie vorgestellt, in die sich Meister und sein Sohn verwickeln; eine Tante – Makarie – wird auch zur universellen, ja kosmischen ethischen Instanz, vor der alles Neue in seinem Wert zu bestehen hat. Auflösungstendenzen werden außerdem dadurch unterstützt, daß dort, wo Väter und Söhne oder Mütter und Töchter zusammen auftreten, der andere Elternteil zumeist bereits gestorben ist.

In der Novelle *Der Mann von funfzig Jahren* ist es eine Onkel-Nichten-Liebe, die Verwirrungen anrichtet, wenngleich es hier zu einem einfachen, Erbfolge und Familienordnung bewahrenden Schluß kommt: Neffe und Nichte finden zueinander, wie es zum Wohl des Besitzes und der Familie eingangs geplant war. Allerdings schließen sie sich auch nicht dem Auswandererbund an. Die Personenbeziehungen in dieser umfangreichsten Einlage der *Wanderjahre*, die wohl ursprünglich ein Gegenstück zu den *Wahlverwandtschaften* hatte werden sollen, weisen, wenn auch nur andeutungsweise, auf eine andere Verwandtschaftsproblematik in den *Meister*-Romanen hin. Denn die Ehe zwischen Neffe und Nichte ist der letzte von der Gesellschaft noch tolerierte Bund zwischen Verwandten, vor einer tabuisierten Verbindung von Geschwistern, wie der Bund der Nichte mit dem Onkel derjenigen mit dem Vater am nächsten gestanden hätte. Die Grenze wird in Goethes Deutschland gewahrt, und nur im Italien der Mignon war sie überschritten worden. Aber die Nähe zum Inzest führt, wenn an die Nachkommen gedacht wird, auch unter den deutschen Liebenden schon zu fragwürdigen Ergebnissen, sosehr derartige Ehen der Praxis des Adels entsprochen haben mögen. Denn durch Verbindungen dieser Art lösen sich Dynastien eher auf, als daß sie sich festigen. Das hat das Inzestmotiv in der Literatur zu allen Zeiten demonstriert. Für Goethes *Meister* gilt jedenfalls insgesamt, daß durch die vielfachen Formen der Auflösung von herkömmlichen Familienbindungen oder durch die Verunsicherung von Elternschaften und Verwandtschaftsverhältnissen der Grund gelegt wird zur Evolution einer neuen, auf gegenseitigem Respekt beruhenden fraternalen Gesellschaft, für die dann das Bild des Auswandererbundes stehen soll.

Ein Lieblingsgedanke Goethes kommt hinzu: die Entstehung einer Art weltlicher Transzendenz durch das Fortleben des Einzelnen in den Nachkommen, in einer Art Kette der Geschlechter,[75] einer Spielart der alten Vorstellung von einer «Chain of Being».[76] Bedeutend bei Goethe ist daran vor allem jene weit über das Ideengeschichtliche hinausführende Verbindung dieses Gedankens mit dem Erotischen, wovon gerade in den *Wanderjahren* die häufigen direkten oder symbolischen Bezüge zu der Sphäre des Sexuellen sprechen. Lieben, Zeugen, Geborenwerden und der Tod sind Glieder dieser ins Unendliche führenden Kette, das «Stirb und Werde» einer «seligen Sehnsucht».[77]

Hinter den Familienkonstellationen der *Wanderjahre*, soviel Didaktisches sie auch enthalten mögen, steckt nun allerdings kein ausgeklügeltes symbolisches System, das einfach zu entschlüsseln wäre, so daß der Roman auf diese Weise in einen soziologisch-ökonomisch-psychologisch-pädagogischen Traktat übersetzt werden könnte. Goethes Romanpersonal setzt sich realistisch aus jenen Schichten zusammen, die ihm den eigenen Erfahrungen entsprechend am ehesten eine gute Entwicklung der deutschen Dinge versprachen, also aus liberalem Adel in Verbindung mit liberalen Bürgern. Der vierte Stand war, wie das Märchen vom Barbier und der königlichen Melusine zeigte, erst in den Anfängen auf seinem Wege zur Selbsterkenntnis und damit zum Bewußtsein eigener Bedeutung und Verpflichtung im Ständebund der Auswanderer.

Das den ganzen Roman durchziehende Losungswort «Entsagung» wirkt unter solchen Voraussetzungen am ehesten als eine Art Hilfsbegriff oder Metapher, die faßbar machen soll, worauf es in Goethes Verständnis ankommen muß, wenn sich die Gesellschaft in einer «Zeit der Einseitigkeiten»[78] produktiv fortentwickeln soll. «Entsagung» heißt gesellschaftlich Verzicht auf Privilegien und Partikularinteressen, so daß die dynastisch-adligen und patriarchalisch-bürgerlichen Ordnungen in Brüderschaftlichkeit übergehen können, und «Entsagung» heißt im weitesten Sinne die Fähigkeit, sich zu wandeln, sich vom geschichtlich Gewordenen nicht beschränken zu lassen, ohne es doch aufzugeben. Evolution statt Revolution ist ein altes Thema Goethes. In den Jahren nach der Französischen Revolution hatte er es schon in *Hermann und Dorothea* am Beispiel eines kleinen Bürgerkreises in einer kleinen deutschen Stadt – im «deutschen Mittelstand in seinen reinen Häuslichkeiten», wie es dann in den *Wanderjahren* heißt[79] – episch-novellistisch dargestellt. Hier behauptete sich der Sohn im Bunde mit der Mutter schließlich gegen den Willen des Patriarchen, aber die Kontinuität der bürgerlichen Familie konnte gewahrt bleiben, weil innerhalb dieses kleinen Kreises die Bereitschaft zum Entsagen von gewohnten Vorstellungen und zum Fortschreiten vorhanden war und Ziele in der Enge auch erkennbar waren. Die *Meister*-Romane entwickeln dann das gleiche Thema in den sehr viel komplizierteren Verhältnissen der gesamten Gesellschaft des damaligen Deutschland. Abzuschließen war deshalb in den neunziger Jahren auch nur die bürgerliche Hexameter-Novelle im ständigen ironischen Bezug auf die in sich selbst ruhende, ihren Mythos in sich tragende klassische Welt.

Erst aus der größeren Distanz zu den historischen Umwälzungen wurde dann auch der Versuch realisierbar, die ausgebreitete Romanwelt des *Meister* zusammenzufassen und zu einem künstlerischen Schluß zu bringen. Eben dies aber geschah in der Form eines letztlich offenen, im einzelnen unvollendeten und unvollendbaren Romanes, einem Gefüge künstlerischer Ausdrucksmöglichkeiten. Mythen aus verschiedenen Sphären laufen darin ineinander über, werden verschleiert oder reduziert, so daß das Ganze nicht aus dem Gleichgewicht gerät oder einseitig gelesen werden könnte, und die verschiedenen künstlerischen Ausdrucksformen werden «durch einen romantischen Faden unter dem Titel: *Wilhelm Meisters Wanderjahre* zusammengeschlungen».[80] «Romantisch» heißt in dieser Bemerkung Goethes in seinen *Tag- und Jahresheften* von 1807 ganz sicherlich nichts anderes als «romanhaft», aber die Doppelsinnigkeit des Wortes gerade in jener Zeit weist noch einmal zurück auf die theoretischen und praktischen Entwürfe um 1800 zu einem «romantischen Roman», dem doch die *Wanderjahre* in nicht unbeträchtlichem Maße ähnlich wurden. Nur auf jene Idealität, auf die ein *Heinrich von Ofterdingen* zielte und in der Welt und Traum verschmelzen sollten, konnte es nicht mehr abgesehen sein.

Die Problematik des deutschen Romans im 19. Jahrhundert bestand darin, daß er als bürgerlich-prosaische Erzählform auf einer Gesellschaft beruhte und sie ansprach, die durch ihn erst entstehen sollte. Das aber war eine so schwere Aufgabe, daß sich viele dieser Bücher, und nicht zuletzt die *Wanderjahre*, durch ihren Anspruch und durch die schwierige Verflechtung von Theorie und Fiktion gerade von denjenigen Lesern ausschlossen, für die sie eigentlich in erster Linie bestimmt gewesen wären. Im besten Falle hielt sich statt dessen das große Lesepublikum an die schöne, aber begrenzte Harmonie von *Hermann und Dorothea*, im schlechteren wurde sie Opfer der üppig blühenden Trivialliteratur. Die Kluft zwischen dem Bedeutenden und dem Trivialen ist in der deutschen Literatur immer besonders groß gewesen.

Daß Goethe die Erfüllung des «Wünschenswertesten» in ein äußeres oder inneres Amerika entrückt, macht, wie gesagt, deutlich, daß er sich hinsichtlich der deutschen Verhältnisse, also für die Sphäre, die zwischen Weimar und der Welt lag, keinen übertriebenen Hoffnungen hingab. Der Blick auf große Entwicklungslinien verband sich bei ihm immer mit den genauen Kenntnissen dessen, was die Deutschen an Gutem und Gefährlichem auszeichnete und wessen sie vor allem anderen bedurften. Weder die sozialen und ökonomischen Utopien noch die Erkenntnisse über Ort und Gang des Menschen in der Geschichte und im Universum sind für sich allein Sinn oder gar Botschaft der *Wanderjahre*. Als Prediger hat sich Goethe nie gefühlt. Er versuchte vielmehr, seinen Landsleuten Geschichten zu erzählen, Geschichten von Menschen, die sich mit Idealen befaßten und Erkenntnisse fanden, für deren Anwendung sie in erster Linie nicht rücksichtslose Hartnäckigkeit oder idealistischen Schwung brauchten, sondern geselliges Verhalten, Rücksicht, Takt und gemeinschaftliche Verantwortung. In den *Meister*-Romanen ging es deshalb um die Aufhebung alter, nicht am Neuen geprüfter Abhängigkeiten und um jenen «edlen Familienkreis», der auf Ehrfurcht voreinander und vor dem Unerkennbaren ebenso gegründet war wie auf praktischer Tüchtigkeit, dessen Bindemittel aber ebenso Bluts- wie Wahlverwandtschaft ist, und zwar so sehr, daß die eine in die andere übergehen kann: eine spezifisch Goethesche Variation der Idee von einer «Chain of Being». An Absolutem läßt sich nicht rütteln: der Mensch, «herrlich Ebenbild Gottes», wird «immer aufs neue hervorgebracht» und doch «sogleich wieder beschädigt, verletzt von innen oder von außen». Angesichts dessen resigniert Goethes Held nicht oder läßt sich dazu treiben, Ideale rigoros und gewaltsam zu verfolgen. Er rettet seinem Sohn als Arzt das Leben und müht sich – Gleichnis der Heilkunst wie der poetischen –, ihn «sogleich wieder in den gesellig anständigsten Zustand zu versetzen».[81] Das sind im übrigen auch die letzten Worte in *Wilhelm Meisters Wanderjahren*.

Universelles Weltverständnis und humane gesellschaftliche Praxis verbinden sich in diesem Romanende. Das ist nicht «modern», aber es wird mit der Konstatierung seiner Geschichtlichkeit nicht schon irrelevant. Die deutschen Verhältnisse jedenfalls, unter denen das Buch entstand, bestimmen im Vergleich mit dem europäischen Roman des 19. Jahrhunderts die Grenzen seiner Wirkung ebenso wie die Weite seiner Aussichten und den Reichtum seiner künstlerischen Ausdrucksformen.

Faust und der Fortschritt

Anmerkungen zum *Faust*

1.

An Superlativen für Goethes *Faust* fehlt es nicht und hat es nie gefehlt. Staunenswert, ja überwältigend ist in der Tat, daß ein Dichter im Laufe eines langen Lebens ein Werk zustande bringen konnte, das ein Ganzes geworden ist, so fragmentarisch jeder einzelne Teil von ihm erscheinen mag,[1] ein Werk, das als Ganzes sehr viel mehr darstellt als die Summe seiner Worte, Gedanken, Bilder und Aktionen. In seiner Fülle birgt dieses Werk etwas, das weit über seine Zeit hinaus die Menschen in seinen Bann gezogen hat und sie darin nach sich selbst suchen läßt, oft beträchtlich jenseits dessen, was Literatur als ästhetisches Gebilde zum Vergnügen ihrer Leser eigentlich zu bieten hat. Geradezu biblische Qualitäten hat es zuweilen angenommen, wenn man in ihm ein «Hochbild humanen Menschentums» sah und auf ihm einen «Faustischen Glauben» gründen wollte.[2] Mit ebenso weitem Anspruch ist es das «Drama der Menschengattung»[3] genannt worden oder ein «Menschheitsdrama»,[4] das so universell wie nur denkbar zu verstehen sei. Weiträumig sind die Interpretationen selbst dort, wo man historistisch einzuschränken versucht hat, indem man von ihm als von einer «Allegorie des 19. Jahrhunderts» sprach, von einem Spiegel der «inneren Struktur der bürgerlichen Gesellschaft»,[5] und in seinem Helden die Kräfte des aufsteigenden, sich in seine Widersprüche verfangenden Kapitalismus am Werke sah. Aus solcher Geschichtlichkeit hat sich jedoch ebenfalls Universalität destillieren lassen, wenn man Faust als Visionär an die Schwelle einer neuen Gesellschaft setzte, in der humane Ideen in die Wirklichkeit umschlagen sollten. Politische Praxis bot dann Visionen von der Fortsetzung des Dramas an wie diese: «Erst weit über hundert Jahre, nachdem Goethe die Feder für immer aus der Hand legen mußte, haben die Arbeiter und Bauern, die Angestellten und Handwerker, die Wissenschaftler und Techniker, haben alle Werktätigen der Deutschen Demokratischen Republik begonnen, diesen dritten Teil des *Faust* mit ihrer Arbeit, mit ihrem Kampf für Frieden und Sozialismus zu schreiben.»[6] Offen bleiben muß hier allerdings, ob da nicht insgeheim ein mephistophelischer Schalk und Kenner von *Faust*-Parodien dem Politiker, ohne daß er es merkte, eine recht andere Feder zu seinem realen «dritten Teil» geführt hat als jene, die einst Goethe aus der Hand legen mußte. Unüberblickbar jedenfalls ist inzwischen die Zahl der Aneignungsversuche des großen Dramas durch die Nachwelt geworden, so daß von Zeit zu Zeit daran erinnert werden muß, daß es sich bei diesem *Faust* in erster Linie um ein Theaterstück handelt, teils «Museum», teils «Schulstunde», «Operette», «Irrenhaus», «Spielplatz des Teufels» und «Friedhof der Geschichte», wie sich das ein junger australischer Regisseur des Goetheschen Dramas einmal vorgestellt hat.[7]

Die Deutschen haben den *Faust* häufig, oft sogar mit schlichter Ausschließlichkeit, zum «Hauptwerk unserer Literatur»[8] und Nationalgedicht erhoben und es auf solche Weise turmhoch über alle Mühen anderer deutscher Dichter gesetzt. Tatsächlich ist dieser Faust ein Deutscher, seinem Herkommen nach ebenso wie auf Grund seines Amtes als Professor an einer deutschen Universität, und er ist außerdem mit manch schönen Eigenschaften des Geistes begabt, die man dieser Nation gern nachzusagen pflegt. Aber er ist auch Träger von Eigenschaften, die ihr in der Weltgeschichte weniger zum Ruhme gereicht haben, weshalb wünschenswert und nötig wurde, kritische Blicke auf sein Wesen und seine Eigenschaften zu werfen und zugleich auf den Aneignungskult, den man besonders bei den Deutschen mit ihm getrieben hat. Nur ist es gerade dabei wieder von besonderer Pikanterie, daß ausgerechnet eine einflußreiche Auseinandersetzung mit dem deutschen Mythos des Faustischen bei aller wissenschaftlichen Seriosität zugleich ein makabres Stück deutschen Possenspiels geworden ist.[9]

Zwiegesichtig wie seine Rezeption bleibt dieser Faust immerhin, was freilich nicht anders zu erwarten ist bei einem, der sich dem Teufel verschreibt, selbst wenn er am Ende leicht davonkommt. Zwiegesichtig zeigt sich aber auch das Werk als ganzes, bei dem am Ende die Frage offen bleibt, ob es in einen wirklichen Himmel führt oder ob dieser Himmel «als Sphäre des irreal Gewordenen schon umschlägt ins Nichts.»[10] Zweifel an der Bewunderungswürdigkeit des Helden sind seit langem geäußert worden. Selbst dort, wo ein Geschichtsphilosoph Faust mit der Maschinentechnik und der gesamten modernen westlichen Kultur schwärmerisch identifizierte, komponierte er als trüber Prophet zugleich den götterdämmernden Unterton des Tragischen ins Stück hinein: «Die Geschichte des Menschen *im Ganzen* ist tragisch. Der Frevel und Sturz des faustischen Menschen aber ist größer als alles, was Aischylos und Shakespeare je geschaut haben.»[11] Auch den Untergang sollte den Deutschen offenbar niemand nachmachen – eine aus melodramatischer Selbsterhöhung geborene Prophezeiung Oswald Spenglers zum Goethe-Jahr 1932, die bald darauf eine kakophone Bestätigung in Dimensionen erhielt, die sich der Prophet wohl kaum schon hatte vorstellen können.

Aber Faust ist eben wirklich Deutscher, seit Geschichte, Sage, Volksbuch und erste Dramen von ihm kündeten, nur ist er es lediglich, wie Hamlet Däne, Robinson Crusoe Brite und Don Quichote oder Don Juan Spanier sind. Ein leichtfertiges rhetorisches Spiel mit gewissen «Nationaleigenschaften» bringt wenig Verbindliches, ernsthaft Beweisbares und Nachprüfbares;

die Besonderheit, die diesem Faust zu eigen ist, hat essentiell nichts mit seiner Deutschheit zu tun. Wie immer es um die Realität eines historischen Doktor Faust bestellt sein mag, der irgendwann um 1500 gelebt haben soll – in den ersten literarischen Zeugnissen tritt er auf als Wissenschaftler und ist dadurch verbunden mit jener großen Umwälzung des Denkens und Lebens im 15. und 16. Jahrhundert, da man die Erde als rund erkannte, sie mittels Landkarten und Kompaß befahrbar machte, sich menschlicher Kraft im Umgang mit der Natur bewußt wurde, zu experimentieren begann, Instrumente wie Mikroskop, Teleskop, Barometer und Thermometer erfand und also in den Köpfen die Fundamente zu dem legte, was dem Begriff des Fortschritts erste Konturen gab: die ständig wachsende Erkenntnis der Natur und damit auch das Gefühl der zunehmenden Macht über sie. Aber die Sage vom Doktor Faust besaß allerdings metaphysische Dimensionen: ein Teufel ringt da um die Seele eines Menschen, und ein Mensch will ihn benutzen, um sich die eigene Gottähnlichkeit zu beweisen. Was Faust anziehend machte, ja die Sage von ihm überhaupt erst entstehen ließ, was das Interesse an dieser himmelstürmenden und zur Hölle fahrenden Figur begründete, war das zunehmende Ungenügen an einem theologischen Weltbild, einer statischen Welterklärung, in der für die Dynamik des Wissenwollens und mithin des Fortschreitens zu noch unbekannten Zielen und Wunscherfüllungen kein Platz war. So erstreckte sich die Spannweite des Faust-Mythos von vornherein auf die menschliche Existenz schlechthin und führte zu den uralten Fragen nach Sinn oder Sinnlosigkeit des Daseins. Denn einerseits ging es darin um das Wissenwollen, um das vom Paradiese her mitgebrachte Streben nach Erkenntnis, wie sündig auch immer es von der Kirche angesehen werden mochte, andererseits aber um den Wunsch nach Resultaten solchen Strebens, also um Freiheit, Glück, Genuß und Lust auf Erden, was wiederum die Frage nach den Werten gesellschaftlichen Verhaltens aufwarf, nicht nur nach dem Besser-Leben, sondern auch nach dem Besser-Sein, nach Gut und Böse und der Perfektibilität des Menschen. Erkenntnisgewinn und Wertgewinn sind zweierlei – die Philosophie unterscheidet da zwischen quantitativem und qualitativem Fortschritt.[12] Es ist im Grunde eine alte Differenzierung, die insbesondere in den Jahren nach der Französischen Revolution, also zu Goethes Zeiten, die besseren Köpfe bewegte. Man weiß von Klopstocks tiefer Enttäuschung, als er sah, daß die neue Freiheit die Bürger zwar besser leben ließ, aber sie nicht besser machte, sondern nur neue Ungeheuer ausbrütete.

Dergleichen Fragen leiten nun allerdings tief in das Gebiet der Überzeugungen und des Glaubens hinein, gehen also beträchtlich über die Grenzen der Literatur hinaus, die sich um den Preis künstlerischer Wahrheit darauf beschränken muß, zur Unterhaltung Bilder zu zeigen, Figuren spielen zu lassen und Geschichten zu erzählen. Daß Goethe letzteres wollte, hat er selbst einmal ausdrücklich und mit Bezug auf seinen *Faust* bekannt. Es sei im Ganzen nie seine Art gewesen, so erklärte er Eckermann gegenüber, «als Poet nach der Verkörperung von etwas *Abstraktem* zu streben. Ich empfing in meinem Innern *Eindrücke*, und zwar Eindrücke sinnlicher, lebensvoller, lieblicher, bunter, hundertfältiger Art, wie eine rege Einbildungskraft es mir darbot; und ich hatte als Poet weiter nichts zu thun, als solche Anschauungen und Eindrücke in mir künstlerisch zu ründen und auszubilden und durch eine lebendige Darstellung so zum Vorschein zu bringen, daß Andere dieselbigen Eindrücke erhielten, wenn sie mein Dargestelltes hörten oder lasen.» Und seine Deutschen ermahnte er zu der rechten Rezeptionshaltung seinem Werk gegenüber: «Ei! So habt doch endlich einmal die Courage, *Euch den Eindrücken hinzugeben*, Euch ergötzen zu lassen, Euch rühren zu lassen, Euch erheben zu lassen, ja Euch belehren und zu etwas Großem entflammen und ermuthigen zu lassen; aber denkt nur nicht immer, es wäre alles eitel, wenn es nicht irgend abstrakter Gedanke und Idee wäre!»[13] Je eindrucksvoller und hinreißender, bunter und plastischer Goethe jedoch sein Werk zu gestalten verstand und je tiefsinniger, reicher und widerspruchsvoller er seinen Faust selbst zu literarischem Leben brachte, desto größer wurde die Versuchung, seinen Rat auszuschlagen und nach Sinn hinter der Fülle zu suchen, den Faden zu finden und zu beschreiben, an dem das Einzelne, nicht immer offensichtlich Zusammengehörige aufgereiht war.

Reizthemen wie die Frage nach einem Lebenssinn, die Hoffnung auf fortschreitende Erkenntnis und zunehmenden Glücksgewinn wurden um so wichtiger, je weniger die Erklärungen der Religionen und später diejenigen der politischen Ideologien befriedigten, und eben das hat sich in den westlichen Kulturen in zunehmendem Maße seit Goethes Zeiten ereignet. Deshalb reißen auch die Versuche, gerade in einem derartige Weiten der Zeit und des Denkens wie Fühlens umschließenden Kunstwerk Aktualität und Modernität zu finden oder sie ihm zuzuschreiben, bis auf den Tag nicht ab. Liest man zum Beispiel, daß Faust «Repräsentant der modernen Menschheit»[14] sei, dessen zwielichtiger Charakter dem Janusgesicht des Fortschritts dieser modernen Menschheit entspreche, so ist das nicht nur Variation jener allgemeinen Bewunderung für die Universalität dieser einen Dichtung, sondern Ausdruck dafür, daß man in ihr schlichtweg ein Stück Gegenwartsliteratur sieht.

Genauere Bestimmungen von solcher Aktualität und Modernität haben freilich einen schweren Weg durch den Wald der Begriffe und Nomenklaturen anzutreten. Seit der Abdankung klassischer Normativität im 18. Jahrhundert ist «Modernität» ein historischer Begriff für Literatur und Kunst geworden, während «Aktualität» als Wertkriterium in der Literaturwissenschaft seine volle Bedeutung und weite Verbreitung erst in den Zeiten des Existenzkampfes der Geistes- und Kulturwissenschaften mit den Naturwissenschaften erhielt, als Siegel sozusagen für die Wichtigkeit eigenen Tuns.

Beide Begriffe sind jedoch durchaus subjektiv geblieben. Die Diagnose der «Modernität» eines Kunstwerks kann sich allerdings auf gewisse geschichtliche Fundamente stützen. Als «modern» empfanden sich französische Intellektuelle am Ende des 17. Jahrhunderts, als sie in der «Querelle des Anciens et des Modernes» den Eigenwert ihrer Zeit und ihrer Kultur einer absoluten Mustergültigkeit des Klassisch-Antiken entgegenhielten. Ein Jahrhundert später stellte der junge Friedrich Schlegel Verbindungen zwischen Modernität und einem von ihm definierten Romantischen her, und wiederum einhundert Jahre später erklärte der junge Arno Holz, seine Welt sei «nicht mehr klassisch» und «nicht mehr romantisch»: «Unsre Welt ist nur modern!»[15] So subjektiv die jeweiligen Selbstidentifikationen als «modern» auch sein mögen, so sehr sind sie doch aus gewissen objektiv beschreibbaren Situationen und Stadien innerhalb der Geschichte der westlichen Kultur hervorgegangen, aus Situationen und Stadien, auf die sich Goethes *Faust* in verschiedener Art und Weise bezieht.

2.

Die historische Gestalt des Doktor Faust gehört, wie gesagt, dem ausgehenden 15. und beginnenden 16. Jahrhundert an, also jener Zeit des wissenschaftlichen Wandels und der Grenzerweiterungen in der Naturerkenntnis, als die Entstehung eines neuen, säkularen Weltbildes mit der Entwicklung neuer Forschungsmethoden und der Herstellung neuer Meßinstrumente Hand in Hand ging. Das Jahrhundert der Aufklärung mit seinem Glauben an Fortschritt und der Überzeugung von der Perfektibilität des Menschen war dann Goethes eigene geistige Heimat; an der neuerlichen «Querelle», der endgültigen ästhetischen Loslösung von der Antike im Zeichen des Romantischen, hat er zuweilen distanziert oder mitspielend Anteil genommen; seinen Doktor Faust als mittelalterlich-romantischen Burgherrn verband er jedenfalls mit einer antiken Gemahlin. Besonders außerhalb der deutschen Literaturwissenschaft gilt Goethes Faust seit langem als das Musterbild eines romantischen Helden, dessen Subjektivismus ihn über die Grenzen des Wissens wie des Glaubens hinaustreibt und der den Pakt mit dem Bösen nicht scheut, um sich in seinem «unbedingten Wollen»[16] Natur und Geschichte zu unterwerfen. Das neue Zeitalter der Herrschaft des Kapitals und der Maschinentechnik sah Goethe schließlich noch heraufziehen, und obwohl ihm dafür die Anschauung fehlte, versuchte er doch immerhin, die Konturen dieses Kommenden zu erkennen. Faust und Mephisto verwickelte er in «moderne» Papiergeldgeschäfte und schickte sie auf zauberische oder mysteriöse Welt- und Zeitreisen, während er selbst diesem Neuen gegenüber reserviert blieb.

Alles in allem war der *Faust*-Stoff ein Glücksgriff Goethes. Seine Dimensionen wie Möglichkeiten waren am Anfang kaum abzusehen, wurden aber von ihm dann aufs beste genutzt – über die Verkettung von Glück und Verdienst gibt Mephisto später eine treffende Lektion.[17] Dadurch, daß Goethe seinen Helden in dessen eigener Zeit beließ, also – was leicht vergessen wird – ein historisches Drama konzipierte, konnte er ihn zunächst von all den Fesseln befreien, die die konkrete und zugleich beschränkte Wirklichkeit, die «wahre Armuth»[18] der deutschen Geschichte des 18. Jahrhunderts ihm auferlegt hätte. Er ließ ihn den Renaissance-Gelehrten am Ausgang des Mittelalters und am Beginn der Neuzeit bleiben, der sich gegen scholastische Beschränkung wehrt, statt ihn etwa mit den Universitätsprofessoren des 18. Jahrhunderts zu identifizieren, die seine Leser in ihrer oft recht beschränkten und dürftigen Realität zu deutlich vor Augen hatten, als daß sie nicht zu skeptischen Vergleichen mit dem Bühnenhelden veranlaßt worden wären. So konnte Faust aufklärerisch denken, ohne mit den mehr oder weniger professionellen Repräsentanten einer philosophischen Schule in eins gesetzt zu werden. Besonders die Erscheinung des Teufels bedurfte im historischen Kontext einer noch in Aberglauben und Glaubensabenteuern befangenen Epoche keiner weiteren Rechtfertigung, und was an Ausfällen gegen die Kirche und den christlichen Glauben in Goethes Zeit als Affront genommen worden wäre, ließ sich, ein wenig Selbstzensur durch den Autor vorausgesetzt, für diese vergangene Zeit der Unruhe durchaus tolerieren, konnte man doch den Hinweis auf das Historische stets als Schutzbehauptung ins Feld führen. Die Magie wirkte dabei als ein wundervoll verfremdendes Medium für alle weitere Diskussion um Glaubensfragen und -grundsätze, ohne daß man der Institution einer gegenwärtigen Kirche zu nahe trat. Ähnlich wie mit dem Intellektuellen Faust verhielt es sich auch mit ihm als Staatsbürger. In der Ferne der Geschichte war er nicht wie Wilhelm Meister auf die Gesellschaft von ein paar deutschen Baronen und Grafen angewiesen oder auf die einiger deutscher Professoren, unter denen er sich nach einer Geheimratswürde oder dem Adelsdiplom hätte strecken müssen. Im Gegenteil: Goethes Faust kann es sich leisten, den aussichtsreichen Wunsch zu haben, alles, nur ja kein Professor zu sein.

Das sind im wesentlichen bekannte Beobachtungen, aber es scheint nicht unnütz, sie sich bei neuerlicher Beschäftigung mit Goethes *Faust* ins Gedächtnis zu rufen. Sie legen nahe, den Reiz des Werkes zunächst einmal in der Person seines Helden und in den Gestalten zu sehen, mit denen er umgeben ist, und ihn nicht zum Symbol der Menschheitsgeschichte, der deutschen Geschichte oder der Geschichte des Übergangs vom Feudalismus zum Kapitalismus zu erheben. Daß das Werk «Johann Heinrich Fausts Lehr- und Wanderjahre» heiße und einen geschichtlichen Prozeß abbilde, ist eine schöne Idee, aber es muß doch sehr fraglich bleiben, ob es Goethes eigene Idee war. Natürlich ist von Geschichte die Rede in diesem Werk, von dreitausend Jahren sogar, «von Troja's Untergang bis zur Einnahme von Missolunghi»,[19] um Goethe selbst zu zitieren. Aber man versteht das Verhältnis zwischen Individuum und Geschichte innerhalb eines literarischen Werks zu einseitig, wenn man annimmt, daß immer nur das Einzelne für das Ganze zu stehen habe, das Kleine für das Große, ja daß es überhaupt solche Beziehungen geben muß, denn schließlich bezeichnen nicht nur Aktualität und Modernität subjektive Relationen einem Kunstwerk gegenüber, auch das Verständnis von Geschichte ist den verschiedensten subjektiven Interpretationen offen. Je größer allerdings die Dimensionen eines Werks sind, je stärker sich in ihm Ereignisse, Gedanken, Mythen und Traditionen spiegeln, desto größer ist auch die Versuchung, solch kultureller Intertextualität nachzugehen und an ihr Wert und Bedeutung dieses Werks zu messen. Die Vorstellung, daß man von einem Kunstwerk etwas zu lernen habe, ist dann nicht mehr weit davon entfernt.

Wie immer Goethe an Geschichte interessiert gewesen ist – er sah die großen und kleinen Ereignisse, die unter diesem Begriff zu versammeln waren, nicht durch die Brille einer Theorie. Erst recht nicht war er ein Geschichtsprophet. Die teleologischen Gedankengebäude seiner jungen Bewunderer in Jena blieben ihm innerlich fremd, und die visionäre Konstruktion eines neuen Reichs oder neuen Jerusalems hat ihn nie sonderlich bewegt oder gar beschäftigt. An der Zukunft interessierte ihn vor allem Konkreteres: neue Chausseen als mögliche Transportwege für die deutsche Einheit, neue Produktionsmethoden in der Weberei oder schließlich Amerika. Alles Weitere stand für ihn über den Zeiten. Auch war er kaum der unbarmherzige Analytiker und Ankläger aller Übel seiner Zeit, so sehr er ein offenes Auge dafür hatte. Daß er mit seinem zweiten *Faust* finster und scharf das Dilemma des Kapitalismus und der bürgerlichen Gesellschaft inszenierte, dürfte ebensowenig als eigentlicher Sinn der *Faust*-Dichtung zu betrachten sein, wie im einzelnen die Lemuren kaum Goethes «Verhältnis zu den rebellierenden Arbeitern, Gesellen und Tagelöhnern von 1830/31»[20] reflektierten.

Der Widerspruch, der zwischen aktuellem Interesse und dem stets einer Vergangenheit angehörenden Kunstwerk besteht, ganz gleich, ob man von ihm durch Jahre, Jahrzehnte oder Jahrhunderte getrennt ist, muß sich nicht immer dadurch lösen lassen, daß man es sich unter dem Begriff der Modernität aneignet. Der *Faust* sei eine seiner «ältesten Conzeptionen», hat Goethe Wilhelm von Humboldt gegenüber bekannt, und sie ruhe «auf der Puppenspiel-Überlieferung, daß Faust den Mephistopheles genöthigt, ihm die Helena zum Beylager heranzuschaffen».[21] Von Figuren ist da die Rede, von ihren Trieben und Begierden, von Menschen, wie sie die Natur zu allen Zeiten hervorbringt, in welcher Weise auch dann die Geschichte auf sie einwirken mag. Dieser Faust also, für den sich der Dichter interessiert und den er seine poetischen Bahnen zu führen gedenkt, war ihm nicht exemplarisch, ein Repräsentant für etwas, sondern allenfalls ein extremer Mensch. Ihn führt er in Situationen, in denen er dessen Wesen enthüllt, ihn sich

Sympathien oder Abscheu erwerben läßt, aber jedenfalls ohne daß den Lesern oder Zuschauern eine Summe dieses Lebens vorgesetzt werden könnte, wie das sowieso für jedes einzelne Leben nicht möglich ist.

Im Mai 1828 veröffentlichte Goethe in *Kunst und Alterthum* einige eigene Bemerkungen aus Anlaß der französischen Übersetzung des *Faust*, die mit den Illustrationen von Eugène Delacroix geschmückt war und zum Anstoß für eine neue französische Romantik in den dreißiger Jahren wurde. Der Beifall, den sein Werk gefunden habe, möge wohl, so meinte Goethe, darauf zurückzuführen sein, «daß es für immer die Entwickelungsperiode eines Menschengeistes festhält, der von allem, was die Menschheit peinigt auch gequält, von allem was sie beunruhigt auch ergriffen, in dem was sie verabscheut gleichfalls befangen, und durch das was sie wünscht auch beseligt worden.»[22] Es ist im Grunde das gleiche, was Faust selbst schon, aber mit negativem Unterton, Mephisto gegenüber bekannt hatte, wenn er ihm erklärte, daß er alles das, «was der ganzen Menschheit zugeteilt ist», auch in seinem «innern Selbst»[23] genießen wolle. Was zunächst nur Aussage einer Gestalt des Dramas ist, übernimmt der Autor also später als eigenen Kommentar, aber durchaus nicht mehr im Ton jener bitteren Klage, wie er Fausts Worten zu eigen war, der am Ende wie die Menschen selbst «zerscheitern» wollte. Nach dem zitierten Satz fährt der fast achtzigjährige Goethe fort: «Sehr entfernt sind solche Zustände gegenwärtig von dem Dichter, auch die Welt hat gewissermaßen ganz andere Kämpfe zu bestehen; indessen bleibt doch meistens der Menschenzustand in Freud und Leid sich gleich, und der Letztgeborne wird immer noch Ursache finden sich nach demjenigen umzusehen was vor ihm genossen und gelitten worden, um sich einigermaßen in das zu schicken was ihm bereitet wird.»

Das heißt nicht nur, daß Goethe durchaus bereit war, «die Poesie» zu kommandieren,[24] um seinen *Faust* zu vollenden, sondern auch, daß er ihn keineswegs als das passendste Vehikel betrachtete, auf dem er seine Ansichten zu Zeit, Wirtschaft, Politik und Weltgeschichte transportieren konnte. Der glücklich gewählte Stoff bot ihm vielmehr die geradezu ungeheure Möglichkeit, an diesem einen Menschen, dem Magier, Theologen und Wissenschaftler in der Dämmerung zwischen Mittelalter und Neuzeit, wo die Demarkationslinien zwischen diesen drei Bereichen, der Magie, der Theologie und der Wissenschaft, noch nicht scharf gezeichnet waren und das Besondere leichter für das Allgemeine gelten konnte, nun wirklich zuallererst «Menschenzustand» darzustellen. Das schloß selbstverständlich auch Wechselbeziehungen zwischen dem Einzelnen und der Geschichte mit ein, aber eine solchem «Menschenzustand» gewidmete Dichtung ließ sich keineswegs darauf beschränken. In dieser größeren Dimension ist dann auch erst das «Incommensurabele»[25] zu finden, von dem Goethe des öfteren in bezug auf das dichterische Kunstwerk gesprochen hat. Benannt werden sollte damit das, was die Grenzen menschlichen Daseins und menschlicher Erkenntnis transzendierte: ihm konnte man sich allenfalls nur im Kunstwerk nähern. Gewährt man dem Dichter also hinsichtlich der Geschichte, was ihm hinsichtlich der Naturwissenschaften längst zugestanden worden ist, nämlich eine poetische Betrachtungsweise, die – wie alle Kunst – das subjektive Empfinden in den Mittelpunkt stellt, so erweist sich erst recht die wahre Unerschöpflichkeit des *Faust* jenseits des philosophischen Testats der Modernität, die an das Konzept eines geschichtlichen Ablaufs gebunden ist.

Den «Metaerzählungen»[26] moderner Philosophie und Geschichtsmetaphysik hat inzwischen die Theorie einer Postmoderne Ungläubigkeit und Zweifel entgegengesetzt und die Behauptung von einer Krise der Weltdeutungen aufgestellt. Postmoderne Erkenntnis sehe im Gegensatz zu ihnen ihren Wert nicht mehr im Entwurf neuer Systeme, vielmehr verfeinere sie gerade durch die Systemlosigkeit die Sensitivität gegenüber allen Schattierungen und Unterschieden des Erkennbaren und verstärke zugleich die Fähigkeit, das «Inkommensurable» zu akzeptieren – «the incommensurable», wie es tatsächlich heißt, wenngleich ohne Bezug auf das Wort als ein Lieblingswort Goethes – oder es wenigstens zu ertragen. Was immer die weiteren Konsequenzen solcher Theorie sein mögen, der Relativismus, den sie vertreten, ist nicht nur negativ als Abwehr oder Müdigkeit zu verstehen, sondern für die Literaturwissenschaft zumindest als Anregung, die Aufmerksamkeit erneut auf das zu richten, was die Dichter nun eben als «Menschenzustand» immer wieder beschäftigt hat, jenseits aller Philosophie über die Geschichte als Ideengeschichte und als diejenige sozialer Formationen.

3.

Eine derartig offene Betrachtungsweise kann leicht ins Unverbindliche oder rein Modische führen. Letzteres droht, wenn man zum Beispiel *Faust* als Drama eines Mannes aus der Perspektive eines Mannes bezeichnet. Ganz unabhängig von der Aktualität feministischer Prinzipien jedoch ist immerhin vorauszusetzen, daß dort, wo vom Ewig-Weiblichen gesprochen wird, auch ein «Ewig-Männliches» existieren dürfte. Sieht man jedoch Faust erst einmal als Mann und nicht schlechterdings nur als Repräsentanten der Menschheitsgeschichte, so lassen sich manch neue Fragen an die Dichtung stellen. Das gilt etwa für die Helena-Episode, die nicht nur im Zentrum des ganzen zweiten Teils der Dichtung steht, sondern die, wie schon erwähnt, als eines der Grundelemente des Faust-Mythos Goethe nach seinem eigenen Bekenntnis zu diesem Stoff hingezogen hat. Gängige Interpretationen der Helena-Szenen suggerieren nicht selten statt der Erotik des «Beylagers» den etwas verspäteten Besuch Fausts auf einem altsprachlichen Gymnasium. «Faust's classical education» sei eine «cultural allegory» und der ganze dritte Akt des Werks die bildliche Darstellung der Versöhnung zwischen Norden und Süden, Westen und Osten, Germanischem und Hellenischem, Romantischem und Klassischem.[27] So oder ähnlich ist diese Passage der Dichtung jedenfalls immer wieder gelesen worden, nur daß das intellektuelle Werkzeug der Theorien sich im Laufe der Zeit beträchtlich verfeinert hat.

Nun gibt es für eine solche Interpretation allerdings triftige Gründe, denn Goethe hat von diesen Szenen selbst als von einer «classisch-romantischen Phantasmagorie»[28] gesprochen, wenn auch nicht ausdrücklich von der Versöhnung des Hellenischen mit dem Deutschem, des Klassischen mit dem Romantischen. Aber entstanden war dieser Teil seiner Dichtung immerhin zu einer Zeit, da sich die letzteren beiden Begriffe auf fundamentale Auseinandersetzungen in der europäischen Kunst bezogen, wenngleich sie nicht immer in dem Sinne gebraucht wurden, wie ihn später insbesondere die deutsche Literaturgeschichte zu benutzen sich angewöhnt hat. Aber ein solcher Gegensatz war damals, als Goethe seine «Phantasmagorie» konzipierte, also um 1800, bereits so vieldiskutiert und offensichtlich, daß er für sich allein nur Stoff zu einem recht flachen Interludium hergegeben hätte. Die Bemerkung, daß die «Verkörperung von etwas Abstraktem» nicht seine Art gewesen sei, hat Goethe im Zusammenhang mit *Faust* gemacht, und er hat, ebenfalls mit Bezug auf *Faust*, zum Ausdruck gebracht, was ihn wirklich und vor allem anderen bewegte: «Die Region der Liebe, des Hasses, der Hoffnung, der Verzweiflung und wie die Zustände und Leidenschaften der Seele heißen, ist dem Dichter angeboren, und ihre Darstellung gelingt ihm.»[29] Es sind Worte, aus denen das Bewußtsein von großen Entdeckungen im Bereich der Gefühle spricht, von jener Artikulation einer neuen Gefühlskultur, an der Goethe selbst im vorausgehenden Jahrhundert so bedeutenden Anteil hatte.

1947 hat Oskar Seidlin eine subtile Neu-Interpretation des dritten Aktes von *Faust II* versucht. Hinter allem allegorisch oder symbolisch Deutbaren habe, so Seidlin, Goethe eine Entwicklung Helenas «vom Mythos zur Person» gezeichnet, von der Überwindung mythischer Gebundenheit zu personaler Freiheit, zu einem «Ich, das sich seiner selbst bewußt und damit frei verfügend geworden ist».[30] Die Konsequenzen eines derartigen Verständnisses der Helena-Szenen haben weniger mit Gedanken der Frauenemanzipation zu tun, die gewiß nicht Seidlins Anliegen war, sondern mit der künstlerischen Parallelität zu der Tragödie um das Mädchen Margarete im ersten Teil der Dichtung: Liebe ist nur als freie Hingabe möglich, aber sie schließt zugleich die Möglichkeit des Vergehens, des «Endes»[31] ein. Vor Seidlin wiederum hat Böhm 1933 in seiner Analyse des nicht-faustischen Faust Helena einfach als eine «königlich große Dame [...] im Gegensatz zur Jungfrau Gretchen» verstanden. Angesichts der Darstellung von Helenas Situation als einer im Krieg der Männer gejagten Frau erklärt dann Böhm: «Hier ist *höchstindividuelle Seelenkunst*, Vorwegnahme der Frauenproblematik des gesamten europäischen Romans des 19. Jahrhunderts.»[32] Mit derartigen Beobachtungen und Behauptungen wird Goethes Dichtung nicht gänzlich der

Geschichte enthoben, aber betrachtet man sie einmal als «ein buntes Zeitpotpourri voll von ‹Anachronismen›»,[33] eröffnen sich durchaus manch neue und interessante Ausblicke und Verstehensmöglichkeiten außerhalb der «Metaerzählungen», also der an literaturgeschichtliche Begriffe gebundenen Deutungen. Böhms Beobachtung blieb unbeachtet – auch von Seidlin übrigens –, wohl weil sie nur ein kleiner Teil eines sehr viel weitergreifenden, nicht immer schlüssigen polemischen Konzeptes war und auch die Zeit einer solchen Einsicht nicht entgegenkam. Seidlins Untersuchung wiederum stand zu sehr allein, als daß sie sich in irgendwelche Gesamtkonzeptionen einfügen ließ, die man sich in der Germanistik nach 1945 in West und Ost von *Faust* machte.

Der Verweis auf Fausts geschlechtliche Identität als Mann mag dazu beitragen, von Goethes Werk ein wenig den Belag abzureiben, der sich durch vieles Interpretieren gebildet hat – die Frage bleibt, ob sich daraus, so begründet ein solcher Verweis auch sein mag, etwas für das Verständnis der größeren Perspektiven des Werkes gewinnen läßt. Denn was darin als «Menschenzustand» diesseits aller Begriffssysteme der Gesellschafts- und Ideengeschichte erscheint, nötigt sogleich dazu, wiederum zur Geschichte zurückzukehren. Allerdings ist nun eher die Geschichte jener Bewegungen und Veränderungen im Selbstverständnis, in den Gefühlen, Empfindungsweisen sowie den Denk- und Lebensgewohnheiten der Menschen gefragt, von denen bisher verhältnismäßig wenig bekannt war, weil dafür noch die Begriffssprache fehlt, wie die ersten Versuche zur Historiographie der Mentalitäten zeigen.[34] Literatur als Produkt äußerster Subjektivität hat jedoch mit der Geschichte von «Menschenzustand» solcher Art mindestens ebensoviel zu tun wie mit der in den bekannten Bahnen vorgeprägter Begriffe verlaufenden Geschichte politischer, sozialer, philosophischer und ästhetischer Tendenzen.

Der Blick auf Helena als Frau innerhalb des Prozesses weiblicher Selbstbewußtwerdung zeigt also ebenfalls Literatur in der Geschichte, aber nun eben in der Geschichte des sich wandelnden Verhältnisses der Geschlechter zueinander, in der Geschichte der Liebe und der Gefühle überhaupt, die zwar von Ideen ebenso wie von Besitzverhältnissen beeinflußt sein mag, aber nicht schlechterdings von ihnen abhängig ist. Sieht man wiederum erst einmal aus solchem Blickwinkel auf Goethes *Faust*, so ergeben sich eine Reihe von weiteren, sicherlich nicht unwichtigen Fragen, zum Beispiel die nach den Gründen für Fausts zweimal mißlungene Vaterschaft. Denn Faust gelingt nicht, was Goethe immerhin seinem Wilhelm Meister im bürgerlichen Milieu zugesteht: mit Hilfe seines Wissens und seiner Erfahrung den eigenen Sohn zu retten und die Kette der Geschlechter – es ist davon im Zusammenhang mit *Wilhelm Meisters Wanderjahren* gesprochen worden[35] – aufrechtzuerhalten als greifbares Zeichen für die Ewigkeit des Lebens. Die Leser des *Faust* werden lediglich Zeuge, wie der Gnom Homunculus, dieses Produkt männlich-wissenschaftlicher Selbstherrlichkeit, zur Entstehung nicht nur ins Feuchte muß, sondern ganz ausdrücklich zur Muschel von Frau Galatea – eine leicht ironische Ouvertüre zum Helena-Akt, der mit dem Tod von beider Sohn, dem hüpfenden, byronesken Euphorion, und dem Entschwinden der Mutter und Geliebten zu Ende geht, wie die Tragödie des ersten Teils durch den Infantizid von Fausts erstem Kind heraufbeschworen wird, der zum Tod von dessen Mutter führt.

In Fausts Innerem, seinem Bewußten wie Unbewußten, seinen Reflexionen wie Reaktionen, spielen sich viele der Konflikte ab, die mit dem sogenannten modernen Menschen assoziiert werden, als jenem Menschentyp, der das Eigenrecht seiner Individualität in den Mittelpunkt seines Denkens und Wollens stellt und der, um Kants klassische Definition der Aufklärung zu benutzen, sich als mündig betrachtet und sich seines «*eigenen* Verstandes»[36] zu bedienen sucht. Konsequent betrachtete es Hegel dann als Aufgabe für eine moderne Kunst in einer säkularisierten Welt, daß sie autonom zwischen Subjekt und Objekt vermittle. Modernes Denken dieser Art hatte seinen Ursprung im westlichen Europa; es ging hervor aus der Aneignung antiker Philosophie ebenso wie aus der fortgehenden Auseinandersetzung mit dem Christentum seit der Renaissance, und seine Ausbildung wie Formulierung zählte zu den großen Erfahrungen Goethes. Daß es ihm dann gelang, im *Faust* die Substanz dieses Denkens zusammen mit dem Weg dahin in Bilder zu fassen – das war das Resultat einer nicht mehr weiter zu hinterfragenden oder zu interpretierenden künstlerischen Meisterschaft.

4.

Für die weitere Wirkungsgeschichte des *Faust* dürfte allerdings von Belang sein, daß er vermutlich nur so lange unmittelbares, «aktuelles» Interesse hervorzurufen imstande sein wird, so lange das Eigenrecht der Individualität im Mittelpunkt des Lebensverständnisses der Kultur steht. Denn letztlich ist alle so kosmopolitisch klingende Erhebung von Goethes *Faust* zum «Hochbild humanen Menschentums», zum «Menschheitsdrama» und «Drama der Menschengattung» nur vom Standpunkt der westlichen Kultur aus gesagt, die sich auf Grund ihrer technischen und politischen Macht gern mit der Menschheit identifizierte und noch immer identifiziert. Ernst Bloch hat sehr zu Recht auf den «mangelnden *historischen Laderaum*» des Fortschrittsbegriffes westlicher Philosophie verwiesen, auf «die Verlegenheit, das riesige außereuropäische historische Material darstellend unterzubringen».[37] Das gilt im einzelnen auch für den *Faust*, der sich in Bildern mit diesem Fortschrittsbegriff auseinandersetzt. In einem post-kolonialen Zeitalter verringert sich deshalb jeder Anspruch auf globale Relevanz und Modernität einer solchen Dichtung, was allerdings ihrer Bedeutung als Kunstwerk nicht abträglich sein muß, wenn man sich ihr nur unter den rechten Voraussetzungen nähert. Als Dichtung von «Menschenzustand» gesellt sie sich anderen großen Werken der Weltliteratur bei, an denen manches dunkel geworden ist und sogar bleiben darf, manch anderes hingegen bewegt und erschüttert als das starke Abbild des Glückes oder Leidens vom heutigen oder gestrigen Tage.

Der so sehr mit Fausts «Streben» verknüpfte Fortschrittsbegriff scheint durch die Dekonstruktionen einer postmodernen, jeder Verbindlichkeit entsagenden Theorie unbedeutend, wenn nicht ganz und gar irrelevant geworden zu sein. Wie weit dergleichen tatsächlich den Realitäten, der Denkweise und den intellektuellen Bedürfnissen des gegenwärtigen Zeitalters entspricht oder nur dem Willen zum Anderssein und zur Provokation entspringt, wird sich erst sagen lassen, wenn diese Versuche selbst wieder Geschichte geworden sind. Gerade Faust jedenfalls demonstriert durchaus die ethische Fragwürdigkeit eines dem aufgeklärten Begriff der Mündigkeit verbundenen Fortschritts, indem er das von ihm in Anspruch genommene freie Recht des Einzelnen in anderen mißachtet. Daß der Teufel überall seine Hand mit im Spiele hat, gehört ja eben zu den Grundbestandteilen des gesamten Faust-Mythos. Aber der Teufel wird vom Menschen gerufen und in ein Dienstverhältnis genommen.

Goethe hat, um es noch einmal zu sagen, die Dreieinigkeit von Faust, Mephistopheles und Helena als die eigentliche Wurzel seiner *Faust*-Dichtung bezeichnet. In der *Faust*-Literatur wird zu Fausts Entlastung von seiner Verantwortung für das Böse gern der zurückgehende Einfluß Mephistos auf Faust und seine Abdrängung in die Rolle eines bloßen Werkzeugs behauptet. Darauf baut sich dann die fortschrittsorientierte Deutung, Faust wolle «Magie», also Mephisto, von seinem Pfad entfernen und erträume sich die Utopie von einer Gesellschaft ohne antagonistische Klassengegensätze – oder wie immer man sich diese bessere Zukunft vorstellen möchte. Ein kleines rechnerisches Experiment gibt zu denken. In den letzten drei Akten des zweiten Teils der Dichtung ist die Summe der von Faust und Mephisto gesprochenen Zeilen nahezu gleich, aber es ist bemerkenswert, daß Mephistos Anteil daran stets größer ist als derjenige Fausts. Dieser Anteil steigert sich sogar noch, und zwar in folgendem Verhältnis:

3. Akt: Mephisto 55 %	Faust 45 %
4. Akt: Mephisto 57 %	Faust 43 %
5. Akt: Mephisto 63 %	Faust 37 %

Statistik ist gewiß nicht der Schlüssel zum Allerinnersten von Goethes *Faust*, denn schließlich kommt es nicht auf die Zahl der Worte an, sondern auf das, was mit ihnen gesagt wird. Aber wenn man nicht annehmen will, daß Goethe Mephisto immer haltloser drauflosschwatzen läßt, während Faust immer knapper und markiger spricht, dann wird man die Behauptung hinsichtlich des zurückgehenden Einflusses von Mephisto revidieren müssen und damit überhaupt die Rolle Mephistos als eine Art Leistungsanreiz und Werkzeug des Fortschritts in einem, wie Georg Lukács es nennt, «Duell» mit Faust.[38]

Mephisto ist die einzige Gestalt innerhalb der eigentlichen Faust-Tragödie, die zugleich über ihr steht. Er war im *Prolog im Himmel* mit dabei, er weiß etwas, das alle anderen Figuren der Tragödie nicht wissen, und er behält eine ständige Überlegenheit über Faust. Im übrigen ist Mephisto der Verbündete der Zuschauer und Leser, denn auch sie sind natürlich im *Prolog im Himmel* mit dabeigewesen, und mit ihnen kommuniziert er immer wieder augenzwinkernd durch ironische, spöttische, höhnische Kommentare. Er ist nicht einfach Duell-Partner Fausts auf gleicher Stufe, sondern auch Regisseur seines Lebenstheaters. In der Sphäre der Unendlichkeit, aus der er kommt, gibt es keinen Fortschritt. Welchen Fortschritt im Bereich der Menschengeschichte könnte er, der Wissende, betreiben wollen? Mephisto als Werkzeug Hegelscher Dialektik? «Diese Dialektik ist die Grundlage von Goethes unerschütterlichem Zukunftsglauben an die Menschheit: aus dem Kampf des Guten und Bösen entsteht die Entwicklungsrichtung nach vorwärts; auch das Böse kann Vehikel des objektiven Fortschritts sein.»[39] Lukács' nunmehr sieben Jahrzehnte alte Essays zu Goethe sind gewiß nicht mehr das A und O der *Faust*-Forschung, aber der zitierte Satz faßt am knappsten zusammen, was eine weithin akzeptierte Ansicht über *Faust* geblieben ist, auch jenseits des Marxismus und einer sozialgeschichtlichen Betrachtungsweise, wo man den Hegelianismus mit diffizileren Konstruktionen von Modernität umhüllt.

Nun läßt sich zwar einwenden, daß sich Mephisto tatsächlich selbst «ein Teil von jener Kraft» nennt, «die stets das Böse will und stets das Gute schafft».[40] Aber angesichts der eben angedeuteten Doppelrolle von Mephisto als Partner Fausts, also als Mitspieler in der Tragödie erstem und zweitem Teil, und als Regisseur zugleich darf man sich fragen, ob seine Aussagen als letzte Wahrheit zu nehmen sind, besonders wenn man bedenkt, daß Mephisto bestimmte Absichten mit Faust verfolgt und ihm irgendwelche Auskünfte nach bestem Wissen und Gewissen durchaus nicht ins Konzept passen dürften. Die Worte bleiben denn auch nicht nur Faust unklar – er fragt nach dem Sinn dieses «Rätselwortes»-, sondern sie sind auch höchst unklar und widerspruchsvoll. Denn was schließlich ist das «Böse», dem Mephisto die scheinbaren Synonyme «Sünde» und «Zerstörung» großzügig beigibt? Wäre Faust etwa vor seiner Bekanntschaft mit Mephisto der Sünde und des Bösen in einem christlichen Sinne nicht fähig gewesen? Setzt ihn zu dem, was er hinfort Böses tut, erst der Teufel instand? Bei der Vorstellung von einem dialektischen Duell zwischen Gut und Böse gerät Literaturinterpretation mit der Theologie, auch der politischen, durcheinander, so daß man sich zu besserem Verständnis an jenes dritte Synonym «Zerstörung» halten muß, das, wie Mephisto selbst, die Sphäre menschlicher Wertbegriffe transzendiert und auf jene zeitlose, allem Fortschritt enthobene Sphäre verweist, in der es nur Tag und Nacht, Schöpfung und Chaos oder eben «Zerstörung» gibt: «Drum besser wär's, daß nichts entstünde».[41] Des «Chaos wunderlichen Sohn»[42] nennt Faust diesen Partner, der sich ihm da anträgt, jenes Chaos, das dem göttlichen Willen zur Schöpfung entgegensteht, innerhalb deren der Mensch den Auftrag hat, die Erde zu füllen und sie sich untertan zu machen.[43] Zur dunklen, chaotischen Heimatsphäre Mephistos aber hat der Melancholiker Faust eine tiefe Verwandtschaft, und Mephisto kann mit Verständnis rechnen, wenn er ihn in einen unauslotbaren Abgrund jenseits aller Dialektik der Aufklärung hineinblicken läßt mit der Absicht, seinem Partner die Sinnlosigkeit allen Handelns, ja aller Existenz überhaupt zu demonstrieren.

Die Implikationen solcher Überlegungen sind weit und reichen bis in Details der Handlung des Dramas. Zu fragen wäre zum Beispiel, was genau damit gemeint sein könnte, daß Mephisto Faust von seinem «Streben» abbringen will, womit denn auch zugleich nach dem Sinn eines weiteren «Rätselworts» dieser Dichtung gefragt ist. Könnte Mephisto ernstlich daran interessiert gewesen sein, daß Faust Gretchen heirate und ein pensionsberechtigter Professor würde? Die öffentliche Empfehlung an Faust zum bürgerlichen Akt einer solchen Eheschließung samt einer Laufbahn als Erfinder von Elektrisiermaschine und Luftpumpe hatte 1882 Emil du Bois-Reymond gemacht, voller Spott für den auf dem Felde der Naturwissenschaften «autodidaktischen Dilettanten» Goethe und im sicheren Stolz des positivistischen, von einem quantitativen Fortschrittsbegriff geleiteten Physikers hinsichtlich der Erkenntnismöglichkeiten durch «richtig gebaute und gebrauchte Instrumente.»[44]

Was bei du Bois-Reymond spöttelnd gemeint war, wurde übrigens dort zu vollem Ernst, wo sich die Arbeiterklasse zum Hüter sittlicher Werte machte. Willi Bredels Roman *Die Väter* erzählt von einer Aufführung des *Faust* in einem Hamburger Volkstheater zu Anfang dieses Jahrhunderts, die in einem lauten Protest des werktätigen Publikums über den Verführer Faust endete, und zwar einem Protest von solcher Vehemenz, daß sich der Theaterdirektor genötigt sah, Faust und Gretchen vor den Vorhang zu holen und dort eine Bühneneheschließung zu vollziehen.[45]

Aber wäre es in Mephistos Interesse gewesen, Faust auf diese oder andere Weise von seinem «Streben» abzubringen, vielleicht ihn sich, wenn nicht mit einer deutschen Unschuld, dann eben mit wallend gewandeten und liebeserfahrenen antiken Schönheiten in arkadischen Lustgefilden verliegen zu lassen? Mephisto selbst stört die Ansätze für solche Entwicklungen, was gern als die Wirkung eben jener Dialektik von Gutem und Bösem hingenommen wird, die angeblich dazu führe, daß Mephisto hier unabsichtlich gegen seine Interessen arbeite und eben den Fortschritt betreibe. Aber dieser Schluß ist zu einfach. Viel begreiflicher ist, daß Mephisto damit Faust fortgesetzt zu neuem Handeln animieren will, um ihm immer wieder und immer mehr das Zerstörerische, Sinnlose seines Denkens, Planens und Tuns vor Augen zu führen, um ihn ständig zu demütigen und ihm seine Wirkungslosigkeit zu demonstrieren. Mephisto versucht ja tatsächlich, Faust, wie man heute sagen würde, unablässig zu frustrieren, aber keineswegs mit der Absicht, ihn bei erster bester Gelegenheit in bürgerlicher Behaglichkeit landen zu lassen. Dazu ist er ein zu guter Psychologe und hat im übrigen auch die Worte des Herrn über Faust im Ohr, denn schließlich ist er eben auf diesem Theater Spieler und Regisseur zugleich. Und wenn er schließlich am Ende glaubt, er habe die himmlische Wette gewonnen, so tut er es in der sicheren Überzeugung, daß Faust nichts erreicht hat, was ihn als «kleinen Gott der Welt»[46] auswiese, der einst das Streitobjekt im Dialog zwischen ihm und dem Herrn gewesen war.

In dem Geschäft des Frustrierens ist Mephisto, wenn man es genau betrachtet, das ganze Stück über bis zum Ende tätig, gerade indem er scheinbar Fausts Befehle ausführt. Von einem dialektischen, durch das «Böse» bewirkten beständigen Fortschritt zum Besseren als Wertgewinn läßt sich also schwerlich etwas entdecken in diesem Lebenslauf, in dem Faust bei allem, was er tut, kaum je das «Gute» im Sinne hat, also nach ethischen Maßstäben zu handeln versucht. Lediglich sein immer neuer Anlauf gegen das «Chaos», die «Zerstörung» läßt sich feststellen, und das ist allerdings sehr viel, auch wenn es nicht bedeutet, daß Faust oder die Welt dadurch besser würden. Hinsichtlich der Hoffnungen auf Besseres, wie sie manche seiner Zeitgenossen nach der Französischen Revolution hegten, war Goethe stets skeptisch gewesen. Was aber hat es gerade angesichts dieser Skepsis mit Fausts Abschiedsvision und dem melodramatischen Epilog der *Faust*-Dichtung auf sich, dessen wohlwollender Beifall zur Rettung des «edlen Glieds der Geisterwelt» von den Mächten des «Bösen»[47] unverkennbar ist? Bestätigt hier Goethe wirklich einen objektiv faßbaren geschichtlichen Gang, in dessen Verlauf Fortschritt – wenn auch erst jenseits der eigentlichen Tragödie – in eine neue Qualität geschichtlichen Seins umschlägt? Oder ist Fausts Lebensgang nicht vielmehr der Ausdruck stärksten Zweifels an der Möglichkeit eines solchen Fortschritts? Daß es Goethe am Ende mit seinem Faust gut meint, dürfte außer Zweifel stehen. «Nur Geister, die nicht wollen, daß etwas geschehe, daß irgend etwas sich ändere, können behaupten, nie sei es dem Dichter ernst gewesen mit Fausts ‹höchstem Augenblick›, mit seinem Sozialwerk der Menschenbeglückung»,[48] hatte Thomas Mann 1949 mahnend in seiner *Ansprache im Goethejahr* erklärt. Das freilich war eine aus der deutschen Situation dieser Jahre entstandene Aneignung zu besonderem nationalpädagogischem Zwecke, nicht weniger, aber auch nicht mehr. Goethes letztliche Billigung von Fausts Mühen stellt kein moralisches Urteil über das «Gute» oder «Böse» der einzelnen Leistungen und Tätigkeiten des Helden dar, wie aus der staatsstreichähnlichen Rettungsaktion der Engel deutlich wird. Daß diese Rettung in Bildern des Christentums erscheint, ist im übrigen keine reine Verlegenheitslösung. Denn das Christentum hatte selbst einen einzelnen Menschen zum Sohne Gottes erhoben und so der Selbstfindung und Mündigwerdung des Menschen zuerst Vorschub geleistet. Man weiß aus der Literatur gerade von Goethes eigener Lebenszeit, wie sich mehr und mehr auch andere Söhne diese einzige Rolle auf den Leib geschrieben glaubten. Der Weg des Menschen zu Gott liegt außerhalb der Kategorie des Fortschritts. Daß es in der Sphäre darunter einen qualitativen Fortschritt gebe, läßt sich aus Goethes *Faust* ebensowenig ablesen wie aus der Geschichte der mehr oder weniger zivilisierten Nationen seitdem.

Ist also die Apotheose Fausts vielleicht doch lediglich eine Anerkennung jener Kraft im Menschen, die immer wieder gegen Zerstörung und Chaos anstrebt? Erweist sich andererseits Faust aber nicht gerade dadurch auch als Teil und höchstentwickeltes Wesen der Natur, der Schöpfung Gottes, die dieser dem Chaos entgegengesetzt hat? Denn Mephisto ist zwar zugleich Spieler und Regisseur auf dem Lebenstheater, aber nicht dessen Direktor. Daß die Natur dem Menschen «aufs herrlichste» vorarbeite, «indem sie ein gestaltetes Leben dem Gestaltlosen entgegensetzt»,[49] ist ein Gedanke aus Goethes *Versuch einer Witterungslehre*, den man mit Überlegungen zu Fausts Tun und seiner Erlösung in engen Zusammenhang bringen kann. Denn Faust gehört der Natur an und erhebt sich zugleich über sie. Die Sonderstellung des Menschen innerhalb der Natur war eines der großen Themen einer aufgeklärten Anthropologie, in deren Metaphorik er eine Mittelstellung zwischen Gott und Tier, Geistwesen und elementarer Natur innehatte. So versteht sich Faust auch selbst, aber durch das Medium seines Partners, der mehr weiß und sieht als er und dies auch den Zuschauern vermittelt – ein bewundernswerter Griff des Dichters, Reflexion ins Bild zu setzen und zum Teil einer dramatischen Handlung zu machen –, wird der Zwiespalt noch erweitert zu den elementaren Gegensätzen von Chaos und Schöpfung, wobei sich freilich in Goethes Kosmogonie die Macht Gottes außerhalb des Endlichen auch bis ins Chaos erstreckt, das sich seinem Willen beugen muß wie das Werk dem Dichter. Denn Schöpfung im Bezirk des Menschlichen ist die Kunst – eine Parallelität, deren sich Goethe wohl bewußt war: «Allah braucht nicht mehr zu schaffen, / Wir erschaffen seine Welt»,[50] wie es im *West-östlichen Divan* heißt.

Goethes *Faust* – ein «Menschheitsdrama»? Das wäre zu anspruchsvoll. Eher gibt dieses große Werk ein reiches, buntes, plastisches Bild von «Menschenzustand», der *conditio humana* des Handelns, Leidens und Liebens, verbunden mit einem Einblick in die Konstruktionen, die sich die westliche Kultur schuf, um mit den Problemen ihrer Existenz fertig zu werden. Daß diese Kultur damit in einem größeren historischen Zusammenhang ihren Beitrag leistete zu jenem quantitativen Fortschreiten der Reflexion der Menschen über ihr Dasein, ist als Selbstverständlichkeit zu konstatieren, ohne daß es für die Beteiligten möglich wäre, diesen Beitrag abzuwägen.

Goethe für den Hausgebrauch

Spruchdichtung als Nationalerziehung

1.

Die Betrachtung von Goethes Spruchdichtung könnte ein Essay über die Popularität eines Dichters sein. Denn diesen Goethe für den Hausgebrauch kennt man von vielen Gelegenheiten her, aus Poesiealben zum Beispiel oder von Aufsatzthemen.

Zwischen heut und morgen
Liegt eine lange Frist.
Lerne schnell besorgen,
Da du noch munter bist.[1]

heißt es, Schülern wie jungen Menschen überhaupt regelrecht auf den Leib geschrieben. Oder geeignet für die gleichen Adressaten:

Tu' nur das Rechte in deinen Sachen;
Das Andre wird sich von selber machen.[2]

Es sind einige von vielen Empfehlungen aus der Höhe Goethescher Altersweisheit. Besinnliche oder ermunternde Verse für alle Lebensalter finden sich ebenfalls in guter Zahl, geeignet für Kalenderblätter und gerahmte Wandsprüche:

Wie fruchtbar ist der kleinste Kreis,
Wenn man ihn wohl zu pflegen weiß.[3]

Ernsten Unterton haben Mahnungen wie diese:

Alles in der Welt läßt sich ertragen,
Nur nicht eine Reihe von schönen Tagen.[4]

Für Stammtische eignet sich Geselliges, wenn nicht gar Hedonistisches:

Mir gäb' es keine größre Pein,
Wär ich im Paradies allein.[5]

Auch die letzte Weisheit für den *Schatzgräber* ist in solcher Umgebung beliebt:

Tages Arbeit! Abends Gäste!
Saure Wochen! Frohe Feste![6]

Aus Festreden dagegen ist anderes geläufig:

Manches Herrliche der Welt
Ist in Krieg und Streit zerronnen;
Wer beschützet und erhält,
Hat das schönste Los gewonnen.[7]

Auch Martialisches ist zu haben:

Du mußt steigen oder sinken,
Du mußt herrschen und gewinnen,
Oder dienen und verlieren,
Leiden oder triumphieren,
Amboß oder Hammer sein.[8]

Goethe für den Hausgebrauch? «Wir sind in Deutschland sehr verständig und haben guten Willen, beides für den Hausgebrauch; wenn aber einmal etwas Besondres zum Vorschein kommt, so wissen wir gar nicht, was wir damit anfangen sollen, und der Verstand wird albern und der gute Wille schädlich.»[9] Goethe schreibt das 1806 in einer Fragment gebliebenen und erst posthum veröffentlichten Betrachtung zu Gottlieb Hillers Gedichten, die ein Jahr zuvor erschienen waren und inzwischen samt dem Autor längst vergessen sind. Daß Goethe «etwas Besondres» für seine Deutschen war, davon war er selbst so überzeugt wie die meisten seiner Landsleute auch, nur jeder auf seine Weise. Goethes Spruchdichtung erscheint deshalb geradezu als ein Versuch, eine Brücke zu schlagen zwischen dem Besondren und einem deutschen allgemeinen Verstand und guten Willen, ein Brückenschlag mit der oft deutlich erkennbaren Absicht des Weisen, dem Albernen und Schädlichen ein wenig Einhalt zu gebieten. Nur ist alles das, was der Dichter aus den Händen gibt, nicht mehr sein Eigentum.

Vielen, insbesondere älteren Deutschen dürfte es schwerfallen, sich genau zu erinnern, unter welchen Umständen in der wechselvollen Geschichte dieses Jahrhunderts sie den einen oder anderen Spruch zuerst oder zuletzt gehört haben, denn aufgefordert, Hammer zu sein, sind sie allzuoft zum Amboß geworden, falls sie nicht selbst hämmernd beträchtlichen Schaden in der Welt angerichtet haben. Wie hatte es Goethe wirklich gemeint? Daß er ihr «Vorkämpfer» gewesen sei, haben sowohl Joseph Goebbels[10] wie die Verfasser des Bandes *Klassik. Erläuterungen zur deutschen Literatur* im Volkseigenen Verlag Volk und Wissen für sich in Anspruch genommen.[11] Im Nationalsozialismus war Goethe Teil des «Vortrupps der völkischen Hauptmacht»,[12] im Realsozialismus «Wortführer des Friedensgedankens»[13] und damit prominenter «Friedenskämpfer». Von sich selbst hatte Hatem-Goethe im *West-östlichen Divan* tatsächlich behauptet, daß er ein «Kämpfer» gewesen sei:

Denn ich bin ein Mensch gewesen,
Und das heißt ein Kämpfer sein.[14]

– Verse, die denn auch weidlich ausgenutzt wurden, wo man rhetorisch «kämpfte», nur ohne Gefühl für deren feine Ironie. Denn Goethe ging es um so Friedvolles wie die Aufenthaltserlaubnis nicht nur für Kriegshelden, sondern auch für den Dichter im Paradies, weil er Menschenlos auf sich genommen hatte.

«Wortführer», «Vorkämpfer» und «Kämpfer» sind Wörter, aus denen erst ein Kontext Musik macht. Daß Sprache potentiell eine ungeheure, gefährliche Macht besitzen kann, war vor dem modernen Medienzeitalter noch kaum vorstellbar. Goethes Spruchweisheiten machten ihn nicht zum Bürgen politischer Bewegungen einer späteren wie irgendeiner Zeit, ebensowenig wie er sich durch ein paar feuchtfröhliche Bekundungen zum Schutzpatron der Gastwirte eignet. Populär aber sind eine Reihe seiner Sprüche dennoch geworden, was nun eben auch den vielseitigen, sozusagen unautorisierten Gebrauch einschließt, und sie sind es in nicht geringem Umfang geblieben, teils Goethes wegen, teils aber auch – und das wäre in mancher Hinsicht sogar ein Gipfel an Popularität – ohne Bewußtsein seiner Autorschaft. Die meisten von ihnen sind überdies keineswegs aus einem Kontext gerissene Zitate, sondern existieren für sich allein, als selbständige Spruchdichtung, womit sie allerdings zugleich die Frage nach dem Verhältnis zwischen Intention und Wirkung herausfordern.

2.

Eine Neigung zum Gnomischen, ja Sentenziösen hat Goethe immer gehabt.

Sei gefühllos!
Ein leichtbewegtes Herz
Ist ein elend Gut
Auf der wankenden Erde.[15]

heißt es spruchhaft schon in der dritten Ode des Achtzehnjährigen an seinen Freund Behrisch. Wilhelm Meister erhält – nach bestandener Reifeprüfung sozusagen – einen ganzen «Lehrbrief» von nicht weniger als zwanzig Sprüchen in Prosa[16] für seinen weiteren Wanderweg. Eine Fülle ähnlicher aphoristischer Sätze, von den Editoren nicht ganz zutreffend als ein Werk namens *Maximen und Reflexionen* deklariert,[17] begleitete Goethes ganzes Leben; Sammlungen davon hat er in seine späteren Prosawerke, in die *Wahlverwandtschaften* und die *Wanderjahre*, aufgenommen oder dafür von seinen Helfern zusammenstellen lassen.

Goethes Produktion von Spruchhaftem in größerem Ausmaß begann in den neunziger Jahren, in der Zeit der Gemeinschaft mit Schiller, als das klassische Distichon die Form hergab für jene große und heftige literarisch-intellektuelle, aber auch deutsch-politische Polemik der *Xenien* und *Venetianischen Epigramme*. Ihnen folgten im neuen Jahrhundert dann jene rund 900 Sprüche in Versen,[18] aus denen anfangs bereits zitiert worden ist. 585 davon hat Goethe unter dem Titel *Zahme Xenien* gesammelt,[19] andere unter Überschriften wie *Sprichwörtlich*; *Gott, Gemüt und Welt* oder, im *West-östlichen Divan*, als ein *Buch der Sprüche* in seine Werke aufgenommen.

Die Betonung des Gegensatzes zwischen ihrer großen Anzahl und dem geringen Interesse der Literaturwissenschaft daran ist zu einer Art Topos aller Beschäftigung mit Goethes Spruchdichtung geworden. Aber Friedrich Gundolfs Urteil, es seien «Splitter und Abfälle eines aus dem kostbarsten Stoff hergestellten Bildwerks», mehr zum «Lebenslauf als zu seinem Werk» gehörend,[20] hat, trotz einiger sorgfältiger Studien, dauerhaft die allgemeine Vorstellung von diesem Teil seines Werks geprägt, und die Goethe-Biographen oder die Herausgeber von Anthologien nehmen bis auf die eine oder andere Ausnahme[21] auch weiterhin wenig Notiz davon. Das ist sogar verständlich, denn die Vielfalt der Sprüche macht jede Auswahl allzu subjektiv. Für größere Darstellungen von Leben und Werk sind sie schwer handhabbar, und für eindrucksvolle Interpretationen von Kunstformen, Bildern und Gedanken geben sie wenig her. Außerdem aber sind gerade durch die Goethe-Forschung in ihrer immensen Breite und Gründlichkeit über alle theoretischen und ideologischen Differenzen hinweg gewisse feste Vorstellungen und Bilder von Goethes Lebensumständen und Schaffensweise entstanden, in die sich das Bild vom Dichter populärer Sprüche schlecht einfügt. So bereitet es der Einbildungskraft keine besonderen Schwierigkeiten, Goethe in der Hütte auf dem Kickelhahn sein Nachtlied des Wanderers als geniales Graffito auf die Bretterwand neben dem Fenster hinkritzeln zu sehen. Auch daß er in weichen Armen dichtete und «des Hexameters Maß leise mit fingernder Hand» auf einen weiblichen Rücken zählte, ist zumindest in Männerphantasien gut nachzuempfinden. Und wer würde nicht in tiefer Empathie gerührt, wenn man den Fünfundsiebzigjährigen mit eigener Hand eine makellose Reinschrift der Marienbader *Elegie* herstellen sieht? Ebensowenig verweigert sich das gemeinsame Verseschmieden mit Schiller um des vielseitigen Spottes willen der nachvollziehenden Vorstellungskraft. Aber Goethe voller Ironie oder Selbstironie, Zorn oder didaktischem Eifer grummelnd, ärgerlich, wetternd, höhnend, mahnend, zurechtweisend oder allenfalls schmunzelnd als Lehrer und Anachoret im Haus am Frauenplan umherstapfen und hundert und aberhundert grobe, zarte, weise, banale, eindeutige oder kryptische Sprüche diktieren oder zu Papier bringen zu sehen, widerspricht irgendwie diesen Vorstellungen, die sich die Nachwelt in einem langen Sichtungs- und Auswahlprozeß von ihm, seinem Formbewußtsein und der Weite seines Blickes gemacht hat und, bei allen Versuchen zur Differenzierung, auch weiterhin macht.

Dennoch existieren diese Sprüche. Noch siebzehn Tage vor seinem Tode schreibt Goethe nieder:

Ein jeder kehre vor seiner Tür,
Und rein ist jedes Stadtquartier.
Ein jeder übe sein' Lektion,
So wird es gut im Rate stohn.

Bürgerpflicht steht darüber und das Datum «Den 6. März 1832». Was hat ihn, einen alten Mann in seinen letzten Lebenstagen, dazu bewegt? In *Dichtung und Wahrheit* findet sich eine Vorform dieses Spruches, der im übrigen kaum mehr als die Variation eines geläufigen Sprichworts ist.[22] Zu Klopstocks *Hermanns-Schlacht* bemerkt Goethe dort, dieses Werk habe die Deutschen «herrlich und mächtig» dargestellt und sei somit «wohl geeignet» gewesen, «das Selbstgefühl der Nation zu erwecken». Dann fährt er fort: «Weil aber im Frieden der Patriotismus eigentlich nur darin besteht, daß jeder vor seiner Türe kehre, seines Amts warte, auch seine Lektion lerne, damit es wohl im Hause stehe», so habe damals das von Klopstock «erregte Vaterlandsgefühl keinen Gegenstand» gefunden, «an dem es sich hätte üben können».[23] Um eine für den Patriotismus förderlichere Atmosphäre zu schaffen, sei dann unter den jungen Schriftstellern jene eher ein wenig künstliche literarische Umwandlung der Fürsten in Tyrannen entstanden, die inzwischen die Literaturgeschichte als Protestbewegung unter den Begriff des Sturmes und Dranges zu fassen pflegt. Ob sich der Zweiundachtzigjährige Tage vor seinem Tod an diese Worte und Gedanken aus seiner Autobiographie unmittelbar erinnerte, muß dahingestellt bleiben. Bemerkenswert ist jedoch, daß er das Sprichwort zuerst in einem historisch-politischen, die Nation als Sprach- und Kulturgemeinschaft betreffenden Kontext benutzte und damit einen Bezug herstellte, der, wie man aus anderen Fällen weiß,[24] in ihm bestehen blieb und weiterwirkte, was immer der Anlaß der Niederschrift seiner letzten Verse dann im Augenblick gewesen sein mag.

3.

In *Dichtung und Wahrheit* beschreibt Goethe bei der Erinnerung an seine erste Leipziger Zeit ausführlich die kulturellen Unterschiede zwischen dem heimatlichen Frankfurt und der weltoffenen Messestadt, und er sieht sie zu einem beträchtlichen Teil in Sprache und sprachlicher Tradition gespiegelt. Im «oberdeutschen Dialekt», in dem er geboren und erzogen sei, drücke man, so meint er, «viel in Gleichnissen und Anspielungen aus, und bei einer inneren menschenverständigen Tüchtigkeit» bediene der Oberdeutsche sich häufig «sprüchwörtlicher Redensarten», wobei er denn «öfters derb», aber «immer gehörig sei.» Gesagt ist das in Abwehr gegen die offenbar in Leipzig laut gewordene Forderung an den jungen Provinzler, der dortigen «meißnischen Mundart», diesem «pedantischen Regiment»,[25] den «vaterländischen Charakter» seiner Sprache zu opfern. «Mir sollten die Anspielungen auf biblische Kernstellen untersagt sein, sowie die Benutzung treuherziger Chronikenausdrücke. Ich sollte vergessen, daß ich den Geiler von Kaisersberg gelesen hatte, und des Gebrauchs der Sprüchwörter entbehren, die doch, statt vieles Hin- und Herfackelns, den Nagel gleich auf den Kopf treffen.»[26] Es sind Sätze, die viel von den Wurzeln seiner Spruchdichtung wie überhaupt seiner Neigung zum Gnomischen bloßlegen. Nur muß allerdings bedacht werden, daß sie nicht bei seinem Eintritt in Leipzig niedergeschrieben wurden, sondern Jahrzehnte später, zwischen 1811 und 1812, und zwar genau zu einer Zeit, da Goethes erste größere Phase als Dichter von Reimsprüchen begann. Auch das «Vaterländische» war ja aus handgreiflichem Anlaß in diesen Jahren ein aktuelles Thema, nur daß man sich dessen ganzer Vieldeutigkeit bewußt sein muß – selbst das himmlische Vaterland ließ sich ja damit assoziieren, wenngleich nicht an dieser Stelle. Denn mit dem «vaterländischen Charakter», den der junge Goethe zu bewahren trachtete, war natürlich regional derjenige seiner engeren Heimat gemeint, und diese Worte stellten also einen Ausdruck von Landespatriotismus dar, nur daß dann schon auf der nächsten Seite seiner Lebensbeschreibung davon die Rede ist, daß «in unserem Vaterlande keine allgemeine Bildung durchdringen kann», weshalb denn in Deutschland «jeder Ort auf seiner Art und Weise» beharre und «seine charakteristischen Eigenheiten bis aufs letzte» treibe[27] – ein verhaltener Reichspatriotismus mithin. Insgesamt freilich ist das wohl eher ein Kontrast als ein Widerspruch, aber er bleibt unaufgelöst bestehen, übrigens nicht nur bei Goethe, sondern auch bei vielen seiner deutschen intellektuellen Zeitgenossen. Gerichtet jedenfalls waren seine Sprüche, darüber kann kein Zweifel sein, an die Deutschen im großen, in ihrer Gesamtheit als Sprachnation, was immer Goethe aus der Tradition seiner Heimat in seiner Sprache mitbrachte. Seinen Deutschen aber hat er erklärt, er schreibe nicht, ihnen zu gefallen, sondern: «Ihr sollt was lernen!»[28]

Ein wirklicher «Gegenstand», also ein Problembewußtsein für das «Vaterlandsgefühl», das Klopstock erregt haben sollte, war erst in den Jahren nach der Französischen Revolution und dann vor allem in der Zeit der Napoleonischen Kriege greifbar geworden, allerdings zunächst nur ideell in der Form einer sich allmählich herausbildenden nationalsprachlichen Kultur, an der Goethe selbst mitwirkte als ein Autor, mit Hilfe von dessen frühen Werken sich diese Kultur sogar definieren konnte. In den Zeiten der Kriege nahm dann dieser «Gegenstand» konkretere politische Formen an, und zugleich wuchsen damit allerdings auch Beschränktheiten und Vorurteile, wie sie zu entstehen pflegen, wo die Ideen mit der Praxis in Berührung kommen und in sie übersetzt werden sollen. Parallel zu diesen Vorgängen jedenfalls beginnt Goethes Spruchdichtung als selbständige Werkform, zuerst unter klassizistischen Vorzeichen in den *Venetianischen Epigrammen* und den *Xenien*. Dort beginnt sie auch, aus dem Persönlichen und der literarischen Polemik hervortretend, durchaus als «vaterländisch» gemeinte, auf die Deutschen in ihrer Gesamtheit gerichtete Dichtung. Waren es in den *Venetianischen Epigrammen* nur erst andeutungsweise die Bestimmung von Ort und Art seiner Deutschheit – «Klein ist unter den Fürsten der Deutschen mein Fürst»[29] – so wurde daraus im Scherbengericht der *Xenien* eine Auseinandersetzung damit in größerem Maßstab. Denn die *Xenien* sind keineswegs nur polemisch auf Literatur und intellektuelles Leben gerichtet, sondern haben ebenso – kritisch und zweifelnd zumeist – deutsche Problematik in sehr viel allgemeinerem Sinn zum Thema. Epigramme wie das über die Trennung zwischen Gelehrsamkeit und Politik –

> Deutschland? Aber wo liegt es? Ich weiß das Land nicht zu finden,
> Wo das gelehrte beginnt, hört das politische auf.[30] –

oder die Aufforderung zum Verzicht auf politische Identität schlechthin, die in dem Rat eingeschlossen war, sich lieber zu «freien Menschen» als zur «Nation» zu bilden,[31] haben, was für ihre Scharfsicht spricht, weder Popularität noch Relevanz über die Zeiten hinweg eingebüßt. Sollte Letzteres den «Deutschen Nationalcharakter» bezeichnen, so gingen diesem schwer greifbaren Phänomen andere Epigramme mit noch subtileren Beobachtungen nach:

> Alles beginnt der Deutsche mit Feierlichkeit, und so zieht auch
> Diesem deutschen Journal blasend ein Spielmann voran.[32]

Was als rein literarisch gemeinte Sottise gegen den Komponisten und Publizisten Johann Friedrich Reichardt und sein Journal *Deutschland* gemeint war, enthält dennoch eine Reflexion über eine gewisse Eigenheit, die man den Deutschen immer wieder nachsagt und der man deshalb die Aufmerksamkeit nicht wird versagen können. Ähnliches gilt für das folgende Xenion:

> Daß der Deutsche doch alles zu einem Äußersten treibet,
> Für Natur und Vernunft selbst, für die nüchterne schwärmt.[33]

Wiederum handelt es sich um literarische Polemik, diesmal gegen Friedrich Schlegel gerichtet, aber wiederum wird man auch in dieser Bemerkung ein Stück durch die Geschichte bekräftigter Weisheit sehen können, was denn – und das ist das Wichtigste an solchen Beobachtungen – einen Einblick gewährt in die bisher kaum erforschte Entstehung gewisser nationaler Eigentümlichkeiten und dominierender Verhaltensweisen aus realer Geschichte. Ein Bild «der Deutschen» entsteht dadurch, daß Literatur zur Sprache bringt und das bewußt macht, was ist oder geschieht, aber zugleich in diesen Prozeß bildend einzugreifen versucht, indem sie einen Empfängerkreis für populäre Verse konstituiert.

Der Autor beider Epigramme ist allerdings Schiller, nicht Goethe,[34] soweit sich das bei der engen Zusammenarbeit beider feststellen läßt. Man wird also neben aller persönlichen Neigung zum Gnomischen bei Goethe die Gemeinsamkeit mit Schiller als bedeutende Anregung für seine weitere Spruchdichtung nicht außer acht lassen dürfen. Diese Goethesche Spruchdichtung jedenfalls, das sei hier noch einmal festgehalten, beginnt bereits im letzten Jahrzehnt des 18. Jahrhunderts, so daß rund tausend weitere Sprüche der vorher genannten Zahl von 900 hinzuzurechnen sind, was zusammengezählt dann tatsächlich eines von Goethes umfangreichesten Werken bildet. Der kleine Streit der Goethe-Forschung darüber, ob klassische Epigrammatik der neunziger Jahre und geknittelte deutsch-romantische Sprüche aus dem Anfang des neuen Jahrhunderts überhaupt unter ein gemeinsames Dach gebracht werden dürfen, verblaßt angesichts der fortgehenden Beschäftigung dieser Verse gerade mit der deutschen Thematik. So wenig es Goethes einziger Grund für seinen literarischen Abschied von antiken Formen war: allein schon um einer breiteren Wirkung willen wäre in Zeiten politischer Krisen die Trennung von der Bildungswelt der Antike nötig geworden. Das klassische Epigramm machte mithin dem Reimspruch Raum, der sein Vorbild und oft auch seine Quelle im volkstümlichen Sprichwort besaß. Diese Quelle hat sich dann Goethe bis in die letzten Lebensjahre offengehalten, sich daneben freilich auch in der Arbeit am *West-östlichen Divan* die Spruchdichtung des Orients erschlossen. Aber der Gang in den «reinen Osten» war ebenfalls ein Weg zu einer neuen Art von Popularität jenseits der klassischen Formen.

Der Spruchdichtung der *Zahmen Xenien*, die über einen Zeitraum von fast zwei Jahrzehnten entstand, wird man zwar keine gedankliche Einheit abringen können, aber die Frage nach ihrer Motivation hat Goethe selbst gestellt und beantwortet.

> ‹Warum sagst du uns das in Versen?› Die Verse sind wirksam
> Spricht man in Prosa zu euch, stopft ihr die Ohren euch zu.[35]

So lautet das von Goethe stammende Xenion *Das Mittel*, das sich zwar direkt auf seine Argumentation gegen Newton bezieht, aber zugleich in Form wie Inhalt schon eine Rechtfertigung der Spruchdichtung der folgenden Jahre enthält. In der Form ist es das Katechisieren, das Frage-und-Antwort-Spiel, das Goethe dann in den Reimsprüchen immer und immer wieder anwendet, womit er also ein zweifelnd fragendes, ihm gegenüber meist skeptisches Publikum schafft, dem er als auf andere Art skeptischer Weiser und großer Einzelner entgegentritt. Vom Inhalt her jedoch ist in diesem Epigramm die Legitimation der Spruchdichtung aus ihrer populären Wirksamkeit heraus angelegt. Gemeint ist zwar zunächst nur ein Teil der gelehrten Welt seiner Tage, aber zugleich setzt sich das Epigramm über ein genau bestimmbares Zielpublikum hinweg, wäre es doch ohnehin von der größeren Leserschaft nicht mehr in einem derart allgemein gehaltenen Spruch identifizierbar gewesen. Die Zuweisung einzelner Xenien an gewisse Adressaten, wie sie die Goethe-Forschung zu Recht und mit viel Akribie vorgenommen hat, sollte von einer solchen generellen Lesbarkeit und Deutbarkeit nicht ablenken.

4.

Der Grund für die Beliebtheit von Sprichwörtern, Sprüchen und Zitaten liegt ebensosehr in ihrer Aussage wie in ihrer sprachlichen Gestalt, oft sogar mehr in der letzteren. Die Erkenntnisse und Weisheiten, die sie vermitteln, sind eher konventionell als originell, gelegentlich sogar regelrecht trivial. Erst die Form, in der sie erscheinen, macht sie bemerkens- und erinnernswert. Mittel dazu sind vor allem Zuspitzung, Übertreibung, Reim und Bilder:

> Mann mit zugeknöpften Taschen,
> Dir tut Niemand was zu lieb':
> Hand wird nur von Hand gewaschen;
> Wenn du nehmen willst, so gib![36]

Mit der sprachlichen Gestaltung jedoch bewegen sie sich, wie immer begrenzt oder grobschlächtig diese im einzelnen sein mag, in die Domäne der Literatur, also der Sprachkunst hinein. Hatte Gundolf die Sprüche Goethes nur dem Leben, aber nicht dem Werk zurechnen wollen, so hat spätere Forschung zu Recht stärker auf ihren Kunstcharakter aufmerksam gemacht.[37]

Ein weiterer, ebenso wichtiger Grund der Beliebtheit von Sprüchen ist die Möglichkeit, sich ihrer als Zitat bei der Vermittlung von Gedanken, Erkenntnissen und Weisheiten zu bedienen und sich damit auf die Autorität langer Erfahrung zu berufen. Solche Autorität beruht entweder auf derjenigen einer Quelle, zum Beispiel der Bibel, auf der eines Autors oder aber auf der einer langen anonymen Tradition, wie sie in Spruchsammlungen zusammengetragen wurde, von denen auch Goethe eine Reihe benutzte.[38] Das wird man sich bewußt machen müssen, wenn man Goethes Spruchdichtung im Zusammenhang mit der Idee einer «Nationalerziehung» und mithin also ihrer Wirkung betrachtet. Daß er selbst eine Autorität bei den Deutschen geworden war, trat Goethe bei steigendem Ruhm und der Verehrung, die er durch die Jüngeren wie Friedrich Schlegel oder Schelling genoß, immer wieder vor Augen. Mit den *Xenien* hatten er und Schiller sich sogar selbst ausdrücklich als Autoritäten und Richter über das deutsche intellektuelle

Leben eingesetzt, nur war die Polemik in antiker Form eben nicht für eine größere Leserschaft bestimmt gewesen. Aber das Bewußtsein eigener Autorität seinen Landsleuten gegenüber hat ohne Zweifel inspirierend bei Goethes Spruchdichtung mitgewirkt, ebenso allerdings, daß seine Popularität insbesondere bei der jüngeren Generation, trotz aller Verehrung im einzelnen, seit der Jahrhundertwende zurückging, während sein internationaler Ruhm stieg. Die in den Sprüchen häufige Haltung des Lehrers gegenüber den zu Belehrenden und zu Erziehenden hat darin einen Ursprung ebenso wie auch die des Hüters einer großen Tradition, die bewußt zu machen er sich verpflichtet zu fühlen glaubte:

> Was in der Zeiten Bildersaal
> Jemals ist trefflich gewesen,
> Das wird immer einer einmal
> Wieder auffrischen, und lesen.[39]

Als einen solchen Auffrischer sah sich Goethe durchaus, denn daß die Deutschen insgesamt ein noch unsicheres Verhältnis zu ihrer kulturellen Tradition besaßen, beobachtete er schon seit seinen Straßburger Tagen. Aber der Mangel war nicht behoben und trat erneut in den Jahren der Napoleonischen Kriege kritisch zutage. Arnim und Brentano hatten «Sr. Excellenz des Herrn Geheimerath von Göthe» die «Restaurationen und Ipsefacten»[40] von *Des Knaben Wunderhorn* gewidmet, und Goethe hatte sie aufmerksam gelesen und kommentiert. «Restaurationen und Ipsefacten» aber waren nun auch die Sprüche, die er in den Jahren danach zusammentrug, und ihre Wirkungsabsicht war gar nicht einmal so verschieden von derjenigen der Jüngeren, die den Deutschen etwas von ihrem Kulturbesitz in schwankender Zeit bewußt und zugänglich machen wollten.

Allerdings beschränkte sich dergleichen Restaurierungsarbeit auf die den Sprichwörtern am nächsten stehenden oder aus ihnen unmittelbar hervorgehenden Sprüche. Denn überblickt man die Thematik von Goethes Spruchdichtung aus großem zeitlichen Abstand, so findet sich darin beträchtlich mehr gespiegelt als eben nur Lebensweisheit. Sie reflektiert vielmehr alles, was ihn in seinen letzten Lebensjahrzehnten überhaupt interessiert, beschäftigt und bewegt hat, also eine wirklich unübersehbare Fülle von Gedanken zum Altern, zu Tod und Unsterblichkeit, zu Wahrheit, Irrtum und Trug, zum moralisch Guten und Schlechten, zu Tagespolitik, Zeit und Geschichte, zu Parlamentarismus und den Fürsten, zum Einzelnen und der Menge, zu Literatur, Kunst, den Naturwissenschaften, insbesondere der Farbenlehre natürlich, zu Gott, Weimar und der Welt – und in solchem Umfeld dann eben auch zur Deutschheit. Aber zugleich wird jede scheinbar privateste und persönlichste Reflexion, wenn man sie publik macht, eine öffentliche Angelegenheit. Als Adressaten waren also seine Deutschen schließlich überall präsent.

Vieles in diesen Sprüchen ist gezielte Polemik: ganz und gar in den *Xenien* und zu einem beträchtlichen Teil auch in den *Zahmen Xenien*. Im ersteren Fall sind die Bezüge weitgehend erhellt worden, im zweiten nur zum Teil. Man erkennt Invektiven gegen Newton, Pustkuchen oder Kotzebue, überhaupt gegen diejenigen, die er zunehmend als seine Kritiker oder Gegner betrachtete. Andere Bezüge sind unerschlossen geblieben und werden es wohl auch bleiben. Denn zum Spiel der Kunst gehört das Verbergen des Unmittelbaren, das erst eine Freiheit des Aufnehmens und Verstehens schafft, ohne die sie gar nicht möglich wäre. Daß dadurch auch das Tor zu Mißverstehen und Mißbrauch geöffnet wird, ist bekannt und unvermeidlich, wenngleich in begrenztem Umfang korrigierbar durch kritische, historisch fundierte Interpretation als Teil einer Wirkungsgeschichte.

5.

Die erste Sammlung von Reimsprüchen steht in der Werkausgabe von 1815 und ist in zwei Sektionen mit den Überschriften «Gott, Gemüt und Welt» und «Sprichwörtlich» unterteilt. Letztere schöpft am unmittelbarsten aus älteren Sprichwortsammlungen, woraus Goethe kein Hehl gemacht hat:

> Diese Worte sind nicht alle in Sachsen,
> Noch auf meinem eignen Mist gewachsen,
> Doch, was für Samen die Fremde bringt,
> Erzog ich im Lande gut gedüngt.[41]

Enthalten ist in diesen groben Reimen bereits so etwas wie ein Programm zur Lesererziehung, um hier nicht schon allzu gewichtig von Nationalerziehung zu sprechen. Aber freilich war es gerade bei der betonten Verwendung von populärer Überlieferung nicht nur auf die paar tausend Käufer und Leser von Goethes Werken abgesehen, also auf das gebildete Deutschland, wie immer allgemein selbst dieser qualifizierende Begriff noch sein mag, sondern auf einen größeren Kreis darüber hinaus. Vor *Sprichwörtlich* hat Goethe das Motto gesetzt:

> Lebst im Volke; sei gewohnt,
> Keiner je des Andern schont.[42]

Das ist als Entschuldigung wie als Herausforderung an diesen imaginierten Leserkreis gemeint.

Wer ist das Volk? Die schwankende und sich wandelnde Bedeutung des Wortes «Volk», zunächst wie in diesen Versen Goethes als Bezeichnung für die unteren Schichten einer Gesellschaft gemeint, später aber auch bezogen auf eine historisch gewachsene Gemeinschaft im Unterschied zur eher staatlichen der Nation, hat in der politischen Rhetorik moderner deutscher Geschichte eine große Bedeutungsbreite angenommen, von der «völkischen Hauptmacht» über «Volkswagen» und «Volkssturm», über «Volkspolizei» und «Volksarmee» bis zu den die beiden Bedeutungen rekapitulierenden Forderungen des Jahres 1989, «*das* Volk» und schließlich «*ein* Volk» zu sein. Mit seiner Lyrik habe Goethe «den Weg zum Volke» gefunden, «weil er aus dem unmittelbaren Denken und Fühlen des Volkes schöpfte», versichern die volkseigenen *Erläuterungen* zur Klassik aus dem Jahre 1978.[43] So pauschal wird man das gewiß von Goethes Versen, von seinen Oden, Hymnen, Elegien, Sonetten oder Ghaselen, kaum sagen können – aus solchen Worten spricht eher eine starre Ideologie, die sich die Wirklichkeit auf ihr Wunschdenken zuschneidet. Aber angesichts der Spruchdichtung läßt sich der Behauptung dennoch schwerlich ganz widersprechen, nur daß als Empfänger dieser Lyrik wohl präziser die deutsche Sprachnation statt des «Volkes» zu nennen wäre. Denn daß Goethe das Wort «Volk» oft durchaus verächtlich verwendet, speziell für die Schar seiner Kritiker, ist gerade bei der Lektüre der Spruchdichtung mitzubedenken: «Was schiert es mich, ob jemand weiß, / Daß ich das Volk verfluchte.»[44]

Die Sammlung *Sprichwörtlich*, entstanden zwischen 1812 und 1815, kommt einer generellen Ansprache eines Lehrers an das Schülerpublikum der Deutschen am nächsten, das heißt sie ist nicht im gleichen Maße wie später die *Zahmen Xenien* von persönlicher Polemik durchsetzt, obwohl sie dafür bereits Muster schafft. Aus dieser Sammlung jedenfalls stammen die meisten noch heute gängigen Aufsatzthemen, Stammbuchverse, Motti und Kalendersprüche. Es liegt ihr kein durchdachtes Konzept zugrunde, was bei einer über mehrere Jahre hinweg entstandenen Kollektion von – zumeist – Zwei- oder Vierzeilern auch kaum zu erwarten ist. Dementsprechend findet sich in ihnen manches Widersprüchliche, besonders weil gerade bei der Adaption von bekannten Sprichwörtern unmittelbare Anlässe am ehesten verdunkelt werden. Außerdem wechselt Goethes Sprechweise ständig von direkter, ernster Aussage zu Ironie und Sarkasmus oder aber oszilliert zwischen allem. Feinfühligen, bildstarken, ganz von Poesie durchdrungenen Bekenntnissen wie:

> Zart Gedicht, wie Regenbogen,
> Wird nur auf dunklen Grund gezogen;
> Darum behagt dem Dichtergenie
> Das Element der Melancholie.[45]

stehen derbe Weisheiten gegenüber:

> Die Welt ist nicht aus Brei und Mus geschaffen,
> Deswegen haltet euch nicht wie Schlaraffen;
> Harte Bissen gibt es zu kauen:
> Wir müssen erwurgen oder sie verdauen.[46]

Bei aller Unterschiedlichkeit der Gedanken und Sprechweisen aber lassen sich – sozusagen statistisch – gewisse dominante Themen erkennen. Zu nennen ist vor allem die stete Aufforderung zu einer Art bürgerlicher Tüchtigkeit. «Lerne schnell besorgen, da du noch munter bist», hieß es in einem bereits zitierten Spruch, und anderswo:

Benutze redlich deine Zeit!
Willst was begreifen, suchs nicht weit.[47]

Passendes dazu steht bald darauf auch unter den Sprüchen des *West-östlichen Divan*:

Noch ist es Tag, da rühre sich der Mann
Die Nacht tritt ein, wo niemand wirken kann.[48]

All dies ließe sich nun allerdings als eine etwas philiströse Beschränktheit interpretieren, als Aufforderung zur Unterwerfung unter ein Bild von deutscher Tüchtigkeit und Werktätigkeit um ihrer selbst willen, so daß das Mißbehagen und der Spott manch jüngerer Deutscher verständlich würde – «Handwerker siehst du, aber keine Menschen»,[49] hatte Hölderlin seinen Hyperion über die Deutschen schreiben lassen. Die Frage muß deshalb erlaubt sein, ob Goethe auf diese Weise wohl gar Anteil hatte an der Herausbildung jener Ideale von Arbeitsamkeit und Gründlichkeit, die den Deutschen ihren besten wie schlechtesten Ruf in der Welt verschafft haben. Aber so einfach läßt sich die Zumessung von nationalem Lob oder politischer Schuld nicht betreiben.

Schon von früh an, von den *Xenien* bis in sein Alter hinein, ist in Goethes Spruchdichtung die Abwehr alles Untertänig-Philiströsen und einer damit verbundenen Beschränktheit der Lebensauffassung nachzulesen:

Ihr könnt mir immer ungescheut,
Wie Blüchern, Denkmal setzen;
Von Franzen hat er euch befreit,
Ich von Philister-Netzen.[50]

lautet eine der späten *Zahmen Xenien*. Nun war Philister-Kritik kein Reservat Goethes; sie florierte ganz im Gegenteil um die Jahrhundertwende besonders stark unter der jungen Generation. Brentanos satirische Abhandlung über den Philister «vor, in und nach der Geschichte» ist der wohl bekannteste Beleg dafür. Aber auch Einschlägiges von Novalis bis Eichendorff läßt sich beibringen. In der Literaturgeschichte wird deshalb Philister-Kritik gern als spezifisches Charakteristikum einer romantischen Literatur behauptet. Daß sie deren Privileg nicht war, sondern ein sehr viel allgemeineres deutsches Zeitphänomen, erweisen gerade die Sprüche Goethes. Was also dem Phänomen der Philister-Kritik in den ersten beiden Jahrzehnten nach der Französischen Revolution zugrundeliegt, ist die allmähliche Konstituierung einer bürgerlichen Gesellschaft auch in Deutschland, ohne daß es diesem freien Bürgertum, die Intellektuellen eingeschlossen, möglich gewesen wäre, in größerem Maße sich wirkliche politische Erfahrung anzueignen und gesellschaftliche Verantwortung zu übernehmen. Der wirre oder extreme Patriotismus zur Zeit der Napoleonischen Kriege, dem gegenüber Goethe äußerste Zurückhaltung übte, war ein Symptom dafür, und die Entwicklung nach 1815 verstärkte dann solche Tendenzen noch, wie sie gleichzeitig den Rückzug ins Private des Biedermeier einleitete.

Aufforderungen zu Tätigkeit und Tüchtigkeit jedenfalls laufen, liest man Goethes Spruchdichtung genau, nicht auf ein Handeln an und für sich hinaus, sondern tatsächlich auf das Wunschziel einer bürgerlich-verantwortlichen Tätigkeit, sosehr dafür die tatsächlichen Möglichkeiten in den deutschen Ländern dieser Jahre einschließlich Sachsen-Weimars begrenzt waren. Vor allem aber will Goethe seinen Deutschen dieses Ideal nicht mehr nur als Produkt einer ästhetischen Erziehung vermitteln, sondern lehrend oder tadelnd als ein regelrechter Nationalpsychologe und -pädagoge. Da wird die Verantwortung für ein größeres, nicht politisch definiertes Ganzes angemahnt:

> Willst du dich deines Wertes freuen,
> So mußt der Welt du Wert verleihen.[51]

Für die Lösung von bürgerlichen Konflikten ist Rat bereit:

> Entzwei und gebiete! Tüchtig Wort:
> Verein und leite! Beßrer Hort.[52]

In enger Beziehung auf gesellschaftliches Verhalten steht die Empfehlung:

> Gehts in der Welt dir endlich schlecht,
> Tu' was du willst, nur habe nicht recht.[53]

Rechthaberei – man weiß es – hat man ebenfalls gern den Deutschen als Nationaleigenschaft nachgesagt. Sie basiert, insofern man sich überhaupt auf derartig generelle Behauptungen einlassen darf, letztlich im mangelnden Bewußtsein von der Berechtigung anderer Ansichten, ein Bewußtsein, das prinzipiell durch die Einübung in ein parlamentarisches System gefördert wird, dessen Bewunderer andererseits Goethe durchaus nicht war. Mit seinem Rat sprach Goethe – was ebenfalls bedacht werden muß – hier eher aus Intuition als aus einer Erfahrung, die er unter den Bedingungen seiner Zeit und seines Landes nicht machen konnte. Da war er selbst begrenzt in seiner Deutschheit, auch wo er seine Landsleute zu belehren versuchte. Im *Sprichwörtlichen* findet sich immerhin der bemerkenswert «demokratische» Satz:

> Nicht größern Vorteil wüßt' ich zu nennen,
> Als des Feindes Verdienst erkennen.[54]

Und abwägend zwischen Ideal und Wirklichkeit steht als strenger Tadel:

Mich freuen die vielen Guten und Tücht'gen,
Obgleich so viele dazwischen belfen.
Die Deutschen wissen zu bericht'gen,
Aber sie verstehen nicht nachzuhelfen.[55]

Im Nachlaß fand sich der gleiche Gedanke auch in Prosa.[56] Zwar wird unbeantwortbar bleiben, was Goethe zu solchen Beobachtungen jeweils anregte, aber es hat seinen Reiz, sich einmal durch das Tor einer solchen Frage in die Wirklichkeit seines Lebens hineinzubegeben.

Das Land dieser Deutschen existierte nun freilich seit 1806 nicht einmal mehr nominell als Teil der Welt. Gerade zu ihm aber finden sich Verse wie:

Im Vaterlande
Schreibe, was dir gefällt;
Da sind Liebesbande,
Da ist deine Welt.[57]

Ist hier ein sanfter Patriotismus Goethes am Werke, der sich über die Provinzen und Dialekte der Deutschen hinweg zumindest zur Sprachnation Deutschland bekennt und sich oder andere auf sie verpflichtet? Dem Spruch folgt unmittelbar ein zweiter:

Draußen zu wenig oder zu viel,
Zu Hause nur ist Maß und Ziel.[58]

Provinz, Vaterland und Welt durchdringen oder widersprechen einander immer wieder in diesen Sprichwörtern und Sprüchen, damit aber nichts anderes reflektierend als den tatsächlichen Zustand von Deutschland zur Zeit Goethes, dessen Lehrer er ebenso sein will, wie er Bürger dieses Landes bleibt in seinen Stärken und Schwächen, seinen Wirrungen und Konflikten. So erklärt er das eigene spruchdichterische Beginnen schließlich mit dem Vers:

Sprichwort bezeichnet Nationen;
Mußt aber erst unter ihnen wohnen.[59]

Seine Sprüche und Sprichwortadaptionen als ein Stück Nationalerziehung anzusehen, hätte wohl Goethes Zustimmung gefunden. Denn dieses «Vaterland», diese «Nation» existierte, um das noch einmal ausdrücklich hervorzuheben, über alle politische Vielgestaltigkeit hinaus genau und bestimmt allein durch eine Sprache, die auch Goethes eigene Sprache war, das Medium seines gesamten Schaffens, und existierte in aller durch diese Sprache vermittelten Kultur. Was von der einen Seite her als Einschränkung erscheinen mag, ist anders betrachtet auch die Behauptung eines besonderen Wertes. Bei aller Kritik jedenfalls bekennt sich Goethe, der Visionär einer «Weltliteratur», zu diesem «Vaterland».

Das führt ihn zugleich immer wieder zu der Frage, wo das Reich des Dichters nun wirklich beginne und ende oder, nüchterner gesprochen, wo seine geographischen Grenzen liegen. Ein eigenes «Zahmes Xenion» aufnehmend, bedankt Goethe sich an seinem letzten Geburtstag 1831 bei englischen Freunden für ein Geschenk – ein Petschaft mit dem Zitat innerhalb dieses Xenions – durch zwei den Wert seiner gesamten Spruchdichtung befragenden Strophen:

Worte, die der Dichter spricht,
Treu, in heimischen Bezirken,
Wirken gleich, doch weiß er nicht,
Ob sie in die Ferne wirken.

Briten! habt sie aufgefaßt:
«Tätigen Sinn, das Tun gezügelt
Stetig Streben, ohne Hast.»
Und so wollt ihr's denn besiegelt.[60]

Der Apostrophierung deutscher Tüchtigkeit war also um des Gleichgewichtes, der Harmonie willen eine Art Gegenmittel beigegeben, das, davon war er überzeugt, die Briten besser als die Majorität der Deutschen aufgefaßt hatten.

6.

Noch ein weiteres Leitmotiv von Goethes Spruchdichtung tritt in solchem Zusammenhang hervor: die Mahnung zur Ruhe, Besonnenheit und vor allem Nüchternheit im Urteilen, Denken und Empfinden. In den *Maximen und Reflexionen* steht der Satz: «Die Deutschen sollten in einem Zeitraume von dreißig Jahren das Wort Gemüt nicht aussprechen, dann würde nach und nach Gemüt sich wieder erzeugen; jetzt heißt es nur Nachsicht mit Schwächen, eignen und fremden.»[61] Entspricht letzteres manchen anderen Mahnungen zu Rücksicht und Toleranz, so überrascht dennoch der erste Teil des Satzes. Immerhin hatte Goethe selbst eine seiner ersten Spruchsammlungen «Gott, Gemüt und Welt» betitelt. Das Stichwort «Gemüt» findet sich dort freilich nur in den folgenden Zeilen:

Aus tiefem Gemüt, aus der Mutter Schoß
Will manches dem Tage entgegen;
Doch soll das Kleine je werden groß,
So muß es sich rühren und regen.[62]

Gemüt – das war ein Signalwort, das auf jene Gefühlswelt zurückführte, die Goethe einst in seinem eigenen Werk, seiner Jugendlyrik, seinen frühen wie den klassischen Dramen, seinen Erzählungen von Werther und Wilhelm Meister, erschlossen hatte, denn wo wäre dergleichen auf deutsch vor ihm sagbar gewesen? Nur hatte auch das wieder seine neuen Schwierigkeiten und Probleme gebracht. Denn diese deutsche Gefühlskultur, die er selbst so entscheidend begründen half, war in Gefahr geraten, in zunehmend bürgerlichen, aufgeklärten Zeiten bei einem immer gebildeteren, mehr lesenden und schreibenden Publikum dermaßen popularisiert und trivialisiert zu werden, daß ihre ursprüngliche Substanz zusamt der Wahrheit des Ausdrucks und der Aussage verlorengingen. Es war der Anfang eines Prozesses, der dann im modernen Medienzeitalter immer größere Ausmaße angenommen hat. Nur ist es ein Dilemma, für das es keine Lösung gibt.

Für Goethe war da die Entdeckung der orientalischen Bilderwelt befreiend gewesen; im *West-östlichen Divan* konnten Gefühlsausdruck und Geist eine neue poetische Verbindung eingehen, die ihn weit über jede Gefahr des Wiederholens und des Banalisierens von einst Empfundenem hinaushob. Aber das war nur für ihn selbst ein Weg gewesen. Einem größeren Publikum galt der kleine Aufsatz *Für junge Dichter*, ursprünglich nur die Beilage zu einem Brief aus seinem letzten Lebensjahr an den jungen Poeten Melchior Meyr, dann aber von Eckermann auch in *Kunst und Alterthum* veröffentlicht. Mit einem gewissen Stolz stellt Goethe dort fest: «Die deutsche Sprache ist auf einen so hohen Grad der Ausbildung gelangt, daß einem jeden in die Hand gegeben ist, sowohl in Prosa als in Rhythmen und Reimen sich dem Gegenstande wie der Empfindung gemäß nach seinem Vermögen glücklich auszudrücken.»[63] Der Satz erinnert an einen früheren. «Der Tag ist angebrochen, und wir werden die Läden nicht wieder zumachen»,[64] hatte es im Aufsatz über *Literarischen Sansculottismus* von 1795 geheißen. Inzwischen aber waren Läden und Türen geöffnet und das Haus lichtdurchflutet. Nur war der Rat an die jungen Dichter keineswegs als überzeugtes, erfreutes Bekenntnis geschrieben wie die Polemik aus den neunziger Jahren. Jetzt sprach Goethe vielmehr als der Weise von Weimar, dem man von überall her, Beifall heischend, jene zahlreichen dichterischen Erzeugnisse zusandte, die man in wachsendem Maße der deutschen Kultur schuldig zu sein meinte: «Ein jeder, welcher durch Hören und Lesen sich auf einen gewissen Grad gebildet hat, wo er sich selbst gewissermaßen deutlich wird», fühle sich alsobald gedrängt, «seine Gedanken und Urteile, sein Erkennen und Fühlen mit einer gewissen Leichtigkeit auszusprechen.» Betrachte man solche Produkte genau, so werde man Anmut, Tiefe und «sittlichen Wert» darin finden, aber auch fragen müssen, ob das Ziel solcher Poesie nicht «allzu fern im Blauen liege.» Denn leider habe «ein wohlwollender Beobachter gar bald zu bemerken, daß ein inneres jugendliches Behagen auf einmal abnimmt, daß Trauer über verschwundene Freuden, Schmachten nach dem Verlornen, Sehnsucht nach dem Ungekannten, Unerreichbaren, Mißmut, Invektiven gegen Hindernisse jeder Art, Kampf gegen Mißgunst, Neid und Verfolgung die klare Quelle trübt, und die heitere Gesellschaft vereinzelt und zerstreut sich in misanthropische Eremiten.» Dem folgt als Lektion ein Spruch:

Jüngling, merke dir in Zeiten,
Wo sich Geist und Sinn erhöht:
Daß die Muse zu *begleiten*,
Doch zu *leiten* nicht versteht.[65]

Die Aufbruchstimmung von einst, das zeigt sich deutlich, war vorüber. Was Goethe registriert, sind die für ihn ärgerlichen Entstellungen eigener Arbeit. In seinem Nachlaß befand sich *Noch ein Wort für junge Dichter* mit dem bemerkenswerten Satz: «Wenn ich aber aussprechen soll, was ich den Deutschen überhaupt, besonders den jungen Dichtern geworden bin, so darf ich mich wohl ihren *Befreier* nennen; denn sie sind an mir gewahr geworden, daß, wie der Mensch von innen heraus leben, der Künstler von innen heraus wirken müsse, indem er, gebärde er sich wie er will, immer nur sein Individuum zutage fördern wird.»[66] Vieles spiegelt sich in diesen Mahnungen an die Jüngeren. Die Ausbreitung literarischer Kultur war Resultat eigener Arbeit, aber sie hatte, wie Goethe glaubte, die Entfernung von der Wirklichkeit des «Erkennens und Fühlens» zur Folge. Nur war dabei nicht allein Generationspsychologie am Werke, sondern Geschichte in größeren Zügen. Wie die Versuche zur Neuordnung von Geschlechterverhältnissen zugunsten der Frauen am Ausgang des 18. Jahrhunderts dann im Laufe des bürgerlichen 19. Jahrhunderts in neuen, ja strengeren Konventionen verschwanden, so wandelte sich entweder Gemüt ins Gemütliche, oder es löste sich der Enthusiasmus einer literarischen Gründerzeit in Pessimismus auf. Goethes Appell an die Wirklichkeit gegenüber dem allzu fernen «Blauen» – «Man halte sich ans fortschreitende Leben»[67] – nahm da allerdings, so lobenswert er sein mochte, auf die Situation, in der sich die Jüngeren befanden, wenig Rücksicht. Zu denken ist dabei nicht nur an einen Melchior Meyr, sondern ebensosehr an Heinrich Heine oder Victor Hugo, dessen *Notre Dame de Paris* Goethe zutiefst verabscheute.[68]

Von der Perspektive gesellschaftlichen Verhaltens her traten Goethes Vorbehalte jedoch wieder in den Hintergrund, denn die äußerste Subjektivität, die man wohl dem Dichter zugestehen durfte, galt für ihn nicht in der Sphäre gesellschaftlichen Umgangs:

Ohne Umschweife
Begreife,
Was dich mit der Welt entzweit;
Nicht will sie Gemüt, will Höflichkeit.[69]

7.

Der Goethesche Versuch zur «Nationalerziehung» in Spruchform mag im einzelnen kaum noch in seinem didaktischen Sinn zu erkennen sein, ja ihn als direkte Absicht nicht einmal besitzen. Aufgelockert zum Beispiel wird die strenge Forderung nach sinnvollem Tun und Handeln durch eine Art kontrastive Sinnlichkeit («Mir gäb es keine größre Pein / Wär ich im Paradies allein»), abgesetzt wiederum gegen schlaffe, behäbige Lust an einem Schlaraffenland:

> Wer aber recht bequem ist und faul,
> Flög dem eine gebratne Taube ins Maul,
> Er würde höchlich sichs verbitten,
> Wär sie nicht auch geschickt zerschnitten.[70]

Das freie Recht der Jugend

> Laßt mir die jungen Leute nur
> Und ergetzt euch an ihren Gaben!
> Es will doch Großmama Natur
> Manchmal einen närrischen Einfall haben.[71]

gegenüber den eingefahrenen Urteilen und Vorurteilen der Alten zusammen mit der «Lebensregel», sich «ums Vergangene», um die Altlasten von Konventionen und Traditionen nicht zu «bekümmern»,[72] enthüllt eine weitere Perspektive. So wird die Lektüre der Sprüche zu einer Art Dominospiel, denn dieser scheinbaren Aufhebung der Geschichte fügte sich dennoch durchaus passend der Appell an, hinter Zeit- und Landesgeschichte Weltgeschichte zu sehen und sich Rechenschaft «von dreitausend Jahren» zu geben,[73] wie es im *West-östlichen Divan* heißt. Es ist ein Rat, der den Deutschen tatsächlich angemessener war als den meisten anderen europäischen Nationen, stellte Geschichte für die meisten eben doch zuallererst Landes- und nicht Reichsgeschichte dar.

Auf den dialogischen Charakter von Goethes Spruchdichtung ist bereits hingewiesen worden. Gemeint ist das direkte oder implizierte Gespräch mit einem Publikum verschiedener Provenienz, mit Kritikern, Gelehrten, den «Philistern» oder den deutschen Lesern insgesamt. Darüber hinaus ist sogar die Vermutung ausgesprochen worden, daß überhaupt bei ihm zwei «Sprecher» am Werke seien und jedem Spruch eine Art Gegenspruch gegenüberstehe, der dessen Aussage relativiere.[74] In der Tat hat Goethe seine Sprüche selbst geordnet und auf die Beibehaltung dieser Ordnung im Druck Wert gelegt. Aber eine solche kalkulierte Absicht engt die Aussage der einzelnen Sprüche doch wohl zu sehr auf Punkt und Kontrapunkt ein. Eher schon ließe sich der viel allgemeineren Beobachtung zustimmen, daß aus der Gesamtheit der Spruchsammlungen ein gewisser ironischer Abstand zu jedem einzelnen Satz herauslesbar ist.[75]

Denn alles in allem war Goethe durchaus kein wirklicher und absichtsvoller Praeceptor Germaniae. Nicht nur die Gegensätzlichkeit oder gegenseitige Relativierung mancher Aussagen leitet zu diesem Schluß, sondern auch die Beobachtung von Goethes eigener Reserviertheit gegenüber Publikum, Volk, Masse und den Deutschen insgesamt.

Wer dem Publikum dient, ist ein armes Tier
Er quält sich ab, niemand bedankt sich dafür.[76]

Mit zunehmendem Alter hat sich Goethe umgekehrt proportional zu seinem internationalen Ruhm uneins mit der deutschen Öffentlichkeit gefühlt. Darauf und auf die Gründe dafür ist früher bereits eingegangen worden. In einem seiner schönsten Sprüche hat er dann, treffend und leidenschaftlich zugleich, das Thema Dichter und Publikum, Künstler und Gesellschaft zusammengefaßt und dabei sich selbst im Reichtum seines Menschenverständnisses dargeboten:

‹Was hat dich nur von uns entfernt?›
Hab' immer den Plutarch gelesen,
‹Was hast du denn dabei gelernt?›
Sind eben alles Menschen gewesen.[77]

In der Zeit nach 1815 sah sich Goethe, wie gesagt, zunehmender Kritik seines öffentlichen Verhaltens ausgesetzt. «Goethe schwamm immer mit dem Strome und immer oben wie Kork. Sein Geist war mit dem Zeitgeiste immer in einer seltnen Harmonie», warf ihm Wolfgang Menzel 1828 in seinem Buch über *Die deutsche Literatur* vor,[78] wobei Zeitgeist nun freilich nur den Geist der Regenten meinte. Heine sah bei aller Bewunderung für Goethe mit ihm eine Zeit zu Ende gehen, die vom Prinzip der «Kunstidee» beherrscht war, und eine neue, andere Zeit aufsteigen,[79] was gleichfalls nicht durchaus als Kompliment zu verstehen war. Ist die Spruchdichtung in erster Linie Abgesang dieser vergehenden Epoche?

Die Kritik des frühen 19. Jahrhunderts an Goethe stellte gewisse Stereotypen der Goethe-Kritik überhaupt bereit: seinen als Opportunismus gedeuteten politischen Konservatismus, sein schwer, wenn überhaupt greifbares Christentum und seine unzulängliche Deutschheit, seinen mangelnden Patriotismus. Für Menzel oder auch Börne, dem anderen seiner jungen Kritiker, waren diese Dinge letztlich Charakterschwächen, während Heine den weiteren, also historisch gegründeten Blick besaß. Es ist hier nicht der Ort, die Berechtigung des Begriffs «Kunstperiode» für das Zeitalter Goethes zu erörtern. Aber angesichts von Goethes Spruchdichtung entsteht die Frage, ob gerade sie nicht vielleicht schon so etwas wie eine Überleitung in eine kommende Zeit jenseits dieser sogenannten «Kunstperiode» bildet. Goethe stellt sich in diesen Sprüchen stärker als Person in den Mittelpunkt als in jedem anderen seiner späten Werke, setzt sich reflektierend in Beziehung zu seiner Umwelt im kleinen und großen, zu Weimar, den Deutschen und der Welt, aber tut das vor allem, um seine Besonderheit zu kultivieren, was gegen den Hintergrund der heraufziehenden industriellen Revolution zugleich schon als die Kultivierung von Isolation erscheint, wie sie in der folgenden Zeit dann in Europa das Wesen des Künstlertums prägte. Denn die bürgerliche Freiheit der Kunst bedeutete zugleich die Trennung vom fürstlichen Mäzenaten, in dem noch so etwas wie eine Einheit von Kunst und Staat repräsentiert war. Jetzt nun macht sich der Dichter selbst zum Thema und Gegenstand seines Werks:

‹Zu Goethe's Denkmal was zahlst du jetzt?›
Fragt dieser, jener und der. –
Hätt' ich mir nicht selbst ein Denkmal gesetzt,
Das Denkmal, wo käm' es denn her?[80]

Das spricht nicht mehr ein Lehrer seiner Nation, denn zum Lehren gehören nicht Trotz und Selbstbehauptung, sondern gehört ein grundsätzlicher hingabebereiter Optimismus. Unmut ist keine Geisteshaltung dafür. Keine Nationalerziehung also, und dennoch bedeutende, bedenkenswerte Weisheit über Deutschheit und die Deutschen?

Goethes Spruchdichtung und seine sich darin spiegelnde Persönlichkeit zeigen einen Autor, der es mit seiner Sprach- und Leser-Nation schwer hat, nicht weil er von vornherein höher steht als sie, sondern weil er als Deutscher teilnimmt an deren besonderer Entwicklung, zugleich aber aus ihr herauszutreten und als kritischer Beobachter von außen darauf zu blicken versucht. So gibt sie am Ende ein besseres Beispiel als manche anderen seiner Werke für die komplizierte, nie rein auseinander zu definierende Verquikkung von künstlerischem Ingenium und geschichtlicher Zeit. Das schränkt im übrigen die Berechtigung ein, sich dieser Sprüche zu aller Zeit zum Eigenbedarf zu bedienen. Aber dann liest man Verse wie diese:

Verfluchtes Volk! kaum bist du frei,
So brichst du dich in dir selbst entzwei.
War nicht der Not, des Glücks genug?
Deutsch oder Teutsch, du wirst nicht klug.[81]

und fühlt sich von manch scheinbarer Aktualität überwältigt. Aber diese Aktualität ist tatsächlich nur scheinbar, denn das Momentane und Spontane solcher Verse kann nicht historischer Entwicklung unter gänzlich anderen Bedingungen Rechnung tragen, und die Rolle eines Propheten war Goethe stets zuwider. Daß Erziehung im einzelnen etwas bewirken kann, ist bekannt. Ob «Völker» als ganzes etwas lernen können, ob mithin eine «Nationalerziehung» durch die Dichter überhaupt möglich ist, muß dahingestellt bleiben. Daß sie etwas bewirken sollte, wäre anhand eines solchen Spruches äußerst wünschbar. Das Gefühl der Aktualität mancher dieser Verse wird bleiben, und ihre Leser werden sich auch weiterhin das Recht nehmen, sich ihrer – ganz wie der Sprichwörter aus weiter Vergangenheit – bei Gelegenheit zu bedienen. Wahrscheinlich hätte Goethe dieser Erhebung vom Besonderen ins Allgemeine, in den «Hausgebrauch», für seine Spruchdichtung sogar gern zugestimmt, reiht sie sich doch auf diese Weise in jene große Tradition gedichteter Weisheit ein, aus der er selbst geschöpft hatte.

Nachwort

Der Gedanke einer Weltliteratur ist zuerst auf deutsch gedacht worden, aber die Anschauung dafür haben vor allem die Literaturen in anderen Sprachen bereitgestellt. Seit ich mich vor vier Jahrzehnten außerhalb Europas ansässig machte, hat sich mir diese seltsame Disparität immer wieder als Tatsache aufgedrängt. Gewiß – die Werke von Thomas Mann, Franz Kafka, Hermann Hesse oder Bertolt Brecht haben nun wirklich die Welt erobert, falls ein solch aggressiver Begriff in Bezug auf Literatur erlaubt ist, und manche deutsch schreibenden Autoren des letzten Halbjahrhunderts können gleichfalls beträchtliche internationale Aufmerksamkeit für sich in Anspruch nehmen. Aber von der deutschen Dichtung des 17., 18. oder 19. Jahrhunderts hat nur weniges je die deutschen Grenzen überschritten, und das zumeist eher zufällig, weil sich der eine oder andere Übersetzer dafür engagierte. Am flagrantesten zeigt sich das bei Goethe, dem strahlendsten Stern in der Galaxie deutscher Literatur. Er war es, der den Begriff «Weltliteratur» in Umlauf brachte,[1] aber sein Stern leuchtet nur blaß am südlichen Himmel. Der Versuch eines deutschen Diplomaten, in Melbourne ein Goethe-Denkmal zu errichten, war lediglich skurril und von vornherein zum Scheitern verurteilt; ein Denkmal Henry Lawsons, des australischen Buschpoeten, in den Frankfurter Stadtanlagen hätte bessere Aussicht, wahrgenommen zu werden.

Eine solche Beobachtung wäre unwesentlich, wenn sie nur einen fernen und lose besiedelten Kontinent beträfe. Aber nach und nach zeigte sich mir, daß in der Sphäre angelsächsischer Kultur, soweit ich sie übersehe, Goethe lediglich den Gebildeten etwas bedeutet, und selbst dort noch ist es eher der Name als das Werk. Die große Öffentlichkeit der Theaterabonnenten oder Bibliotheksbenutzer hat dieses Werk nie erreicht. Allein das Publikum der Musikfreunde weiß von ihm durch die Texte zu den Liedern oder sinfonischen Werken von Franz Schubert, Robert Schumann, Johannes Brahms und Gustav Mahler. Denn für die Welt sind die Deutschen das Volk der Musik, wohl auch der Philosophen und – bedauerlicherweise – Adolf Hitlers. Nur einmal in diesen vierzig Jahren meiner Erfahrung mit dem kulturellen Leben des fünften Erdteils hat ein junger australischer Regisseur, herausgefordert durch seine tiefen Wurzeln im Judentum und gefördert durch das Goethe-Institut, es unternommen, sich durch Goethes *Faust* in seiner Ganzheit faszinieren zu lassen und ihn für ein paar Abende auf die Bühne zu bringen.

Diese Tatsachen haben mich immer wieder veranlaßt, sie bei meiner Beschäftigung mit deutscher Literatur nicht außer acht zu lassen und den

Eigenarten Goethes und seiner Werke unter dieser Perspektive nachzufragen. Diesem Buch liegt also eine dementsprechende Frage zugrunde. Bei seinen acht Kapiteln handelt es sich teils um Arbeiten, die dafür geschrieben wurden, teils gehen sie auf frühere Aufsätze, manchmal nur auf verstreute kleinere Beiträge, aus einem Zeitraum von rund zwanzig Jahren zurück. Im letzteren Fall wurden sie gründlich revidiert, ergänzt, ja meist sogar substantiell umgearbeitet, um dem Thema des Buches, aber auch den veränderten Maßstäben seines Verfassers zu entsprechen. Denn manches sollte damals einer Literaturgeschichte der Zeit zwischen Französischer Revolution und Restauration[2] zuarbeiten, also einem Teil von dem, was man gern Goethe-Zeit genannt hat. Nun aber gilt die Aufmerksamkeit allein dem Namenspatron dieser Epoche.

Der Alexander von Humboldt-Stiftung danke ich nachdrücklich für großzügige Förderung. Freundliche Gastgeber in Deutschland waren insbesondere die Universität Regensburg, die Freie Universität Berlin und die Stiftung Weimarer Klassik. Sabine Doering hat dem Buch ihr Wissen und ihre Sorgfalt zuteil werden lassen.

21. Juni 1998 *Gerhard Schulz*

Anhang

Abkürzungen

Goethes Schriften werden zitiert nach der von Erich Trunz herausgegebenen «Hamburger Ausgabe», die Briefe nach der «Weimarer Ausgabe». Herangezogen wurden außerdem die neuen und ausführlich kommentierten, als «Frankfurter Ausgabe» und «Münchner Ausgabe» bezeichneten Studienausgaben.

HA = Goethes Werke. Hamburger Ausgabe in 14 Bänden. Hrsg. von Erich Trunz. München: C. H. Beck Verlag 1976–1978.

WA = Goethes Werke. Hrsg. im Auftrage der Großherzogin Sophie von Sachsen. Weimar: Hermann Böhlaus Nachfolger 1887–1919.

FA = Johann Wolfgang Goethe. Sämtliche Werke. Briefe, Tagebücher und Gespräche. Hrsg. von Friedmar Apel [u. a.], Frankfurt a. M.: Deutscher Klassiker Verlag 1986 ff. [Frankfurter Ausgabe].

MA = Johann Wolfgang Goethe. Sämtliche Werke nach Epochen seines Schaffens. Münchner Ausgabe. Hrsg. von Karl Richter in Zusammenarbeit mit Herbert G. Göpfert, Norbert Miller und Gerhard Sauder. München/Wien: Carl Hanser Verlag 1985 ff. [Münchner Ausgabe].

Außerdem wurden die folgenden oft verwendeten Titel abgekürzt zitiert:

DWB = Deutsches Wörterbuch von Jakob und Wilhelm Grimm. Nachdruck München 1984.

Eckermann = Johann Peter Eckermann, Gespräche mit Goethe in den letzten Jahren seines Lebens. Hrsg. von H. H. Houben. Leipzig 1948.

GHB = Goethe Handbuch in vier Bänden. Hrsg. von Bernd Witte, Theo Buck, Hans-Dietrich Dahnke, Regine Otto und Peter Schmidt. Stuttgart/Weimar 1996–1998.

JbDSG = Jahrbuch der Deutschen Schillergesellschaft.

JbFDH = Jahrbuch des Freien Deutschen Hochstifts.

Verweise innerhalb dieses Buches sind durch *Kursivdruck* gekennzeichnet.

Anmerkungen

Goethe und seine Deutschen

1 Kurt Tucholsky, Gesammelte Werke. Hrsg. von Mary Tucholsky und Fritz J. Raddatz. Reinbek 1975, Bd. 10, S. 60.
2 Tucholsky (wie Anm. 1), Bd. 9, S. 293 («Goethe-Jahr 1932»).
3 Zitiert nach: Karl Robert Mandelkow (Hrsg.), Goethe im Urteil seiner Kritiker. Dokumente zur Wirkungsgeschichte Goethes in Deutschland. München 1975–1984, Bd. 4, S. 30.
4 Als mustergültig seien hier nur genannt: Wolfgang Leppmann, Goethe und die Deutschen. Vom Nachruhm eines Dichters. Stuttgart 1962, sowie Karl Robert Mandelkow, Goethe in Deutschland. Rezeptionsgeschichte eines Klassikers. München 1980ff., und ders., Goethe im Urteil seiner Kritiker (vgl. Anm. 3).
5 HA Bd. 9, S. 251.
6 Friedrich Schlegel. Seine prosaischen Jugendschriften. Hrsg. von Jacob Minor. Wien 1882, Bd. 2, S. 201f.
7 HA Bd. 12, S. 252f.
8 HA Bd. 1, S. 178.
9 Eckermann, S. 551 (23. 10. 1828).
10 HA Bd. 1, S. 178f.
11 HA Bd. 8, S. 407.
12 Eckermann, S. 559 (23. 10. 1828).
13 HA Bd. 1, S. 322.
14 HA Bd. 1, S. 233.
15 Mandelkow, Goethe in Deutschland (wie Anm. 3), S. 63.
16 HA Bd. 2, S. 185. *Vgl. S. 88f.*
17 Vgl. die Identifikation der Verfasser in: Schillers Werke. Nationalausgabe. Bd. 2, Teil IIA, hrsg. von Georg Kurscheidt und Norbert Oellers. Weimar 1991, hier S. 359.
18 Vgl. dazu C. A. H. Burkhardt, Das Repertoire des Weimarischen Theaters unter Goethes Leitung 1791–1817. Hamburg/Leipzig 1891.
19 HA Bd. 8, S. 71.
20 WA IV Bd. 9, S. 197f. (an den Herzog Carl August, 3. 4. 1790).
21 Ludwig Jonas und Wilhelm Dilthey, Aus Schleiermachers Leben. Berlin 1858–1863, Bd. 3, S. 132f.
22 HA Bd. 7, S. 145.
23 Siegfried Seifert, Weimar. Führer durch eine europäische Kulturstadt. Leipzig 1994, S. 43.
24 Vgl. Helmut Holtzhauer, Goethe-Museum. Werk, Leben und Zeit Goethes in Dokumenten. Berlin/Weimar 1969, S. 627.
25 FA Bd. 38, S. 526 und Anm. dazu S. 906.
26 WA IV Bd. 39, S. 216 (an Zelter, 6. 6. 1825). Zum «Veloziferischen» *vgl. auch S. 142.*
27 Zitiert nach MA Bd. 19, S. 727.
28 Eckermann, S. 233f. (11. 10. 1828).
29 Rahel Varnhagen. Gesammelte Werke. Hrsg. von Konrad Feilchenfeldt, Uwe Schweikert und Rahel E. Steiner. München 1983, Bd. 3, S. 302 (Rahel an Karl Varnhagen von Ense, 12./13. 9. 1827). Es handelt sich um König Ludwig I. von Bayern.

30 Ludwig Börne, Spiegelbild des Lebens. Aufsätze über Literatur. Ausgewählt und eingeleitet von Marcel Reich-Ranicki. Frankfurt/Main 1977, S. 100.
31 Eckermann, S. 457 (27. 4. 1825).
32 Herder an Goethe am 27. 12. 1788, zitiert nach: Einladung ins 18. Jahrhundert. Ein Almanach aus dem Verlag C. H. Beck im 225. Jahr seines Bestehens. Hrsg. von Ernst-Peter Wieckenberg. München 1988, S. 435.
33 WA IV Bd. 9, S. 180f. (28. 3. 1790).
34 HA Bd. 7, S. 278.
35 Ueber Prose und Beredsamkeit der Deutschen. In: Berlinisches Archiv der Zeit und ihres Geschmackes Bd. 1 (1795), S. 249–254 u. 373–377.
36 HA Bd. 12, S. 141f.
37 HA Bd. 1, S. 213. Zur Verfasserschaft: Schiller (wie Anm. 17), Bd. 2 IIA, S. 347.
38 Schiller (wie Anm. 17), Bd. 2 I, hrsg. von Norbert Oellers, S. 431.
39 Friedrich Hölderlin, Sämtliche Werke und Briefe. Hrsg. von Michael Knaupp. München 1992, Bd. 1, S. 265.
40 HA Bd. 5, S. 366.
41 HA Bd. 5, S. 398.
42 HA Bd. 5, S. 395.
43 HA Bd. 5, S. 397.
44 Flodoard von Biedermann, Goethes ausgewählte Gespräche. Leipzig 1912, S. 225.
45 Biedermann (wie Anm. 44), S. 227.
46 Friedrich Wilhelm Riemer, Mittheilungen über Goethe. Auf Grund der Ausgabe von 1841 und des handschriftlichen Nachlasses hrsg. von Arthur Pollmer. Leipzig 1921, S. 315 (31. 12. 1809).
47 HA Bd. 8, S. 305.
48 HA Bd. 12, S. 386.
49 HA Bd. 12, S. 386.
50 HA Bd. 12, S. 386.
51 HA Bd. 12, S. 386. *Vgl. S. 186.*
52 Eckermann, S. 548 (12. 3. 1828).
53 Eckermann, S. 546 (12. 3. 1828).
54 Eckermann, S. 547f. (12. 3. 1828).
55 Eckermann, S. 504 (6. 5. 1827).
56 WA IV Bd. 43, S. 197 (an Zelter, 4. 12. 1827).
57 Eckermann, S. 498f. (3. 5. 1827).
58 Eckermann, S. 559 (23. 10. 1828).
59 Biedermann (wie 41), S. 442 (zu Frédéric Soret, 14. 2. 1830).
60 FA Bd. 2, S. 621. *Vgl. S. 177.*
61 HA Bd. 12, S. 385f.
62 Rahel Varnhagen (wie Anm. 29), Bd. 5, S. 218 (Karl Varnhagen von Ense an Rahel, 3. 12. 1813).
63 Zitiert nach Heinz Ludwig Arnold (Hrsg.), Deutsche über die Deutschen. Auch ein deutsches Lesebuch. München 1972, S. 198.
64 HA Bd. 12, S. 240.
65 HA Bd. 8, S. 522f.
66 Ich verdanke diese Erfahrung einer Aufführung in den Münchner Kammerspielen am 15. Oktober 1981 unter der Regie von Dieter Dorn.
67 HA Bd. 8, S. 460.

Wann und wo entsteht ein klassischer Nationalautor?

1 Wilhelm Bode (Hrsg.), Goethe in vertraulichen Briefen seiner Zeitgenossen. München 1982, Bd. 3, S. 9.
2 Bode (wie Anm. 1), S. 7.
3 Bode (wie Anm. 1), S. 7f.
4 Erich Schmidt (Hrsg.), Tagebücher und Briefe Goethes aus Italien an Frau von Stein und Herder. Weimar 1886, S. XXIIIf. (Schriften der Goethe-Gesellschaft, Bd. 2). Die Tagebücher sind jetzt auch in FA und MA enthalten.
5 Melitta Gerhard, Die Redaktion der «Italienischen Reise» im Lichte von Goethes autobiographischem Gesamtwerk. In: JbFDH 1930, S. 131–150; hier S. 133.
6 Heinrich Niederer, Goethes unzeitgemäße Reise nach Italien 1786–1788. In: JbFDH 1980, S. 55–107.
7 Niederer (wie Anm. 6), S. 100.
8 Bode (wie Anm. 1), S. 9f.
9 HA Bd. 11, S. 52f.
10 FA Bd. 15/1, S. 656.
11 HA Bd. 11, S. 53.
12 WA IV Bd. 25, S. 330 (an Zelter, 7.–17. 5. 1815).
13 FA Bd. 15/1, S. 656f.
14 HA Bd. 11, S. 53.
15 FA Bd. 15/1, S. 657.
16 HA Bd. 11, S. 53.
17 HA Bd. 11, S. 17.
18 FA Bd. 15/1, S. 613.
19 Vgl. MA Bd. 15, S. 813f. und FA Bd. 15/2, S. 1176f.
20 Heinrich Heine. Sämtliche Werke. Hrsg. von Ernst Elster. Leipzig/Wien 1887ff., Bd. 3, S. 265.
21 HA Bd. 11, S. 16.
22 HA Bd. 12, S. 241. *Vgl. S. 20f.*
23 HA Bd. 11, S. 26.
24 HA Bd. 11, S. 84.
25 HA Bd. 11, S. 252.
26 HA Bd. 11, S. 242.
27 HA Bd. 11, S. 314.
28 WA IV Bd. 48, S. 258 (an Zelter, 28. 6. 1831).
29 Vgl. Wilhelm Emil Mühlmann, Goethe, Sizilien und wir. In: Germanisch-Romanische Monatsschrift 26 (1976), S. 440–451.
30 HA Bd. 11, S. 240.
31 HA Bd. 11, S. 266.
32 HA Bd. 11, S. 267.
33 HA Bd. 11, S. 233.
34 HA Bd. 11, S. 229.
35 HA Bd. 11, S. 231.
36 WA IV Bd. 51, S. 197f. (an Wilhelm von Humboldt, 22. 8. 1806).
37 Zitiert nach Oscar Fambach, Goethe und seine Kritiker. Düsseldorf 1953, S. 370.
38 Fambach (wie Anm. 37), S. 375.
39 Fambach (wie Anm. 37), S. 375 und 368.
40 Vgl. z. B. Paul Requadt, Die Bildersprache der deutschen Italiendichtung von Goethe bis Benn. Bern/München 1962, S. 53ff.
41 Zitiert nach Carl Gustav Carus, Goethe. Zu dessen näherem Verständnis. Dresden 1953, S. 140f.

42 HA Bd. 11, S. 418.
43 HA Bd. 11, S. 318.
44 HA Bd. 11, S. 515.
45 HA Bd. 12, S. 305.
46 HA Bd. 11, S. 245.
47 HA Bd. 11, S. 247.
48 Vgl. Geschichte der Farbenlehre, HA Bd. 14, S. 153.
49 HA Bd. 11, S. 245.
50 Vgl. Horst Rüdiger, Zur Komposition von Goethes Zweitem Römischen Aufenthalt. In: Aspekte der Goethezeit. Göttingen 1977, S. 97–114.
51 HA Bd. 11, S. 130.
52 Nach Helmut Prang, Goethe als Benutzer von italienischen Reiseführern. In: Goethe I (1936), S. 225.
53 WA IV Bd. 41, S. 202 (an Wilhelm von Humboldt, 22. 10. 1826).
54 HA Bd. 2, S. 49.

«Es wandelt niemand ungestraft unter Palmen»

1 HA Bd. 6, S. 415 f. Weitere Zitate aus dieser Gruppe von Ottilies Tagebucheintragungen (S. 415–417) werden im einzelnen nicht nachgewiesen.
2 Vgl. Claude Keisch/Marie Ursula Riemann-Reyher (Hrsg.), Adolph Menzel 1815–1905. Das Labyrinth der Wirklichkeit. Ausstellungskatalog Nationalgalerie und Kupferstichkabinett Berlin 1997, S. 217. – Den Hinweis verdanke ich Sabine Doering, Regensburg.
3 Es handelt sich um eine Zeichnung von Wilhelm Scholz «Der bewaffnete Friede». Wieder abgedruckt bei Lutz Röhrich, Lexikon der sprichwörtlichen Redensarten. Freiburg/Basel/Wien 3. Aufl. 1974, Bd. 2, S. 702.
4 Aus der Goethe-Sammlung Willms. Wiedergegeben in: Süddeutsche Zeitung 22./23. 5. 1993. Ein botanisierender Forscher in tropischer Landschaft wird mit einem Löwen konfrontiert, ein speerschwingender Eingeborener erscheint im Hintergrund. Für wen die eingezeichnete Dose Fleischextrakt bestimmt ist, bleibt ungesagt. Ob Richard Dehmels Kindergedicht «Die ganze Welt» von solcher Reklame oder überhaupt von Goethes Satz inspiriert wurde, muß offen bleiben. Dort jedenfalls heißt es vom Schaufenster des «Kaufmanns»: «Man sieht die braunen Kaffeebohnen; / die wachsen, wo die Affen wohnen. / Man sieht auf Waschblau, Reis und Mandeln / Kameele unter Palmen wandeln, / und einen Ochsen ganz bepackt / mit Fleischextrakt.» Richard Dehmel, Gesammelte Werke. Berlin 1898, Bd. 6, S. 37.
5 Julius Stettenheim, Wippchens sämmtliche Berichte. 3. Bd., 4. Aufl., Berlin 1885, S. 96.
6 David Friedrich Strauß, Der alte und der neue Glaube. Ein Bekenntniß. 16. Aufl. Bonn 1904, S. 21.
7 Strauß (wie Anm. 6), S. 90.
8 Theodor Fontane. Nymphenburger Taschenbuch-Ausgabe. München 1969, Bd. 6, S. 67 und 73. In «Unwiederbringlich» lautet das Zitat: «Gotik, Engel, Palmen. Soll man selbst unter diesen nicht ungestraft wandeln dürfen?» (a. a. O., Bd. 10, S. 19). Vgl. Paul Böckmann, Naturgesetz und Symbolik in Goethes «Wahlverwandtschaften». In: JbFDH 1968. Tübingen 1968, S. 166–190, bes. S. 179: «Fontane hat denn auch in seiner Erzählung ‹L'Adultera› bewußt ein naturalistisches Gegenstück zu den Wahlverwandtschaften gegeben.»
9 Gottfried Benn, Gesammelte Werke. Hrsg. von Dieter Wellershoff. Wiesbaden 1959, Bd. 1, S. 435.
10 Alfred Hermann Fried, Lexikon deutscher Citate. Leipzig [1888], S. 101.

11 Gotthold Ephraim Lessing, Nathan der Weise, I,6.
12 Vgl. DWB, Bd. 27, Sp. 1588.
13 Vgl. DWB, Bd. 24, Sp. 876f.
14 Vgl. Ignace Feuerlicht, Der «Erzähler» und das «Tagebuch» in Goethes «Wahlverwandtschaften». In: Goethe-Jahrbuch 103 (1986), S. 316–343, bes. S. 337 und 343. Es sind erfrischend nüchterne Beobachtungen. Nicht berücksichtigt wurde allerdings von Feuerlicht die auf die strukturelle Funktion der Tagebuch-Aphorismen gerichtete Analyse bei Gerhard Neumann, Ideenparadiese. Untersuchungen zur Aphoristik von Lichtenberg, Novalis, Friedrich Schlegel und Goethe. München 1976, S. 683–727.
15 FA Bd. 8, S. 420.
16 Vgl. dazu ausführlicher Gerhard Schulz, Erfahrene Welt. Berichte deutscher Weltreisender am Übergang vom 18. ins 19. Jahrhundert. In: Walter Veit (Hrsg.), Antipodische Aufklärungen. Frankfurt/Main, Bern, New York 1987, S. 439–456. *Vgl. auch S. 15f.*
17 HA Bd. 6, S. 385.
18 Johann Gottfried Herder, Werke. FA Bd. 6: Ideen zur Philosophie der Geschichte der Menschheit. Hrsg. von Martin Bollacher. Frankfurt/Main 1989, S. 255.
19 WA IV Bd. 6, S. 381 (an den Herzog Carl August, 28. 10. 1784).
20 WA IV Bd. 6, S. 390 (an Knebel, 17. 11. 1784).
21 Vgl. dazu insbesondere Goethes «Versuch über die Gestalt der Tiere» in FA Bd. 24, S. 171f.
22 WA II Bd. 13, S. 230. Vgl. dazu den materialreichen Aufsatz von Harvey Dunkle, Monkey Business in Goethe's «Faust», «Die Wahlverwandtschaften», and Science. In: Goethe Yearbook 4 (1988), S. 123–135.
23 WA II Bd. 13, S. 253.
24 FA Bd. 23.1, S. 217.
25 HA Bd. 11, S. 244f.
26 WA I Bd. 41.1, S. 354.
27 HA Bd. 6, S. 252.
28 Goethes Briefwechsel mit Wilhelm und Alexander von Humboldt. Hrsg. von Ludwig Geiger. Berlin 1909, S. 300.
29 Briefwechsel (wie Anm. 28), S. 303.
30 FA Bd. 24, S. 378.
31 Zitiert nach Alexander von Humboldt, Aus meinem Leben. Autobiographische Bekenntnisse. Zusammengestellt und erläutert von Kurt-R. Biermann. München 1987, S. 180.
32 Briefwechsel (wie Anm. 28), S. 297. Vgl. ausführlich dazu Wolfgang-Hagen Hein, Die ephesische Diana als Natursymbol bei Alexander von Humboldt. In: Peter Dilg (Hrsg.), Perspektiven der Pharmaziegeschichte. Festschrift für Rudolf Schmitz. Graz 1983, S. 131–146. Hier wird auch die Brücke von dieser Widmung und dem Bild der Artemis Ephesia zu Goethes Gedicht «Groß ist die Diana der Epheser» geschlagen.
33 FA Bd. 17, S. 202.
34 WA IV Bd. 19, S. 285 (an Cotta, 18. 3. 1807).
35 Briefwechsel (wie Anm. 28), S. 299.
36 Briefwechsel (wie Anm. 28), S. 299.
37 Briefwechsel (wie Anm. 28), S. 299f.
38 Vgl. HA Bd. 6, S. 670.
39 Briefwechsel (wie Anm. 28), S. 298 (6. 2. 1806).
40 Georg Forster, Reise um die Welt. Hrsg. und mit einem Nachwort von Gerhard Steiner. Frankfurt/Main 1983, S. 241.
41 Detlef Rasmussen, Georg Forsters Mainzer Zirkel und Goethes «Wahlverwandtschaften». In: ders. (Hrsg.), Goethe und Forster. Studien zum gegenständlichen Denken. Bonn 1985, S. 80–149.

42 Goethe. Die Schriften zur Naturwissenschaft. Vollständige mit Erläuterungen versehene Ausgabe im Auftrag der Deutschen Akademie der Naturforscher Leopoldina. 2. Abt., 9. Band, Teil B: Zur Morphologie von 1796 bis 1815. Ergänzungen und Erläuterungen. Bearb. von Dorothea Kuhn. Weimar 1986, S. 277.
43 Alexander von Humboldt, Studienausgabe. Hrsg. von Hanno Beck. Bd. 7.2: «Kosmos». Darmstadt 1993, S. 59.
44 Briefwechsel (wie Anm. 28), S. 298.
45 So heißt es in Humboldts «Naturgemälde der Tropenländer» innerhalb der «Ideen zu einer Geographie der Pflanzen». Zit. nach der Ausgabe von Mauritz Dietrich, Leipzig 1960, die den originalen Text bringt, während die Studienausgabe modernisiert. Das Zitat S. 142.
46 Ideen (wie Anm. 45), S. 50.
47 Kosmos (wie Anm. 43), Bd. 7.1, S. 17.
48 Ideen (wie Anm. 45), S. 50.
49 Briefe von Alexander von Humboldt an Varnhagen von Ense aus den Jahren 1827 bis 1858. Hrsg. von Ludmilla Assing. 3. Aufl. Leipzig 1860, S. 90.
50 Kanzler Friedrich von Müller, Unterhaltungen mit Goethe. Mit Anmerkungen versehen und hrsg. von Renate Grumach. München 1959, S. 82.
51 Kosmos (wie Anm. 43), S. 39.
52 Alexander von Humboldt, Briefe aus Amerika 1799–1804. Hrsg. von Ulrike Moheit. Berlin 1993, S. 66 und 125.
53 FA Bd. 23.1, S. 217.
54 Ideen (wie Anm. 45), S. 39.
55 Ideen (wie Anm. 45), S. 41.
56 Ideen (wie Anm. 45), S. 144.
57 Ideen (wie Anm. 45), S. 145.
58 Der zweite Teil des «Kosmos» enthält eine ganze Literaturgeschichte solcher Einflußnahme.
59 Kosmos (wie Anm. 43), S. 57.
60 Vgl. dazu Götz Großklaus, Natur–Raum. Von der Utopie zur Simulation. München 1993, S. 31 ff.
61 Vgl. z. B. Ideen zur Philosophie der Geschichte der Menschheit. In: Werke. Bd. 6, Frankfurt/Main 1989, S. 256.
62 Ideen (wie Anm. 45), S. 51.
63 Kosmos (wie Anm. 43), S. 16.
64 Kosmos (wie Anm. 43), S. 59.
65 Vgl. Engelhard Weigl, Enthusiasmus. Alexander von Humboldts Rezeption der tropischen Natur. In: Akten des VIII. Internationalen Germanistenkongresses Tokyo 1990. Hrsg. Eijiro Iwasaki. München 1991, Bd. 7, S. 234–238.
66 Vgl. dazu Gerhard Schulz, Romantik. Geschichte und Begriff. München 1996, insbesondere S. 66 ff. und 98 ff.
67 In einem Urteil des Landgerichts Frankfurt/Main vom Jahre 1996 (Aktenzeichen 5/17 KIS 79 Js 24 162.5/95) wird der Ausdruck «Mohr» als «völlig unangebracht, aber nicht herabsetzend oder gar diskriminierend» bezeichnet. Nach: Fachdienst Germanistik 14 (1996), Nr. 12, S. 8.
68 Ideen (wie Anm. 45), S. 147.
69 Alexander von Humboldt, Ansichten der Natur. Stuttgart 1969, S. 62.
70 Vgl. dazu Manfred Osten, «Mit dem Gewissen verheiratet». Ein Versuch über die Gestalt der Ottilie in Goethes «Wahlverwandtschaften». In: Detlef Rasmussen (Hrsg.), Goethe und Forster. Studien zum gegenständlichen Denken. Bonn 1985, S. 150 ff.
71 HA Bd. 1, S. 333: «Den Vereinigten Staaten».
72 Zitiert nach Friedrich Muthmann, Alexander von Humboldt und sein Naturbild im Spiegel der Goethezeit. Stuttgart 1955, S. 103 f.

73 Vgl. dazu Werner Hofmann, Das entzweite Jahrhundert. Kunst zwischen 1750 und 1830. München 1995, S. 681 und 685.
74 Eckermann, S. 204 (9. 7. 1827).
75 Vgl. FA Bd. 13, S. 1080.
76 «Löwenritt» («Wüstenkönig ist der Löwe ...») in Ferdinand Freiligrath, Gedichte. Ausgewählt von Max Mendheim. Leipzig 1947, S. 65.
77 Freiligrath (wie Anm. 76), S. 68 f.
78 Jacques Bernardin de Saint-Pierre machte den französischen Nationalkonvent auf die in Versailles vernachlässigte königliche Menagerie aufmerksam, woraufhin der Jardin de Plantes in einen Tiergarten verwandelt wurde. Der erste moderne Zoologische Garten wurde 1828 in London gegründet. Vgl. Johann Jakob Hässlin, Der Zoologische Garten zu Köln. Ein Beitrag zur Geschichte der Tiergärten. Köln 1960, S. 12 f.
79 Vgl. dazu die Studie von Hans-Joachim Zimmermann, Der akademische Affe. Die Geschichte einer Allegorie aus Cesare Ripas «Iconologia». Wiesbaden 1991.
80 E. T. A. Hoffmanns Werke. Hrsg von Georg Ellinger. Berlin/Leipzig/Wien/Stuttgart [1912], 2. Teil, S. 284–291.
81 Wilhelm Hauffs sämtliche Werke. Hrsg. von Rudolf Krauß. Leipzig [o. J.], S. 162–179.

«Dichten selbst ist schon Verrat»

1 Diesen vollen Titel, von dem im folgenden Gebrauch gemacht wird, enthielt erst die Ausgabe letzter Hand von 1827. Vgl. den Kommentar von Hendrik Birus zu seiner Edition des «West-östlichen Divan», FA Bd. 3/2, bes. S. 1406.
2 Der Diwan von Mohammed Schemsed-din Hafis. Aus dem Persischen zum erstenmal ganz übersetzt von Joseph v. Hammer. Stuttgart und Tübingen 1812. Neudruck Hildesheim/New York 1973, S. XXI f.
3 HA Bd. 2, S. 202.
4 HA Bd. 2, S. 97. Die Verse sind in der Ausgabe des «Divan» von 1819 noch nicht enthalten. Handschriftlich hieß die 4. Zeile zuerst: «Doch sich selbst und andern Trug». Die neue Fassung ist mit Bleistift daruntergeschrieben. Vgl. Goethe. West-östlicher Divan. Eigenhändige Niederschriften. Hrsg. von Katharina Mommsen. Frankfurt a. M. 1996, Bd. 1, S. [185] verso und dazu Bd. 2, S. 257. Zu den Quellen dieses Dialogs außerdem Katharina Mommsen, Goethe und Diez. Quellenuntersuchungen zu Gedichten der Divan-Epoche. 2., erg. Auflage, Bern [etc.] 1995, S. 118 f., sowie Birus in FA Bd. 3/2, S. 1649–52.
5 Hannelore Schlaffer, Gedichtete Theorie – Die «Noten und Abhandlungen» zum «West-östlichen Divan». In: Goethe-Jahrbuch 101 (1984), S. 218–233, das Zitat S. 227. Vgl. auch Mathias Mayer, Mit Liebe beziffert. Goethes «St. Nepomucks Vorabend». In: JbFDH 1996, S. 70–83. S. 82 mit Bezug auf den hier betrachteten Dialog: «Am Schluß jenes ‹Divan›-Gedichtes resümiert Hatem die Goethesche Poetik, in der Trug und Wahrheit unentwirrbar ineinander gewoben sind.»
6 HA Bd. 9, S. 592.
7 Vgl. Schlaffer (wie Anm. 5), S. 227.
8 Joachim Heinrich Campe, Wörterbuch der Deutschen Sprache. Braunschweig 1811, 5. Bd., S. 346 f.
9 HA Bd. 2, S. 203 f.
10 Jean Pauls Sämtliche Werke. I. Abt., 6. Bd., hrsg. von Kurt Schreinert. Weimar 1928, S. 370.
11 Immanuel Kant, Kritik der Urteilskraft. § 3. Stuttgart 1971, S. 72.
12 Vgl. dazu Emil Staiger, Dialektik der Begriffe Nachahmung und Originalität. In: Tra-

dition und Ursprünglichkeit. Akten des III. Internationalen Germanistenkongresses 1965 in Amsterdam. Hrsg. von Werner Kohlschmidt und Herman Meyer. Bern/München 1966, S. 29–38, bes. S. 32: «Die Jüngeren» nach Lessing und Wieland «versetzen sich in die Gestalten hinein und sprechen aus ihrer Seele heraus.»

13 Klopstock fragt Herder am 27. 11. 1799, ob er gelesen habe, was Goethe über Newton und zuvor Marat über diesen geschrieben hat. Dann fährt er fort: «Wenn Sie haben, so können Sie mir vermutlich sagen, was Goethe von Marat genommen hat. Denn er ist, vielleicht nur zuzeiten, ein gewaltiger Nehmer.» Zitiert nach FA Bd. 23/2, S. 317.

14 Das hat Goethe in den «Tag- und Jahres-Heften» von 1815 über sein Verhältnis zur orientalischen Poesie gesagt. Vgl. HA Bd. 10, S. 514.

15 Zitate aus dem «Divan»-Gedicht «Zugemeßne Rhythmen reizen freilich». HA Bd. 2, S. 24.

16 Hammer (wie Anm. 2), S. XXX.

17 HA Bd. 2, S. 7.

18 «Des Epimenides Erwachen» erschien Anfang Januar 1815 und wurde am 30. März in Berlin uraufgeführt. Seit dem Abschluß des Manuskripts Anfang Juli 1814 hatte Goethe noch weiter daran gearbeitet. Zur Textgeschichte vgl. FA Bd. 6, S. 1292f.

19 HA Bd. 5, S. 377.

20 HA Bd. 2, S. 60. Entstehungsdatum des Gedichts ist der 11. 12. 1814.

21 Der Begriff «Divan-Jahre 1814–1819» wird zum Beispiel von MA als Titel für die Bände 11.1 und 11.2 verwendet.

22 HA Bd. 2, S. 127.

23 Das Wort «flüchten» ist von Goethe sehr bewußt gebraucht: in der Handschrift hatte es zunächst «Eile du, im reinen Osten» geheißen. «Flüchte» steht über durchgestrichenem «Eile». Vgl. Goethe. West-östlicher Divan (wie Anm. 4), Bd. 1, S. [4] recto.

24 WA IV Bd. 25, S. 190 (an Knebel, 8. 2. 1815).

25 *Vgl. S. 13f.* und Andrea Fuchs-Sumiyoshi, Orientalismus in der deutschen Literatur. Untersuchungen zu Werken des 19. und 20. Jahrhunderts, von Goethes «West-östlichem Divan» bis Thomas Manns «Joseph»-Tetralogie. Hildesheim/Zürich/New York 1984, S. 56.

26 HA Bd. 10, S. 513.

27 WA IV Bd. 24, S. 28 (an Knebel, 10. 11. 1813).

28 Wie eine solche Flucht letztlich «ins Eigne» führen soll, hat Adolf Muschg sehr eindringlich gezeigt in: Goethe als Emigrant. Auf der Suche nach dem Grünen bei einem alten Dichter. Frankfurt a. M. 1986, S. 73–104.

29 WA IV Bd. 25, S. 333 (an Zelter, 17. 5. 1815).

30 WA IV Bd. 33, S. 27 (an Zelter, 11. 5. 1820).

31 Edward W. Said, Orientalism. New York 1978.

32 Auf Said ist bisher, soweit ich sehe, in der «Divan»-Forschung kaum eingegangen worden, während er im größeren Kontext des deutschen Orientalismus immerhin beachtet worden ist. Vgl. Fuchs-Sumiyoshi (wie Anm. 25), S. 4 und 159, kritisch dazu in zwei Fußnoten Ludwig Ammann, Östliche Spiegel. Ansichten vom Orient im Zeitalter seiner Entdeckung durch den deutschen Leser 1800–1850. Hildesheim/Zürich/New York 1989, S. 12f. u. 44f., sowie Sabine Doering, Persien im märkischen Sand. Kleists Bild vom Orient. In: Kleist-Jahrbuch 1996, S. 171–186.

33 Vgl. Said (wie Anm. 31), S. 22.

34 Zum Beispiel: «The Orient has helped to define Europe (or the West) as its contrasting image, idea, personality, experience.» (Said, wie Anm. 31, S. 1f.) «Orientalism is a Western style for dominating, restructuring, and having authority over the Orient.» (Said, S. 2) «William Beckford, Byron, Goethe, and Hugo restructured the Orient by their art and made its colors, lights, and people visible through their images, rhythms, and motifs. At most, the ‹real› Orient provoked a writer to his vision; it very rarely guided it.» (Said, S. 22)

35 «Post-Colonialist» und «Subaltern Studies» sind insbesondere in den ehemaligen Kolonien wie deren Mutterländern zu Zweigen kulturwissensschaftlicher Arbeit geworden. Zu den Schwierigkeiten und Widersprüchen der Begriffe vgl. insbesondere Simon During: Post-Colonialism. In: K. K. Ruthven [Hrsg.], Beyond the Disciplines: The New Humanities. Australian Academy of the Humanities [Canberra] 1992, S. 88–100.
36 Auf die Quellen Goethes für sein Orientstudium soll hier nicht eingegangen werden. Sie sind ausführlich untersucht worden, insbesondere durch Katharina Mommsen. Zu Goethes Gebrauch der Quellen vgl. insbesondere ihren Aufsatz: Goethes Verhältnis zu seinen Quellen. In: K. M., Goethe und Diez (wie Anm. 4), S. 309–323.
37 Fundgruben des Orients. Bearbeitet durch eine Gesellschaft von Liebhabern. Wien 1809, S. [I].
38 WA IV Bd. 26, S. 216 (an Cotta 10. 1. 1816).
39 *Vgl. S. 11.*
40 Vgl. Birus' Kommentar FA Bd. 3/2, S. 1499.
41 HA Bd. 2, S. 184.
42 HA Bd. 2, S. 184.
43 HA Bd. 2, S. 185.
44 *Vgl. S. 63.*
45 Mit «ethisch» ist hier eher «Charakter, Denkweise, Sinnesart» gemeint. Vgl. Birus in FA Bd. 3/2, S. 1500.
46 HA Bd. 2, S. 7.
47 HA Bd. 2, S. 159.
48 HA Bd. 2, S. 159.
49 HA Bd. 2, S. 7.
50 HA Bd. 2, S. 121.
51 WA IV Bd. 25, S. 414.
52 Johann Gottfried Herder, Ideen zur Philosophie der Geschichte der Menschheit. Werke, Bd. 6, Frankfurt a. M. 1989, bes. S. 882 ff. Saids Kritik an Herders «populism» (Said, S. 98 u. ö.) scheint mir auf ungenügender Kenntnis von dessen Werk zu beruhen.
53 HA Bd. 2, S. 88.
54 Vgl. dazu Günter Dux, Geschlecht und Gesellschaft. Warum wir lieben. Frankfurt a. M. 1994, S. 63.
55 HA Bd. 2, S. 156. Zu den Quellen zusammenfassend Birus in FA Bd. 3/2, S. 1305.
56 So verzeichnet in Goethes Tagebuch. HA Bd. 2, S. 610.
57 HA Bd. 2, S. 8.
58 «Schon stand im Nebelkleid die Eiche, / Ein aufgetürmter Riese da» und «Der Mond von einem Wolkenhügel / Sah kläglich aus dem Duft hervor» heißt es in Goethes Gedicht «Willkommen und Abschied» (1771/1789), und im «Mailied» (1771/1789) segnet die Natur «Im Blütendampfe / Die volle Welt» (HA Bd. 1, S. 29 f., 31).
59 HA Bd. 2, S. 184.
60 HA Bd. 2, S. 154, 165, 178, 190, 200, 235.
61 «Allgemeinstes» in den «Noten und Abhandlungen», HA Bd. 2, S. 165.
62 «Locken haltet mich gefangen», HA Bd. 2, S. 74 f.
63 Dux (wie Anm. 54), S. 43.
64 HA Bd. 2, S. 7 f.
65 HA Bd. 2, S. 63 f.
66 Hans-Joachim Weitz in: Johann Wolfgang Goethe. Briefwechsel mit Marianne und Johann Jakob Willemer. Hrsg. von Hans-J. Weitz. Frankfurt a. M. 1986.
67 DWB Bd. 26, Sp. 660, wo außer einem weiteren Beleg für Goethe nur ein Beleg für Johann Joachim Eschenburg angegeben, aber nicht zitiert wird.
68 Vgl. Dux (wie Anm. 54), S. 39.

69 Caroline Fischer zum Stichwort «Erotik» in Werner Schneiders (Hrsg.), Lexikon der Aufklärung. Deutschland und Europa. München 1995, S. 107f.
70 Zitiert nach Peter Gay, Die zarte Leidenschaft. Liebe im bürgerlichen Zeitalter. München 1987, S. 50.
71 Vgl. Fischer (wie Anm. 69), S. 107f. Allerdings wird Goethes Lyrik in diesem Zusammenhang als eine Ausnahme genannt. Es finde sich darin «eine Durchdringung von Eros und Natur».
72 Karl Marx/Friedrich Engels, Manifest der Kommunistischen Partei. In: Ausgewählte Schriften in zwei Bänden. Berlin 1970, S. 29.
73 «Wir Viktorianer» überschreibt Michel Foucault den ersten Abschnitt seiner Geschichte der Sexualität, in der er deren Repression mit der Entwicklung des Kapitalismus in Verbindung bringt. Vgl. Michel Foucault, Der Wille zum Wissen. Sexualität und Wahrheit I. Frankfurt a. M. 1983, S. 11ff.
74 HA Bd. 2, S. 66.
75 Wie tief dergleichen in Traditionen wurzelt, kann hier nicht gezeigt werden. Vgl. dazu die Interpretation von «Wiederfinden» durch Michael Böhler in: GHB Bd. 1, S. 418–423.
76 HA Bd. 2, S. 84.
77 Das untersucht mit Bezug auf dieses Gedicht ausführlicher Hannelore Schlaffer: Weisheit als Spiel. Zu Goethes Gedicht «Selige Sehnsucht». In: Gedichte und Interpretationen. Bd. 3: Klassik und Romantik. Hrsg. von Wulf Segebrecht. Stuttgart 1984, S. 334–341.
78 Abgedruckt bei Birus in FA Bd. 3/2, S. 964ff.
79 HA Bd. 2, S. 18.
80 Vgl. die Erörterungen bei Birus in FA Bd. 3/2, S. 968.
81 Besonders in «Wilhelm Meisters Wanderjahren» *(vgl. S. 153)*.
82 Vgl. die Beobachtungen zu Humboldts «Kosmos», *S. 63*.
83 HA Bd. 8, S. 289. *Vgl. S. 16 und 142*.

Exotik der Gefühle

1 HA Bd. 6, S. 495.
2 HA Bd. 6, S. 412. *Vgl. S. 48*.
3 HA Bd. 6, S. 497.
4 HA Bd. 6, S. 492.
5 HA Bd. 6, S. 491.
6 Zur Rolle des Erzählers vgl. insbesondere eine der frühesten Studien zur «Novelle», nämlich Bernhard Seuffert, Goethes «Novelle». In: Goethe-Jahrbuch 19 (1898), S. 133–166, bes. S. 153f.
7 HA Bd. 6, S. 491.
8 HA Bd. 6, S. 496.
9 HA Bd. 6, S. 494.
10 HA Bd. 6, S. 501.
11 WA IV Bd. 44, S. 208–210 (an F. A. von Beulwitz, 18. 7. 1828). Die Landschaftsschilderungen weisen auch sonst manche Ähnlichkeiten mit der Szenerie der «Novelle» auf.
12 HA Bd. 6, S. 491.
13 HA Bd. 6, S. 506.
14 Schillers Werke. Nationalausgabe, Bd. 37. I, S. 43 und 52 (an Schiller, 21. und 27. Juni 1797).
15 Schiller (wie Anm. 14), Bd. 29, S. 88 (an Goethe, 26. 6. 1797).
16 Schiller (wie Anm. 14), Bd. 29, S. 117 (an Goethe, 17. 8. 1797).

17 HA Bd. 6, S. 498.
18 FA Bd. 38, S. 82. WA IV Bd. 45, S. 116 (an Christoph Schultz, 10. 1. 1829).
19 Eckermann, S. 161 (15. 1. 1827).
20 Eckermann, S. 168f. (18. 1. 1827).
21 Vaterländisches Museum, Bd. 2.1 (1811), S. 126f. Ein möglicher Einfluß Blakes auf Goethe soll damit nicht behauptet werden, sondern nur gewisse Gemeinsamkeiten in der Wertung ihrer Realien. Wie sehr eine Differenzierung zwischen beiden Tieren allgemeinem Verständnis entsprach, erweist auch Friedrich Schlegels Gedicht «An den Befreier», das 1807 in Rostorfs «Dichter-Garten» erschien. Gegen die Zerstörungen durch des «Tiegers grimme Klauen» soll der «Befreier» kämpfen mit dem Versprechen: «Als Löwe wirst Du siegen.» In: Dichter-Garten. Faksimiledruck nach der Ausgabe von 1807. Bern 1979, S. 70.
22 FA Bd. 24, S. 14.
23 «Vergleichende Knochenlehre» in den Heften «Zur Morphologie», Bd. 2, Heft 2 (1824). In: FA Bd. 24, S. 626f.
24 Zur Morphologie, Bd. 1, Heft 2 (1820). In: FA Bd. 24, S. 484.
25 Eckermann, S. 204 (9. 7. 1827).
26 Vgl. Spiridion Wukadinovic, Goethes «Novelle». Der Schauplatz. Coopersche Einflüsse. Halle 1909; Jane K. Brown, The Tyranny of the Ideal: the Dialectics of Art in Goethe's «Novelle». In: Studies in Romanticism 19 (1980), S. 217–231, bes. S. 229f.
27 Die Bezeichnung der Schaustellerfamilie als «Morgenländer» geht auf Düntzer zurück und ist erneut bekräftigt worden von Staiger: «Morgenländer sind die Fremden» (Emil Staiger, Goethe: «Novelle». In: ders., Meisterwerke deutscher Sprache aus dem 19. Jahrhundert. Zürich 1948, S. 148). Ein Beweis wird freilich nicht angetreten, aber seitdem fehlen die «Morgenländer» in kaum einer Interpretation der «Novelle». Lediglich Wukadinovic (wie Anm. 26), S. 95, und Johannes Urzidil, Goethe in Böhmen. Zürich/ Stuttgart 1965, S. 393, halten sie für Tschechen, was aber ebenso unbewiesen bleibt.
28 Wukadinovic (wie Anm. 26), S. 95ff.
29 HA Bd. 6, S. 504.
30 Vgl. dazu Tom Cheesman, Goethes «Novelle». Die Novelle und der Bänkelsang. In: Goethe-Jahrbuch 111 (1994), S. 125–140, bes. S. 132. Vielleicht überstrapaziert Cheesman sein Thema ein wenig und sieht nicht die Sinnbildfunktion des Bänkelsangs für die Publizistik. Ich stimme ihm aber gern zu, wenn er mir angesichts meiner ursprünglich wesentlich ethnischen Definition der Schausteller zu bedenken gibt, daß sie schließlich auch Deutsche sein können, ihre Eigenart sich also überhaupt nicht ethnisch, sondern nur soziokulturell bestimmen lasse.
31 Verweise auf verschiedene mögliche Quellen finden sich bei Christian Wagenknecht, Erläuterungen und Dokumente: Johann Wolfgang Goethe, Novelle. Stuttgart 1982. Über den biblischen und antiken Hintergrund der «Novelle» ausführlich und zugleich überlegen über eine rein positivistische Einflußforschung Herman Meyer, Natürlicher Enthusiasmus. Das Morgenländische in Goethes «Novelle». Heidelberg 1973. Zu Parallelen im einzelnen Katharina Mommsen, Goethe und 1001 Nacht. Frankfurt a. M. 1981, S. 168–185.
32 HA Bd. 6, S. 492.
33 Das Fernrohr, ein Instrument, von dem Goethe wenig hielt, das aber in der «Novelle» offenbar ohne das Stigma des Negativen gebraucht wird, ist ein gern diskutierter Gegenstand in den Interpretationen. Vgl. Herman Meyer (wie Anm. 31), S. 70f.; Rosemary Picozzi Balfour, The Field of View in Goethe's «Novelle». In: Seminar 12 (1976), S. 63–72; Jane K. Brown (wie Anm. 26), S. 221f.
34 HA Bd. 6, S. 499. Die psychoanalytischen Interpreten Goethes haben sich bisher die

Symbolfracht dieser Stelle entgehen lassen. Immerhin handelt es sich ja um ein Teleskop, kein «Binokel».

35 HA Bd. 6, S. 501.

36 Zum Beispiel behauptet Staiger (wie Anm. 27), S. 144: «Weil sie ihn so gemalt gesehen haben, schreckt sie die Erscheinung und gibt Honorio den Schuß ab.» A. G. Steer spricht von der «foolhardiness of Honorio's action» (Goethe's «Novelle» as a Document of its Time. In: Deutsche Viertelsjahrsschrift für Literaturwissenschaft und Geistesgeschichte 50 [1976], S. 414–433, bes. S. 426).

37 Vgl. Richard Thieberger, Die Fürstin als Heldin von Goethes «Novelle». In: R. T., Gedanken über Dichter und Dichtungen. Essays aus fünf Jahrzehnten. Bern 1982, S. 35–53.

38 HA Bd. 6, S. 502 f.

39 HA Bd. 6, S. 494.

40 HA Bd. 6, S. 509. Auf christliche Legenden als mögliche Quelle für diesen Satz verweist Jürgen Brummack, «Blankes Schwert erstarrt im Hiebe.» Eine motivgeschichtliche Bemerkung zu Goethes «Novelle». In: Franz Hundsnurscher und Ulrich Müller (Hrsg.), «Getempert und gemischet.» Festschrift W. Mohr. Göppingen 1972, S. 355–376. Der Bezug auf Honorios geschickte Handhabung des «blanken Säbels» beim Aufheben des «Mohrenhauptes» wird allerdings nicht in Erwägung gezogen. Gewiß handelt es sich dabei nicht um «Hiebe»; aber bedurfte Goethe vielleicht eines Reimes auf «Liebe»?

41 HA Bd. 6, S. 510.

42 HA Bd. 6, S. 503.

43 Vgl. die Anmerkung zu dieser Stelle in FA Bd. 8, S. 1080: «An Stelle der ritterlichen ‹aventiure› ist längst die sog. ‹Kavalierstour› getreten, deren gesellige Funktion für den höfischen Diskurs im folgenden genau benannt wird.» – eine Beobachtung, die historisch zu kurz greift; Honorio wird der neue Weg immerhin von einer Schaustellersfrau gewiesen.

44 FA Bd. 2, S. 814 f.: «Dem aus America glücklich-bereicherten wiederkehrenden ihrem Durchlauchtigsten Bruder Herren Carl Bernhard, Herzog von Sachsen-Weimar-Eisenach Hoheit die verbundenen Brüder, der Loge Amalia zu Weimar am 15. September 1826.»

45 HA Bd. 6, S. 510.

46 HA Bd. 6, S. 510.

47 HA Bd. 6, S. 500.

48 HA Bd. 6, S. 502.

49 Ich danke an dieser Stelle dem Goethe- und Schiller-Archiv in Weimar, das mir die Einsicht in die Handschrift H9 gestattete. Vgl. auch WA I Bd. 18, S. 472.

50 Zur möglichen sexuellen Konnotation dieser Stelle vgl. Friedrich Strack, Goethes «Novelle» und Schillers «Idylle». Zwei Wege ästhetischer Versöhnung. In: Euphorion 77 (1983), S. 438–452, bes. S. 443: «Beide sind in diesem unerhörten Augenblick nicht frei von Tötungslust, die sich in tiefsten Schichten mit erotischem Verlangen mischt.»

51 HA Bd. 6, S. 503.

52 HA Bd. 6, S. 505.

53 HA Bd. 6, S. 505.

54 HA Bd. 8, S. 508.

55 So schreibt Goethe am 29. Juni 1829 in einem Brief an den Berliner Staatsrat Christoph Schultz (WA IV Bd. 45, S. 318), an den auch – am 10. Januar 1829 – die erste Bemerkung gerichtet war (vgl. Anm. 18).

56 FA Bd. 24, S. 834. Étienne Geoffrey de Saint-Hilaires «Principes de Philosophie Zoologique» erschienen 1830 in Paris. Gesagt wird das hier allerdings zur Bezeichnung

einer entwicklungsgeschichtlich höheren Position gegenüber den «reißenden Tieren», die nur «Knechte des Freßwerkzeugs bleiben» (S. 833).

57 HA Bd. 6, S. 507.
58 HA Bd. 6, S. 511.
59 HA Bd. 6, S. 513.
60 HA Bd. 6, S. 510.
61 *Vgl. S. 52f.*
62 HA Bd. 6, S. 508.
63 HA Bd. 6, S. 511.
64 HA Bd. 6, S. 512.
65 HA Bd. 6, S. 505.
66 Eckermann, S. 178 (29. [recte: 25.] 1. 1827).
67 Hannelore Schlaffer, Poetik der Novelle. Stuttgart/Weimar 1993, S. 186.
68 Gottfried Benn, Gesammelte Werke. Bd. 2: Prosa und Szenen. Wiesbaden 1959, S. 135. Seine scharfe Kritik an Goethes «Novelle» hat Benn ausführlicher noch in einem Brief an Friedrich Wilhelm Oelze ausgedrückt. Benn ging es wohl in erster Linie um die «Herkunft ganzer Verlagsgeschlechter von dieser Novelle», und er wollte weniger Goethe als «90% des Inselverlags» – er nennt Carossa, Schröder und Hofmannsthal – damit treffen, also einen kulturbürgerlichen Ästhetizismus, der seiner skeptischen Haltung zutiefst widersprach (Briefe an F. W. Oelze 1932–1945. Wiesbaden/München 1977, S. 102–104).

Gesellschaftsbild und Romanform

1 Germaine de Staël, Über Deutschland. Stuttgart 1962, S. 308.
2 HA Bd. 8, S. 40.
3 HA Bd. 8, S. 198.
4 HA Bd. 8, S. 458.
5 HA Bd. 8, S. 118.
6 HA Bd. 8, S. 436.
7 Clemens Brentano. Sämtliche Werke und Briefe. Bd. 16, Stuttgart 1978, S. 483.
8 WA IV Bd. 46, S. 27 und 66 (an Rochlitz, 28. 7. 1829, und Boisserée, 2. 9. 1829).
9 WA IV Bd. 46, S. 166 (an Rochlitz, 23. 11. 1829).
10 Eckermann, S. 505 (6. 5. 1827).
11 HA Bd. 8, S. 82.
12 HA Bd. 8, S. 33.
13 An Rochlitz, 23. 11. 1829 (vgl. Anm. 9).
14 Novalis. Werke. Zweite, neubearbeitete Auflage München 1981, S. 391.
15 Das erste und dritte Zitat entstammen Friedrich Schlegel, Literary Notebooks. Hrsg. von Hans Eichner. London 1957 (Fragmente Nr. 55 und 434). Das zweite entstammt den Lyceumsfragmenten, zitiert nach Friedrich Schlegel, Seine prosaischen Jugendschriften. Hrsg. von J. Minor. Wien 1882, Bd. 2, S. 194.
16 Novalis (wie Anm. 14), S. 526 und 547.
17 HA Bd. 8, S. 451.
18 HA Bd. 8, S. 450.
19 Novalis (wie Anm. 14), S. 236.
20 Novalis an Friedrich Schlegel (20. 7. 1798). Novalis. Schriften. Die Werke Friedrich von Hardenbergs. Bd. 4, Stuttgart 1975, S. 255.
21 Novalis (wie Anm. 14), S. 378.
22 HA Bd. 8, S. 445.
23 Novalis (wie Anm. 14), S. 546.

24 Schlegel, Prosaische Jugendschriften (wie Anm. 15), Bd. 2, S. 220.
25 Schlegel, Prosaische Jugendschriften (wie Anm. 15), Bd. 2, S. 220.
26 Novalis (wie Anm. 14), S. 546.
27 Eckermann, S. 548 (12. 3. 1828). *Vgl. S. 25.*
28 Georg Wilhelm Friedrich Hegel, Vorlesungen über die Ästhetik. Dritter Teil. Stuttgart 1971, S. 177.
29 Vgl. dazu den Beitrag über die «Wanderjahre» von Ehrhard Bahr in GHB, Bd. 2, bes. S. 218–222.
30 HA Bd. 11, S. 17. *Vgl. S. 38.*
31 HA Bd. 8, S. 389.
32 HA Bd. 1, S. 322.
33 *Vgl. S. 95.*
34 HA Bd. 6, S. 495.
35 HA Bd. 8, S. 38.
36 HA Bd. 8, S. 390f.
37 HA Bd. 8, S. 386.
38 HA Bd. 8, S. 387. Vgl. dazu Günter Hartung, Goethe und die Juden. In: Weimarer Beiträge 40 (1994), S. 398–416.
39 HA Bd. 8, S. 471.
40 HA Bd. 8, S. 483.
41 HA Bd. 8, S. 318.
42 HA Bd. 8, S. 289. *Vgl. S. 16.*
43 Vgl. die Briefe an Zelter vom 11. 10. 1826, wo Goethe das «velociferisch» allerdings nur auf sein eigenes betriebsames Leben zu dieser Zeit bezieht, und den Brief vom 6. 6. 1825 (WA IV Bd. 41, S. 193 und Bd. 39, S. 216).
44 FA Bd. 10, S. 18.
45 Vgl. Klaus Mainzer, Zeit. Von der Urzeit zur Computerzeit. 2. Aufl., München 1996, bes. S. 123.
46 WA IV Bd. 35, S. 146 (an Zelter, 19. 10. 1821).
47 «Wie es auch sei das Leben es ist gut.» Schlußzeile des Gedichts «Der Bräutigam» HA Bd. 1, S. 386.
48 Vgl. die Zusammenfassung des Forschungsstandes durch Ehrhard Bahr in GHB Bd. 2, S. 220f.
49 Novalis (wie Anm. 14), S. 389.
50 Eberhard Mannack, Raumdarstellung und Realitätsbezug in Goethes epischer Dichtung. Frankfurt a. M. 1972, S. 111.
51 HA Bd. 8, S. 42.
52 FA Bd. 10, S. 44.
53 HA Bd. 8, S. 43.
54 HA Bd. 8, S. 459.
55 HA Bd. 2, S. 52 (vgl. FA Bd. 10, S. 17)
56 HA Bd. 8, S. 67.
57 Eckermann, S. 501, 225, 273.
58 HA Bd. 8, S. 311.
59 HA Bd. 7, S. 290.
60 Vgl. Jane K. Brown, Die Wahlverwandtschaften and the English Novel of Manners. In: Comparative Literature 28 (1976), S. 97–108.
61 *Vgl. S. 78f.*
62 HA Bd. 8, S. 378.
63 HA Bd. 8, S. 376.
64 HA Bd. 8, S. 51.
65 HA Bd. 8, S. 214.

66 HA Bd. 8, S. 223.
67 HA Bd. 8, S. 128.
68 HA Bd. 8, S. 119f.
69 In Werthers Brief vom 15. November 1772 (HA Bd. 6, S. 86).
70 HA Bd. 8, S. 119.
71 HA Bd. 8, S. 67f.
72 HA Bd. 7, S. 508. «Oheim» ist im Sprachgebrauch der Zeit der Onkel mütterlicherseits.
73 HA Bd. 7, S. 519.
74 HA Bd. 7, S. 610.
75 Vgl. dazu auch den im Zusammenhang mit der «Novelle» zitierten Satz in Goethes Brief vom 18. 7. 1828 an F. A. von Beulwitz *(S. 108 und Anm.)*.
76 Vgl. dazu Arthur O. Lovejoy, The Great Chain of Being. A Study of the History of an Idea. Harvard 1936.
77 *Vgl. S. 102f.*
78 HA Bd. 7, S. 610.
79 HA Bd. 8, S. 37.
80 FA Bd. 17, S. 204.
81 HA Bd. 8, S. 460.

Faust und der Fortschritt

1 Die Herausgeberin der Paralipomena zum «Faust» spricht ausdrücklich von einem «fragmentarisch gebliebenen Werk». Vgl. Anne Bohnenkamp, «... das Hauptgeschäft nicht aus den Augen lassend». Die Paralipomena zu Goethes «Faust». Frankfurt a. M. 1994, S. 853.
2 Hermann August Korff, Faustischer Glaube. Versuch über das Problem humaner Lebenshaltung. Leipzig 1938, S. 160.
3 So der Titel einer der Faust-Studien von Georg Lukács in: G. L., Goethe und seine Zeit. Berlin 1950, S. 225–251.
4 Gerhard Kaiser, Ist der Mensch noch zu retten? Vision und Kritik der Moderne in Goethes «Faust». Freiburg 1994, S. 10.
5 Heinz Schlaffer, Faust Zweiter Teil. Die Allegorie des 19. Jahrhunderts. Stuttgart 1981.
6 Aus der Rede von Walter Ulbricht auf der 11. Tagung des Nationalrates der Nationalen Front des demokratischen Deutschland in Berlin am 25. März 1962, hier zitiert nach: Karl Robert Mandelkow (Hrsg.), Goethe im Urteil seiner Kritiker. Dokumente zur Wirkungsgeschichte Goethes in Deutschland. München 1975–1984; Teil 4: 1918–1982, S. 426.
7 Barrie Kosky im Programm seiner Inszenierung eines kompakten «Faust», Melbourne, August 1993.
8 Albrecht Schöne in seinem Kommentar in FA Bd. 7/2, S. 726.
9 Ich meine Hans Schwerte, Faust und das Faustische. Ein Kapitel deutscher Ideologie, Stuttgart 1962. Unter seinem wahren Namen Hans-Ernst Schneider war Schwerte bis 1945 an verantwortlicher Stelle in der SS tätig.
10 Jochen Schmidt, Die «katholische Mythologie» und ihre mystische Entmythologisierung in der Schluß-Szene des «Faust II». In: JbDSG 34 (1990), S. 230–256, Zitat S. 256.
11 Oswald Spengler, Der Mensch und die Technik. München 1932, S. 75.
12 Vgl. z. B. Paul Feyerabend, Wissenschaft als Kunst. Frankfurt a. M. 1984, S. 87ff.
13 Eckermann, S. 504 (6. 5. 1827).
14 Vgl. z. B. Alan P. Cottrell, «Faust» and the redemption of intellect. In: Modern Language Quarterly 43 (1982), S. 242–265; Nicholas Boyle, The politics of «Faust II».

Another look at the stratum of 1831. In: Publications of the English Goethe Society 52 (1983), S. 42.

15 Das Werk von Arno Holz. Berlin 1924/25, Bd. 1, S. 9.

16 Johann Wolfgang von Goethe. Urfaust / Faust. Ein Fragment / Faust. Eine Tragödie. Paralleldruck der drei Fassungen. Hrsg. von Werner Keller. Frankfurt a. M. 1985, Bd. 2, S. 684. Für den Begriff des «romantischen Helden» vgl. Gerhard Schulz, Romantik. Geschichte und Begriff. München 1996, S. 111 f.

17 HA Bd. 3, S. 158, Vers 5061 ff.

18 Eckermann, S. 376 (9. 3. 1831).

19 WA IV Bd. 41, S. 202 (an Wilhelm von Humboldt, 22. 10. 1826).

20 Heinz Hamm, Julirevolution, Saint-Simonismus und Goethes abschließende Arbeit am «Faust». In: Weimarer Beiträge 28 (1982), S. 86.

21 WA IV Bd. 41, S. 202 (an Wilhelm von Humboldt, 22. 10. 1826).

22 Ueber Kunst und Alterthum. Von Goethe. Sechsten Bandes zweites Heft. Stuttgart 1828 (Nachdruck Bern 1970), S. 387 f.

23 HA Bd. 3, S. 59 (V. 1770 f.)

24 HA Bd. 3, S. 15 (V. 221).

25 So mit Bezug auf den «Faust» zu Eckermann am 13. 2. 1831 (Eckermann, S. 355). *Vgl. S. 132 ff.*

26 Vgl. Jean-François Lyotard, The Postmodern Condition: A Report on Knowledge. Translation from the French by Geoff Bennington and Brian Massumi. Manchester 1984, S. XXIV f.

27 John R. Williams, Faust's classical education. Goethe's allegorical treatment of Faust and Helen of Troy. In: Journal of European Studies 13 (1983), S. 39.

28 WA IV Bd. 41, S. 202 (an Wilhelm von Humboldt, 22. 10. 1826).

29 Eckermann, S. 77 (26. 2. 1824)

30 Oskar Seidlin, Helena. Vom Mythos zur Person. Versuch einer Neu-Interpretation des Helena-Aktes, ‹Faust II›. In: Publications of the Modern Language Association of America 62 (1947), S. 183–212.

31 Vgl. Faust zu Margarete: «Ewig! – Ihr Ende würde Verzweiflung sein. / Nein, kein Ende! Kein Ende!» HA Bd. 3, S. 102 (V. 3193 f.).

32 Wilhelm Böhm, Faust der Nichtfaustische. Halle 1933, S. 48 f.

33 Seidlin (wie Anm. 30), S. 201. Die «Anachronismen» sind, wie Seidlin angibt, ein Zitat aus Goethes Faust-Paralipomena. Jetzt in FA Bd. 7.1, S. 688.

34 Das belegt deutlich der vielversprechende Anfang derartiger Arbeit in: Peter Dinzelbacher (Hrsg.), Europäische Mentalitätsgeschichte. Hauptthemen in Einzeldarstellungen. Stuttgart 1993.

35 *Vgl. S. 151.*

36 Immanuel Kant, Werke in zehn Bänden. Hrsg. von Wilhelm Weischedel. Darmstadt 1975, Bd. 9, S. 53.

37 Ernst Bloch, Tübinger Einleitung in die Philosophie. Frankfurt a. M. 1970, S. 125.

38 Georg Lukács, Goethe und seine Zeit. Berlin 1950, S. 252.

39 Georg Lukács, Goethe und seine Zeit. Berlin 1950, S. 255.

40 HA Bd. 3, S. 47 (V. 1335 f.).

41 HA Bd. 3, S. 47 (V. 1341).

42 HA Bd. 3, S. 48 (V. 1384).

43 Genesis 1,28.

44 Vgl. Emil du Bois-Reymond, Goethe und kein Ende. Rede bei Antritt des Rectorats der koenigl. Friedrich-Wilhelms-Universitaet zu Berlin am 15. October 1882. Leipzig 1883, S. 22 f.

45 Willi Bredel, Die Väter. Berlin/Weimar 1965, S. 122 f. Zuerst erschienen: Moskau 1943.

46 HA Bd. 3, S. 17 (V. 281).

47 HA Bd. 3, S. 359 (V. 11934f.).
48 Thomas Mann, Altes und Neues. Kleine Prosa aus fünf Jahrzehnten. Berlin 1956, S. 499.
49 HA Bd. 13, S. 309.
50 HA Bd. 2, S. 84. *Vgl. S. 101.*

Goethe für den Hausgebrauch

1 Da HA Goethes Sprüche nur in Auswahl enthält, werden sie durchweg nach FA zitiert; hier Bd. 2, S. 385 (HA Bd. 1, S. 314).
2 FA Bd. 2, S. 386 (HA Bd. 1, S. 314).
3 FA Bd. 2, S. 681 (HA Bd. 1, S. 316).
4 FA Bd. 2, S. 389 (HA Bd. 1, S. 317).
5 FA Bd. 2, S. 387 (HA Bd. 1, S. 311).
6 FA Bd. 1, S. 669 (HA Bd. 1, S. 266).
7 FA Bd. 2, S. 691 (HA Bd. 1, S. 330).
8 FA Bd. 1, S. 651 (HA Bd. 1, S. 241).
9 WA I, Bd. 42/2, S. 28.
10 In seinem Roman «Michael» nennt Goebbels ihn den «Vorkämpfer jedes jungen Willens». Nach: Klassiker in finsteren Zeiten 1933–1945. Eine Ausstellung des Deutschen Literaturarchivs im Schiller-Nationalmuseum Marbach am Neckar. Hrsg. von Bernhard Zeller u. a. Stuttgart 1983, S. 97. Dies nur ein Beispiel für viele spätere zur Inanspruchnahme Goethes für den deutschen Nationalismus.
11 Klassik. Erläuterungen zur Deutschen Literatur. Hrsg. von Kurt Böttcher u. a. 8. Aufl. Berlin 1978, S. 383.
12 So Eberhard Wolfgang Möller 1936 in der Zeitschrift «Völkische Kultur». Zitiert nach Klaus Vondung, Völkisch-nationale und nationalsozialistische Literaturtheorie. München 1973, S. 60.
13 Klassik (wie Anm. 11), S. 381.
14 HA Bd. 2, S. 110.
15 HA Bd. 1, S. 23.
16 HA Bd. 7, S. 496f. Vgl. dazu FA Bd. 13, S. 417f. und Kommentar.
17 Ich greife hier die überzeugende Argumentation von Harald Fricke gegen die fragwürdige Edition der sogenannten «Maximen und Reflexionen» auf (vgl. FA Bd. 13, S. 457ff.).
18 Ich übernehme diese Zahl aus HA Bd. 1, S. 645.
19 In dieser Zählung folge ich Hans Heinrich Reuter, Goethes «Zahme Xenien». In: Goethe 26 (1964), S. 95.
20 Friedrich Gundolf, Goethe. 13. Aufl. Berlin 1930, S. 678.
21 Unter die Ausnahmen rechne ich David Lukes Anthologie «Goethe. Selected Verse.» Penguin 1964.
22 HA Bd. 1, S. 333. Vgl. z. B. Karl Simrock, Die deutschen Sprichwörter. Stuttgart 1988, S. 287: «Ein jeder kehr' vor seiner Tür, / Er find't wohl Kot genug dafür.» (Nr. 5551a.).
23 HA Bd. 9, S. 535.
24 «Mir drückten sich gewisse große Motive, Legenden, uraltgeschichtlich Überliefertes so tief in den Sinn, daß ich sie vierzig bis funfzig Jahre lebendig und wirksam im Innern erhielt», schreibt Goethe in seinem Aufsatz «Bedeutende Fördernis durch ein einziges geistreiches Wort» (HA 13, S. 38f.). Das geht natürlich weit über das hier Gemeinte hinaus, gibt aber immerhin Anlaß, eine Kontinuität in Goethes Verwendung von Motiven und Bildern auch für anderes als möglich anzusehen.
25 *Vgl. S. 8.*

26 HA Bd. 9, S. 251. Vgl. dazu auch Hans-Martin Gauger, Konnte Goethe Deutsch? Der Leipziger Schock oder Vom Verlust in Sachen Sprache. In: Frankfurter Allgemeine Zeitung, 17. 8. 1995.
27 HA Bd. 9, S. 252.
28 FA Bd. 2, S. 621. *Vgl. S. 28.*
29 HA Bd. 1, S. 178. *Vgl. S. 10.*
30 FA Bd. 1, S. 507.
31 FA Bd. 1. S. 595 (HA Bd. 1, S. 212). *Vgl. S. 22.*
32 FA Bd. 1, S. 546.
33 FA Bd. 1, S. 601.
34 Vgl. Schillers Werke. Nationalausgabe. 2. Band, Teil II A. Weimar 1991, S. 341 ff.
35 FA Bd. 1, S. 514.
36 FA Bd. 2, S. 426: «Wie du mir, so ich dir».
37 Grundlegend dafür wurde die Untersuchung von Wolfgang Preisendanz, Die Spruchform in der Lyrik des alten Goethe und ihre Vorgeschichte seit Opitz. Heidelberg 1952. An neueren Arbeiten ist zu nennen R. H. Stephenson, Goethe's «Sprüche in Reimen». A Reconsideration. In: Proceedings of the English Goethe Society XLIX (1978/79), S. 102–130.
38 Vgl. die Angaben dazu in FA Bd. 2, S. 1009.
39 FA Bd. 2, S. 384 f. (HA Bd. 1, S. 329).
40 Das schreibt Brentano an Arnim im Mai 1806. Zitiert nach Clemens Brentano, Sämtliche Werke und Briefe. Bd. 9,1. Stuttgart 1975, S. 33.
41 FA Bd. 2, S. 406 f.
42 FA Bd. 2, S. 384 f.
43 Klassik (wie Anm. 11), S. 61 und 398.
44 FA Bd. 2, S. 671.
45 FA Bd. 2, S. 395.
46 FA Bd. 2, S. 406.
47 FA Bd. 2, S. 385.
48 FA Bd. 3/1, S. 363 (HA Bd 2, S. 52).
49 Friedrich Hölderlin. Sämtliche Werke. Frankfurter Ausgabe. Bd. 11, Frankfurt/Main 1982, S. 774.
50 FA 2, S. 724 (HA Bd. 1, S. 322). Zum Thema «Philister» in den Sprüchen vgl. auch FA Bd. 1, S. 527 («Den Philister verdrieße»), sowie Bd. 2, S. 507 (HA Bd 1, S. 359) und 764.
51 FA Bd 2, S. 389.
52 FA Bd. 2, S. 402 (HA Bd. 1, S. 330).
53 FA Bd. 2, S. 387.
54 FA Bd. 2, S. 403 (HA Bd. 1, 316).
55 FA Bd. 2, S. 395 (HA Bd. 1, S. 328).
56 HA Bd. 12, S. 386. *Vgl. S. 25.*
57 FA Bd. 2, S. 399 (HA Bd. 1, S. 325).
58 FA Bd. 2, S. 399 (HA Bd. 1, S. 325).
59 FA Bd. 2, S. 404.
60 FA Bd. 2, S. 709 (HA Bd. 1, S. 349).
61 HA Bd. 12, S. 386.
62 HA Bd. 1, S. 304.
63 HA Bd. 12, S. 358.
64 HA Bd. 12, S. 243. *Vgl. S. 20f.*
65 HA Bd. 12, S. 358 f. Der Text in «Kunst und Alterthum» weicht geringfügig ab.
66 HA Bd. 12, S. 360.
67 HA Bd. 12, S. 361.

68 Zu Goethes Auseinandersetzung mit der französischen Romantik vgl. Gerhard Schulz: Romantik. Geschichte und Begriff. München 1996, S. 74 f.
69 HA Bd. 1, S. 318.
70 FA Bd. 2, S. 388.
71 FA Bd. 2, S. 393.
72 FA Bd. 2, S. 422 f. (HA Bd. 1, S. 319).
73 FA Bd. 3/1, S. 360 (HA Bd. 7, S. 49). *Vgl. S. 46.*
74 Vgl. Thomas Dietzel, Goethes «Zahme Xenien». Eine contradictio in adiecto. In: Thomas Clasen u. a. [Hrsg.], Goethe. Vorträge aus Anlaß seines 150. Todestages. Bern 1984, S. 149 ff.
75 Vgl. Preisendanz (wie Anm. 36), S. 157 ff.
76 FA Bd. 2, S. 395.
77 FA Bd. 2, S. 658.
78 Zitiert nach: Karl Robert Mandelkow (Hrsg.), Goethe im Urteil seiner Kritiker. München 1975–1984, Bd. 1, S. 367.
79 Heinrich Heine, Sämtliche Werke. Hrsg. von Ernst Elster. Leipzig/Wien 1887 ff., Bd. 7, S. 255.
80 FA Bd. 2, S. 724.
81 FA Bd. 2, S. 741 f.

Nachwort

1 *Vgl. S. 140 f.* Das Wort selbst findet sich zuerst handschriftlich bei Wieland, wie Hans-Joachim Weitz entdeckt hat. Vgl. Arcadia 22 (1987), S. 206–208.
2 Gerhard Schulz, Die deutsche Literatur zwischen Französischer Revolution und Restauration. 2 Bde., München 1983–1989.

Bibliographische Nachweise

Wann und wo entsteht ein klassischer Nationalautor? Zu Goethes «Italienischer Reise». In: Geschichtlichkeit und Aktualität. Studien zur deutschen Literatur seit der Romantik. Festschrift Hans-Joachim Mähl. Tübingen 1988, S. 51–68.

[«Es wandelt niemand ungestraft unter Palmen»]. In: Der Reiz der Wörter. Eine Anthologie zum 150jährigen Bestehen des Reclam-Verlages. Stuttgart 1978, S. 228–231.

Freie Liebe [Goethe: Hatem/Suleika]. In: M. Reich-Ranicki (Hrsg.), Frankfurter Anthologie, Bd. 11, Frankfurt/Main, 1988, S. 77–79.

Johann Wolfgang Goethe: «Novelle». In: Erzählungen und Novellen des 19. Jahrhunderts. Bd. 1. Stuttgart 1988, S. 381–415.

Gesellschaftsbild und Romanform. Zum Deutschen in Goethes «Wanderjahren». In: Literaturwissenschaft und Geistesgeschichte. Festschrift Richard Brinkmann. Tübingen 1981, S. 258–282.

Faust und der Fortschritt. In: U. Fülleborn/M. Engel (Hrsg.), Das neuzeitliche Ich in der Literatur des 18. und 20. Jahrhunderts. München 1988, S. 173–190.

Chaos und Ordnung in Goethes Verständnis von Kunst und Geschichte. In: Goethe-Jahrbuch 110 (1993), S. 173–183.

Goethe für den Hausgebrauch. Spruchdichtung als Nationalerziehung. In: Goethe-Jahrbuch Bd. 113 (1996), S. 199–215.

Register

Vom selben Verfasser:

Gerhard Schulz

Die deutsche Literatur zwischen Französischer Revolution und Restauration 1789–1830

Sonderausgabe 1995. 2 Bände. Zusammen 1700 Seiten.
Leinen im Schmuckschuber

«Ein Standardwerk, das für die kommenden Jahrzehnte vorhalten wird.»
Frankfurter Allgemeine Zeitung

«In weiser Voraussicht schrieb einst Goethe an seinen Freund Zelter von einer ‹Epoche, die sobald nicht wiederkehrt›. Er meinte seine. Genau diese Epoche zwischen 1789, der Französischen Revolution, und 1830, beschreibt der Germanist Gerhard Schulz in seiner zu Recht als Meisterwerk gerühmten Literaturgeschichte. (...) Zwei dicke Bände, ein Standardwerk, nützlich auch zum Nachschlagen, gründlich, lehrreich und lesbar. Dazu: preiswert.»
Frankfurter Rundschau

«Literaturgeschichte ist die hohe Kunst der Germanistik. Nicht Lehrlinge und Gesellen sollten sie schreiben, sondern jene alten Meister des Fachs, von denen Gerhard Schulz einer der gelehrtesten ist.»
Neue Zürcher Zeitung

«Das große Zeitalter der deutschen Literatur neu erzählt von Gerhard Schulz (...) wahrscheinlich ist Gerhard Schulz gegenwärtig unter germanistischen Fachgenossen der beste Schriftsteller.»
Süddeutsche Zeitung

Romantik

Geschichte und Begriff
1996. 144 Seiten. Paperback
Beck'sche Reihe Band 2053. C.H. Beck Wissen

Novalis

Werke. Herausgegeben und kommentiert von Gerhard Schulz.
3. Auflage. 1987. VIII, 880 Seiten. Broschiert

Verlag C.H. Beck München